Wohland / Knirsch

Leitfaden für die Ratsarbeit

Andreas Wohland
Beigeordneter des Städte- und
Gemeindebundes NRW

Dr. Hanspeter Knirsch
Rechtsanwalt, Beigeordneter a.D.
und Stadtdirektor a.D.

Gesamtherstellung und Vertrieb
Schaab Druck_Medien Düsseldorf
www.schaabduesseldorf.de
info@schaabduesseldorf.de

Aktualisierte und erweiterte 7. Auflage

ISBN 978-3-9820213-5-5

Vorwort

Der Leitfaden für die Ratsarbeit bringt den ehrenamtlich tätigen Kommunalpolitikerinnen und Kommunalpolitikern und allen an Kommunalpolitik Interessierten die Zuständigkeiten und Verfahrensabläufe der Gemeindeordnung in allgemeinverständlicher und systematischer Form näher. Gleichzeitig bietet der Leitfaden eine ebenso gut verständliche wie fundierte Hilfe zur Orientierung im Haushaltsrecht (NKF), das mit dem 2. NKF-Weiterentwicklungsgesetz eine Reihe wichtiger Neuerungen erfahren hat. Die Neuauflage berücksichtigt sämtliche Gesetzesänderungen der Gemeindeordnung in der Zeit von 2014 bis 2020. Die aktuelle Rechtsprechung wird selbstverständlich berücksichtigt.

Die Änderungen der Gemeindeordnung, die durch das sog. Epidemie-Gesetz erfolgt sind, werden bereits dargestellt und erläutert.

Der Leitfaden versetzt die kommunalen Mandatsträger/innen in die Lage, sich schnell mit den notwendigen Rechtskenntnissen und Begrifflichkeiten vertraut zu machen, die für die praktische Arbeit unerlässlich sind. Auf rechtstheoretische Erörterungen wird zugunsten der Verständlichkeit verzichtet. Vertiefende Kenntnisse können anhand der im Literaturverzeichnis aufgeführten Lehrbücher und Kommentare gewonnen werden.

Das Buch bietet bereits in der 7. Auflage zuverlässige Antworten auf die im kommunalpolitischen Alltag am häufigsten gestellten Fragen des Kommunalverfassungsrechts, die sich mit der Rechtsstellung des Rates, der Ratsmitglieder, der Bürgermeisterinnen und Bürgermeister, der Ausschüsse und deren Verhältnis zueinander sowie den Beteiligungsrechten der Einwohner/innen und Bürger/innen beschäftigen. Hans-Gerd von Lennep, ehemaliger Geschäftsführer und Beigeordneter des nordrhein-westfälischen Städte- und Gemeindebundes, ist nach Eintritt in den Ruhestand aus dem Autorenteam ausgeschieden. Ihm gilt an dieser Stelle herzlicher Dank für seine langjährige Betreuung des Werkes. Für Kontinuität, Praxisbezug und Professionalität steht an seiner Stelle nunmehr Andreas Wohland als Beigeordneter des Städte- und Gemeindebundes NRW zuständig für Recht, Personal und Organisation.

Seit der Einführung des Neuen Kommunalen Finanzmanagements sind Erläuterungen zu den mit jeder Novelle nicht einfacher gewordenen Fragestellungen rund um den kommunalen Haushalt ein fester Bestandteil des Leitfadens, der in diesem Bereich von Dr. Hanspeter Knirsch, Rechtsanwalt und ehemaliger Beigeordneter und Stadtdirektor betreut wird. Auch die völlig neugefasste Kommunalhaushaltsverordnung (KomHVO), die an die Stelle der alten Gemeindehaushaltsverordnung (GemHVO) getreten ist, wird im Rahmen der Darstellung des Haushaltsrechts erläutert. Die Grundzüge der Kommunalaufsicht werden dargestellt.

Das Werk ist auch in Zeiten des Internets für Verwaltungsmitarbeiter, Studierende, Journalisten und interessierte Bürger von Nutzen, die schnell Antworten auf viele Fragen der Praxis finden wollen. Ein tief gegliedertes Inhaltsverzeichnis sowie ein Stichwortverzeichnis erleichtern die jederzeitige Orientierung.

Funktionsbezeichnungen sollen entsprechend der Regelung in § 12 GO NRW in weiblicher oder männlicher Formverstanden werden.

Düsseldorf, Juni 2020

Inhaltsverzeichnis

Literaturverzeichnis

(Auswahl)

Articus/Schneider, Gemeindeordnung Nordrhein-Westfalen, Kommentar, 5. Auflage, Stuttgart 2016

Bätge, Kommunalrecht Nordrhein-Westfalen, Heidelberg, 2014

Bösche, Handbuch für Rats- und Ausschussmitglieder, Siegburg, 2020

Dietlein/Hellermann, Öffentliches Recht in Nordrhein-Westfalen, 7. Auflage, München 2019

Friedrich-Ebert-Stiftung, Grundwissen Kommunalpolitik, Bonn 2019, www.fes.de/kommunalakademie/grundwissen-kommunalpolitik

Gpa NRW, Kommunalhaushaltsrecht NRW, Kommentar, Wiesbaden 2019

Held/Winkel/ Wansleben, Kommunalverfassungsrecht Nordrhein-Westfalen, Kommentar, Wiesbaden 2019

Hofmann/Muth/Theisen, Kommunalrecht in Nordrhein-Westfalen, 16. Aufl., Witten 2015

Kleerbaum/Palmen, Gemeindeordnung Nordrhein-Westfalen, Kommentar, Recklinghausen 2017

Rehn/Cronauge/von Lennep/Knirsch, Gemeindeordnung für das Land Nordrhein-Westfalen, Kommentar, Band I und II, 50. Auflage, Siegburg, 2020

1. Die Gemeinde

1.1 Stellung der Gemeinden im Staatsbau

Nach dem Grundgesetz für die Bundesrepublik Deutschland ist die Bundesrepublik ein demokratischer und sozialer Bundesstaat (Art. 20 Abs. 1 GG). Die Gesetzgebung ist an die verfassungsmäßige Ordnung, die vollziehende Gewalt und die Rechtsprechung sind an Recht und Gesetz gebunden (Art. 20 Abs. 3 GG). Neben dieser **horizontalen Gewaltenteilung** normiert das Grundgesetz eine **vertikale Gewaltenteilung.** Die Ausübung der staatlichen Befugnisse und die Erfüllung der staatlichen Aufgabe ist Sache der Länder, soweit das Grundgesetz keine andere Regelung trifft oder zulässt (Art. 30 GG).

In den Ländern der Bundesrepublik Deutschland muss nach **Art. 28 Abs. 1 GG** die verfassungsmäßige Ordnung den Grundsätzen des republikanischen, demokratischen und sozialen Rechtsstaates im Sinne des Grundgesetzes entsprechen. In den Ländern, Kreisen und Gemeinden muss das Volk eine Vertretung haben, die aus allgemeinen, unmittelbaren, freien, gleichen und geheimen Wahlen hervorgegangen ist (Grundsatz der repräsentativen Demokratie). Auch die Abgeordneten des Deutschen Bundestages sind in gleicher Weise zu wählen (Art. 38 GG).

Mit der in **Art. 28 Abs. 2 GG** ausgesprochenen **Selbstverwaltungsgarantie** muss den Gemeinden das Recht gewährleistet sein, alle Angelegenheiten der örtlichen Gemeinschaft im Rahmen der Gesetze in eigener Verantwortung zu regeln. Auch die Gemeindeverbände (Kreise) haben im Rahmen ihres gesetzlichen Auftrages nach Maßgabe der Gesetze das Recht der Selbstverwaltung. Mit dieser Selbstverwaltungsgarantie ist zugleich der Aufgabenbereich der Gemeinden und Gemeindeverbände umschrieben und in seinem Kern gewährleistet.

Die Gemeinden sind die Grundlage des demokratischen Staatsaufbaus. Sie fördern das Wohl der Einwohner in freier Selbstverwaltung durch ihre von der Bürgerschaft gewählten Organe. Mit dieser Regelung in § 1 Abs. 1[1)] unterstreicht die Gemeindeordnung die Bedeutung der Gemeinden für den Staatsaufbau. Die Gemeinden stellen die unterste Stufe der öffentlichen Verwaltung dar. In dem in § 1 von „den Gemeinden" gesprochen wird, unterscheidet das Gesetz nicht zwischen Großstädten und kleineren Gemeinden. Vielmehr gilt die „Kommunalverfassung", von Ausnahmen abgesehen, als Einheitsverfassung in allen Gemeinden. Im Folgenden wird deshalb auch nicht zwischen Städten und Gemeinden differenziert, sondern allgemein nur von „Gemeinde" gesprochen.

[1)] §§ ohne nähere Angaben sind solche der GO NRW.

1.2 Politische Bedeutung der kommunalen Selbstverwaltung

Aus der Gesamtschau des Art. 28 Abs. 1 u. 2 GG ergibt sich die Bedeutung und Funktion kommunaler Selbstverwaltung:

Die kommunale Selbstverwaltung ist ein tragender Grundsatz unserer Verfassung, die Kommunalpolitik die Basis der Demokratie. Die politische Willensbildung vollzieht sich in der Bundesrepublik Deutschland auf drei Ebenen, deren demokratische Legitimation gleichwertig ist. Die besondere **politische Bedeutung** des gemeindlichen Bereichs beruht darauf, dass hier einer Vielzahl von Bürgern eine Fülle von Möglichkeiten geboten werden kann, sich aktiv politisch zu betätigen, sich damit für unsere demokratische Staats und Wertordnung zu engagieren. Mehr als 200.000 kommunale Mandatsträger bundesweit liefern hierfür den Beweis. Die Zustimmung der Bürger zu unserem Staat beginnt dort, wo sie erleben, dass sie nicht von anonymen Kräften verwaltet werden, sondern dass sie sich selbst verwalten können. Hierin liegt die für das Wohl des Staatsganzen entscheidende Integrationskraft der gemeindlichen Selbstverwaltung. In diesem Sinne ist es angebracht, die kommunale Selbstverwaltung als Schule der Demokratie zu bezeichnen.

Die kommunale Selbstverwaltung hat neben der demokratischen eine **gewaltenteilende Funktion.** Die horizontale Aufteilung der Macht auf Legislative, Exekutive und Judikative wird im föderativen System des Grundgesetzes für den Bereich der Verwaltung durch die vertikale Aufteilung der Macht auf Bund, Länder, Gemeinden und Gemeindeverbände ergänzt. Die gemeindliche Selbstverwaltung ist zugleich das Fundament der öffentlichen Verwaltung (§ 2). Die Städte und Gemeinden tragen die Hauptlast für die Planung und Gestaltung des Lebensumfeldes der Bürger, die Hauptlast für die Errichtung, Ausstattung und Unterhaltung der kulturellen, sozialen, technischen und wirtschaftlichen Infrastruktureinrichtungen sowie die Hauptlast für die öffentlichen Verwaltungs- und Dienstleistungen. Es ist Aufgabe der Kommunen, die überwiegende Mehrzahl der Bundes und Landesgesetze durchzuführen bzw. anzuwenden und mit Leben zu füllen. Letztendlich sind die Kommunen in nahezu alle staatlichen Planungen zur Verbesserung der Infrastruktur einbezogen. Sie sind damit Garant für die Realisierung der vom Grundgesetz geforderten Gleichwertigkeit der Lebensverhältnisse.

Darüber hinaus verwirklicht kommunale Selbstverwaltung das **Subsidiaritätsprinzip,** wonach der jeweiligen unteren und bürgernächsten Instanz der Vorrang im Handeln zusteht, soweit ihre Kräfte ausreichen. Mit anderen Worten: Der Staat muss nicht alle Aufgaben in eigener Regie wahrnehmen. Örtliche Aufgaben überlässt er den kommunalen Selbstverwaltungsträgern zur eigenverantwortlichen Erledigung, wenn ihre zuverlässige und zweckmäßige Erfüllung sichergestellt ist.

Artikel 28 Abs. 2 Satz 1GG:

1.3 Ausgestaltung der kommunalen Selbstverwaltung

„Den Gemeinden muss das Recht gewährleistet sein, alle Angelegenheiten der örtlichen Gemeinschaft im Rahmen der Gesetze in eigener Verantwortung zu regeln."

Dies bedeutet im Einzelnen:

Aus der Formulierung „den Gemeinden muss das Recht gewährleistet sein ..., „folgt eine **institutionelle Existenzgarantie.** Das heißt, dass es immer Gemeinden geben muss. Eine Garantie für den Bestand einer einzelnen Gemeinde ist damit jedoch nicht verbunden. Bei der Auflösung einzelner Gemeinden hat der Landesgesetzgeber allerdings keinen unbegrenzten Freiraum. Vielmehr sind Gebietsänderungen gegen den Willen der Beteiligten nur durch Gesetz aus Gründen des öffentlichen Wohls und nach vorheriger Anhörung möglich (§ 17 ff.).

Für örtliche Angelegenheiten besitzt die Gemeinde das Recht, sowohl den Aufgabenbereich selbst festzuschreiben **(Entfaltungsspielraum),** als auch die eigenverantwortliche Erledigung der Aufgabe vorzunehmen **(Handlungsspielraum).** Begrenzt ist die Vermutung der Aufgabenallzuständigkeit durch die Beschränkung auf „örtliche Angelegenheiten". **Angelegenheiten der örtlichen Gemeinschaft** sind diejenigen Bedürfnisse und Interessen, die in der örtlichen Gemeinschaft wurzeln oder auf sie einen spezifischen Bezug haben, die also den Gemeindeeinwohnern gerade als solchen gemeinsam sind, indem sie das Zusammenleben und -wohnen der Menschen in der politischen Gemeinde betreffen (BVerfG Urt. vom 30. 7. 1958, Bd.8, S.122). Gemeinden überschreiten den örtlichen Wirkungskreis, wenn sie zur außenpolitischen oder verteidigungspolitischen Fragen durch ihre Organe Beschlüsse fassen oder Stellung nehmen.

Mit der Formulierung **„in eigener Verantwortung"** ist die Selbstverwaltungsgarantie im engeren Sinne beschrieben. Damit gemeint ist die verfassungsmäßige Absicherung der Planungs-, Organisations-, Personal- und Finanzhoheit. Das Recht zur eigenverantwortlichen Aufgabenerfüllung wird durch das Grundgesetz selbst begrenzt, indem die Verfassung den Gemeinden das Recht auf Selbstverwaltung nur „im Rahmen der Gesetze" einräumt. Dieser Gesetzesvorbehalt bezieht sich sowohl auf den Umfang als auch auf die Art und Weise der Aufgabenerledigung. Dies bedeutet, dass durch oder aufgrund eines Gesetzes Aufgabenverlagerungen vorgenommen sowie Aufsichtsrechte und Genehmigungsvorbehalte vorgesehen werden können. Der Vorbehalt in Art. 28 Abs. 2 GG berechtigt den Gesetzgeber aber nicht uneingeschränkt, den Gemeinden die kommunale Selbstverwaltung zu beschränken. Vielmehr ist der Gesetzgeber an das Übermaßverbot, also an die Grundsätze der Geeignetheit, Erforderlichkeit und Verhältnismäßigkeit im engeren Sinne gebunden. Er darf den Kernbereich oder den Wesensgehalt der kommunalen Selbstverwaltung nicht antasten.

Soweit der Gesetzgeber die Institution gemeindliche Selbstverwaltung auch hinsichtlich der Aufgabenausstattung der Gemeinde regeln darf, hat er stets den **Vorrang der Aufgabenerfüllung durch die Gemeinden** zu berücksichtigen (BVerfGE 83, S. 363 (383)). Artikel 28 Abs. 2 Satz 1 GG räumt bei Angelegenheiten der örtlichen Gemeinschaft den Gemeinden den Vorrang auch vor der Kreisebene ein. Nur wenn Aufgaben keinen oder keinen relevanten örtlichen Charakter besitzen, steht es dem Gesetzgeber frei, die Aufgabe auch unter Umgehung der Gemeinden den Kreisen zu übertragen. Hat die zu erfüllende Aufgabe einen örtlichen Charakter, so muss der Gesetzgeber berücksichtigen, dass sie der gemeindlichen Ebene zuzuordnen ist. Will er die Aufgabe den Kreisen übertragen und damit den Gemeinden entziehen, so müssen für den Aufgabenentzug tragende Gründe gegenüber dem verfassungsrechtlichen Aufgabenverteilungsprinzip des Art. 28 Abs. 2 Satz 1 GG überwiegen.

Das **Satzungsrecht** der Gemeinden folgt daraus, dass die Gemeinden ihre Angelegenheiten „regeln" dürfen. Diese Formulierung schließt die Satzungshoheit ein.

Die Verletzung des Selbstverwaltungsrechtes kann die Gemeinde sowohl mit der Kommunal- Verfassungsbeschwerde gem. Art 75 Nr. 5 b LVef NRW bei Landesgesetzen oder gem. § 91 Bundesverfassungsgerichtsgesetz bei Bundesgesetzen, wie auch mit einer verwaltungsgerichtlichen Klage abwehren. Die kommunale Verfassungsbeschwerde setzt voraus, dass die Gemeinde durch die von ihr angegriffene Regelung selbst, gegenwärtig und unmittelbar betroffen wird. Beschwerdegegenstand können nur ein Gesetz des Bundes oder des Landes sein, wobei unter Gesetz alle Rechtsnormen, also auch Rechtsverordnungen verstanden werden. Weiterhin setzt die kommunale Verfassungsbeschwerde voraus, dass sie wegen einer Verletzung des Art. 28 Abs. 2 GG bzw. Art. 78 LVerfN-RW erhoben sein muss. Dieses Erfordernis setzt voraus, dass mit der Verfassungsbeschwerde ein Sachverhalt dargetan wird, aufgrund dessen der Schutzbereich des Art. 28 Abs. 2 GG bzw. Art. 78 LVerfNRW betroffen sein könnte.

Liegen lediglich mittelbare Eingriffe in das Selbstverwaltungsrecht vor, so steht den Gemeinden der Verwaltungsrechtsweg offen. Die Klagebefugnis folgt dann aus der möglichen Verletzung des Art. 28 Abs. 2 GG.

1.4 Aufgaben kommunaler Selbstverwaltung

Die von den Gemeinden wahrzunehmenden Aufgaben werden in freiwillige und pflichtige Selbstverwaltungsaufgaben, Pflichtaufgaben zur Erfüllung nach Weisung und Auftragsangelegenheiten unterteilt. Diese Klassifizierung ist insofern von Bedeutung, als sie den Umfang der zulässigen Aufsicht bestimmt.

Freiwillige Selbstverwaltungsaufgaben

Die Gemeinden entscheiden bei den freiwilligen Selbstverwaltungsaufgaben sowohl über das „Ob“ als auch über das „Wie“ der Aufgabenerfüllung. Diese freiwilligen Selbstverwaltungsaufgaben nimmt die Gemeinde völlig selbstständig wahr. Die staatliche Einflussnahme ist auf die Rechtmäßigkeitskontrolle ohne ein Weisungsrecht in der Sache beschränkt (Rechtsaufsicht). Beispiele für freiwillige Selbstverwaltungsaufgaben sind die Schaffung von kulturellen Einrichtungen, wie Museen, Theatern, Büchereien etc., Sporteinrichtungen (Sportplätze, Schwimmbäder), Verkehrseinrichtungen, Grünflächenanlagen, Altenheime, Wirtschaftsförderung usw. Eine abschließende Aufzählung ist in diesem Aufgabenbereich nicht möglich. Bestehende Aufgaben können überflüssig werden, jederzeit können andere neue Aufgaben hinzutreten. Darüber hinaus ist es auch möglich, dass aus den freiwilligen Selbstverwaltungsaufgaben pflichtige Selbstverwaltungsaufgaben oder Pflichtaufgaben zur Erfüllung nach Weisung werden, wenn der Landes- oder Bundesgesetzgeber die Angelegenheit regelt (z.B. die Schaffung von Kindergartenplätzen).

Pflichtige Selbstverwaltungsaufgaben

Bei den pflichtigen Selbstverwaltungsaufgaben regelt der Gesetzgeber das „Ob“ der Aufgabenerfüllung. Den Gemeinden bleibt nur das „Wie“ der Aufgabenerfüllung überlassen. Die Gemeinden sind zur Aufgabenwahrnehmung verpflichtet, unterliegen aber keiner staatlichen Weisung bei der Aufgabenerfüllung. Auch hier ist die staatliche Aufsicht auf die Rechtmäßigkeitskontrolle beschränkt (Rechtsaufsicht). So haben etwa die Gemeinden Grund- und Hauptschulen zu errichten und zu unterhalten. Die kreisfreien Städte sind Träger der Sozialhilfe. Die Gemeinden sind Träger der Straßenbaulast für Gemeindestraßen.

Pflichtaufgaben zur Erfüllung nach Weisung

Bei den Pflichtaufgaben zur Erfüllung nach Weisung kann der Landesgesetzgeber den Gemeinden Pflichtaufgaben auferlegen und sich dabei ein Weisungs- und Aufsichtsrecht vorbehalten. Die Sonderaufsicht muss jedoch im Gesetz genau festgelegt werden und den Kommunen einen weisungsfreien Spielraum belassen. Beispielsweise sind den Gemeinden in Nordrhein-Westfalen die Aufgaben der Ordnungsbehörden als Pflichtaufgaben zur Erfüllung nach Weisung übertragen worden. Weitere Beispiele sind die Aufgaben der Bauordnungsbehörden, des Feuerschutzes, des Rettungsdienstes etc. Im Bereich des Ordnungsbehördengesetzes wäre es demnach unzulässig, wenn die Aufsichtsbehörden sämtliche Aufgaben der Ordnungsbehörde an sich ziehen würden bzw. eine Art Revision der Gemeinde als Ordnungsbehörde vornehmen. Zulässig bleiben ausschließlich Weisungen im Einzelfall bzw. allgemeine Weisungen zur Regelung gleichgelagerter Fälle. Eine Rechtsaufsicht besteht uneingeschränkt.

Auftragsangelegenheiten

Durch Landes- und Bundesrecht kann den Gemeinden die Zuständigkeit der Aufgabenerfüllung eines Gesetzes zugewiesen werden. Auftragsangelegenheiten sind staatliche Angelegenheiten, die die Gemeinden im Auftrage des Staates zu erledigen haben. Dabei unterliegen die Kommunen dem uneingeschränkten staatlichen Aufsichts- und Weisungsrecht (Fachaufsicht). Die Gemeinden werden insofern als unterstaatliche Gliederungen tätig. Der Staat ist nicht auf eine reine Rechtskontrolle beschränkt, sondern kann auch Weisungen aus Gründen der Zweckmäßigkeit geben. Beispiele hierfür sind die Durchführung von Landtags- und Bundestagswahlen sowie die Bewilligung von Wohngeld nach dem Wohngeldgesetz etc.

2. Rechtsstellung der Einwohner und Bürger

Die Gemeinden sind in ihrem Gebiet vorbehaltlich einer abweichenden gesetzlichen Regelung ausschließliche und eigenverantwortliche Träger der öffentlichen Verwaltung (§ 2). Sie sind Gebietskörperschaften (§ 1 Abs. 2), d.h., öffentlich-rechtliche Körperschaften, deren Herrschaftsgewalt sich auf ein bestimmtes Gebiet erstreckt, innerhalb dessen sie eine grundsätzlich unbeschränkte Allzuständigkeit über alle auf diesem Gebiet befindlichen Personen (natürliche und juristische) und Sachen ausüben. Die Verwaltung der Gebietskörperschaft Gemeinde wird wiederum ausschließlich durch den Willen der Bürgerschaft bestimmt (§ 40 Abs. 1). Vertreten wird die Bürgerschaft hierbei durch den Bürgermeister und den Rat (§ 40 Abs. 2 Satz 1), die beide eine in Wahlen erlangte unmittelbare demokratische Legitimation aufweisen können. Dies zeigt die demokratische Dimension der kommunalen Selbstverwaltung. Das Demokratieprinzip auf der Gemeindeebene beeinflusst insbesondere die Rechtsstellung der Gemeindebürger sowie anderer Gemeindezugehöriger und es legitimiert die Organe und deren Maßnahmen durch die Kommunalwahlen. Die Gemeindeordnung unterscheidet innerhalb der Gemeindebevölkerung zwischen Einwohnern und Bürgern.

Einwohner ist, wer im Gemeindegebiet wohnt (§ 21 Abs. 1). Es muss sich dabei nicht um den Hauptwohnsitz (Hauptwohnung im Sinne des Melderechts) handeln. Entscheidend ist allein, dass der Einwohner im Gemeindegebiet eine Wohnung hat, die er zumindest zeitweise tatsächlich nutzt. Auch Ausländer und Staatenlose sind demnach Einwohner der Gemeinde, in der sie leben, da die Einwohnereigenschaft nicht an den Besitz der deutschen Staatsangehörigkeit geknüpft ist. Eine Person kann auch gleichzeitig Einwohner mehrerer Gemeinden sein, wenn diese in verschiedenen Gemeinden eine Wohnung unterhält.

Bürger ist dagegen nur der Einwohner, der zu den Gemeindewahlen wahlberechtigt ist (§ 21 Abs. 2). Die Wahlberechtigung richtet sich nach dem Kommunalwahlgesetz. Gemäß § 7 KWahlG ist wahlberechtigt für die Wahl in einem Wahlgebiet, wer am Wahltag

- Deutscher im Sinne von Art. 116 Abs. 1 GG oder die Staatsangehörigkeit eines Mitgliedsstaates der Europäischen Gemeinschaft besitzt,
- das 16. Lebensjahr vollendet hat und
- mindestens seit dem 16. Tag vor der Wahl in dem Wahlgebiet seine Wohnung, bei mehreren Wohnungen seine Hauptwohnung hat oder
- sich sonst gewöhnlich aufhält und keine Wohnung außerhalb des Wahlgebietes hat.

Für das „Wohnen“ ist der Hauptwohnungsbegriff des Melderechtes entscheidend. Das Wahlrecht und damit das Bürgerrecht kann immer nur in einer Gemeinde erworben werden; wer in mehreren Gemeinden wohnt, ist nur in der Gemeinde Bürger, in der er seinen Hauptwohnsitz nach Maßgabe des Melderechts hat. Entscheidend kommt es auf die tatsächliche Nutzung der Wohnung an. „Briefkastenanschriften“, ohne dass der Betroffene sich dort auch tatsächlich aufhält, erfüllen nicht die Voraussetzungen des Hauptwohnungsbegriffes.

Den Einwohnern und Bürgern der Gemeinde kommen verschiedene Rechte und Pflichten zu. Ohne Unterscheidung nach dem Einwohnerstatus oder dem Bürgerstatus kann man folgende Rechte aufzählen: Servicerechte (§ 22), Informationsrechte (§ 23 und § 48), das Anregungs- und Beschwerderecht (§ 24), das Recht, einen Einwohnerantrag zu stellen (§ 25), die Befugnis beratender Ausschussmitgliedschaft als sachkundiger Einwohner (§ 58 Abs. 4), das Einwendungsrecht gegen den Entwurf der Haushaltssatzung (§ 80 Abs. 3 Satz 2) und das Recht zur Benutzung öffentlicher Einrichtungen (§ 8 Abs. 2). Das Mitwirkungsrecht bei der Wahl des Rates und des Bürgermeisters haben allein die Bürger.

Personen, die nicht in der Gemeinde wohnen, aber dort ein Grundstück besitzen oder ein Gewerbe betreiben, werden als **„Forensen“** bezeichnet. Die Forensen sind durch § 8 Abs. 3 den Einwohnern gleichgestellt, soweit ihr Grundstück oder Betrieb betroffen ist: Sie dürfen die öffentlichen Einrichtungen nutzen, müssen entsprechend die Lasten tragen und haben auch Einwendungsrechte gegen den Entwurf der Haushaltssatzung nach § 80 Abs. 3 Satz 2.

2.1 Servicerechte

Im Rahmen der durch § 22 Abs. 1 bis 3 vorgesehenen Servicerechte der Einwohner trifft die Gemeinde zunächst die Verpflichtung, ihren Einwohnern bei der Einleitung von Verwaltungsverfahren behilflich zu sein. Soweit die Gemeinde selbst für die Verfahrensdurchführung zuständig ist, ergibt sich die umfassende Hilfspflicht schon aus § 25 Verwaltungsverfahrensgesetz NW. Darüber hinausgehend gewährt § 22 Abs. 1 im Rahmen der gemeindlichen Verwaltungskraft ein Recht auf Unterstützung auch für die Fälle, in denen eine andere Behörde zur Durchführung des eigentlichen Verwaltungsverfahrens zuständig ist. Die Hilfspflicht beschränkt sich nach dem ausdrücklichen Gesetzeswortlaut auf die Verfahrenseinleitung. Zu einer allgemeinen Rechtsberatung sind die Gemeinden nicht verpflichtet. Sie ist ihnen sogar nach § 3 des Rechtsdienstleistungsgesetzes untersagt. Im Übrigen kann eine falsche Auskunft im Rahmen einer allgemeinen Rechtsberatung auch eine Amtspflichtverletzung darstellen, und damit zu einem entsprechenden Haftungsanspruch gegen die Gemeinde führen. Die Hilfspflicht besteht lediglich bei behördlichen Verwaltungsverfahren, nicht hingegen bei gerichtlichen Verfahren. Im sozialrechtlichen Bereich gehen spezialgesetzliche Regelungen vor.

§ 22 Abs. 2 verpflichtet die Gemeinde, Vordrucke von Anträgen, Anzeigen und Meldungen, die ihnen von anderen Behörden überlassen werden, zur Weitergabe bereitzuhalten. Die Gemeinde braucht nur solche Formulare bereitzuhalten, die ihr von anderen Behörden überlassen werden. Nach anderer Auffassung soll die Gemeinde von sich aus die in Betracht kommenden Behörden ersuchen, ihr Formulare zu überlassen. Eine solche Pflicht ist aus dem Gesetz nicht ableitbar und stellt die Gemeinde auch vor zum Teil unlösbare Probleme, etwa bei der Nachforschung, welche Behörde welche Formulare verwendet. Da es kaum möglich sein wird, dass die Gemeinde alle in der öffentlichen Verwaltung verwendeten Formulare vorhält, sollten insbesondere solche Vordrucke überlassen bzw. ausgelegt werden, die für einen größeren Personenkreis von Bedeutung sind. Eine Haftung der Gemeinde für Vorhandensein und die Aktualität der jeweiligen Formulare ist ausgeschlossen.

§ 22 Abs. 3 legt den Gemeinden die Pflicht auf, Anträge, die von Einwohnern eigentlich beim Kreis oder bei der Bezirksregierung einzureichen wären, entgegenzunehmen und unverzüglich an die zuständige Stelle weiterzuleiten. Unverzüglich heißt dabei ohne schuldhaftes Zögern. Aber selbst, wenn der Antrag an eine unzuständige Behörde oder aber erst mit Verspätung weitergeleitet wird, wird der Antragsteller durch Abs. 3 Satz 2 vor Rechtsnachteilen geschützt, weil bereits die Einreichung des Antrags bei der Gemeinde als Antragstellung bei der zuständigen Behörde gilt.

2.2 Unterrichtungsrecht

Gemäß § 23 ist der Rat verpflichtet, die Einwohner über alle allgemein bedeutsamen Angelegenheiten der Gemeinde zu unterrichten. Im Unterschied zu § 22, der an die Dienstleistungsfunktion der Verwaltung anknüpft, soll durch die Pflichten der Gemeinde nach § 23 das Verständnis für Kommunalpolitik geweckt und gefördert werden. § 23 Abs. 1 normiert, in welchen Angelegenheiten eine Unterrichtung erforderlich ist. Allgemein bedeutsam sind alle Gemeindeangelegenheiten, die nicht nur unerhebliche, vorübergehende Auswirkungen auf das Leben in der Gemeinde oder auf die Entwicklung der Gemeinde haben. Angelegenheiten, die für einzelne Berufs- oder Bevölkerungsgruppen oder einzelne Stadtteile von erheblicher Bedeutung sind, werden durch § 23 nicht erfasst, auch wenn durch diese Vorschrift selbstverständlich nicht ausgeschlossen wird, dass eine Unterrichtung in diesen Angelegenheiten ebenfalls erfolgt, was in der Regel sogar erwünscht sein wird. Eine Pflicht zur Unterrichtung besteht nicht bei Angelegenheiten, die nicht von der Gemeinde zu entscheiden sind, die zwar bedeutsam für die Gemeinde sein können, aber von anderen Behörden oder Stellen abschließend entschieden werden. Wichtige Planungen und Vorhaben, die unmittelbar raum- oder entwicklungsbedeutsam sind, oder das wirtschaftliche, soziale oder kulturelle Wohl der Einwohner nachhaltig berühren, sind ein vom Gesetz besonders hervorgehobener Teil der allgemein bedeutsamen Angelegenheiten der Gemeinde (z.B. gemeindliche Fachplanungen wie Jugend-, Senioren-, Sport- und Freizeitpläne). Gesetzlich vorgeschriebene Planverfahren (Bauleitplan, Fernstraßenplan, Landschaftsplan etc.) bleiben unberührt (§ 23 Abs. 2 Satz 4).

Während § 23 Abs. 1 Satz 1 für die allgemein bedeutsamen Angelegenheiten der Gemeinde keine Aussage über den Zeitpunkt und den Umfang der Unterrichtung enthält, ist über die in Satz 2 genannten Planungen und Vorhaben möglichst frühzeitig und unter Darlegung der Grundlagen sowie der Ziele, Zwecke und Auswirkungen zu unterrichten.

Während Abs. 1 festlegt, in welchen Angelegenheiten die Einwohner zu unterrichten sind, stellt Abs. 2 Grundsätze für die Art der Unterrichtung auf. § 23 ist dabei darauf ausgerichtet, in der Regel nicht nur Ergebnisse zu verkünden, sondern durch die Unterrichtung eine Resonanz aus der Bevölkerung zu erhalten. Nur soweit die endgültige Entscheidung in der Gemeinde bereits getroffen ist und allein noch Modifikationen der Ausführung darzustellen sind, kann sich die Gemeinde mit einer Unterrichtung begnügen. Bei den Formen der Unterrichtung steht die Einwohnerversammlung nach Abs. 2 Satz 2 im Vordergrund, da nur bei dieser eine gemeinsame Erörterung mit anderen Einwohnern und den Verantwortlichen stattfinden kann. Daneben kommen z.B. öffentliche Anhörungen in Sitzungen, Briefe an alle Haushalte, Hinweise auf der Homepage, in der Örtlichen Presse oder im Amtsblatt in Betracht.

Bei der Einwohnerversammlung ist darauf zu achten, dass für die einzelnen Ratsmitglieder kein gebundenes Mandat entsteht. Deshalb haben Beschlüsse von Einwohnerversammlungen zu unterbleiben und können keine Bindung des Mandatsträgers hervorrufen. Dem einzelnen Einwohner steht auf Grundlage des § 23 Abs. 1 außerdem kein subjektives öffentliches Recht auf Unterrichtung zu, so dass eine entsprechende Leistungsklage ohne Erfolgsaussicht wäre. Ein Verstoß gegen die Unterrichtungspflicht berührt auch nicht die Rechtmäßigkeit der Entscheidung, wie § 23 Abs. 3 ausdrücklich festlegt.

2.3 Einwohnerfragestunde

Wie die Unterrichtungspflicht des Rates nach § 23 dient die in § 48 Abs. 1 Satz 3 vorgesehene Möglichkeit, Einwohnerfragestunden in Ratssitzungen durchzuführen dazu, der gestiegenen Mitwirkungsbereitschaft der Einwohner zum Nutzen der kommunalen Selbstverwaltung Rechnung zu tragen. Ferner soll auch während der laufenden Wahlperiode der Informationsfluss zwischen den Einwohnern und den gewählten Gemeindevertretern aufrechterhalten und verbessert werden. Frageberechtigt sind alle Einwohner der Gemeinde, also auch Kinder und Jugendliche. Allerdings ist es nach Sinn und Zweck der Regelung Ratsmitgliedern verwehrt, in einer Einwohnerfragestunde Fragen zu stellen, da ihnen ein eigenes Fragerecht (§55 Abs. 1) eingeräumt ist; es gilt allenfalls dann etwas anderes, wenn das Ratsmitglied Fragen in einer persönlichen Angelegenheit stellen will (OVG NW, Urteil v. 18.08.1989 – 15 A 1473/87 – Mitt. StGB NRW v. 05.11.1989, lf. Nr. 534).

Einwohnerfragestunden können in die Tagesordnung der Ratssitzungen aufgenommen werden, wenn die Einzelheiten in der Geschäftsordnung geregelt worden sind; seit der Reform der Kommunalverfassung 1994 dürfen auch für Ausschusssitzungen und in Bezirksvertretungen Einwohnerfragestunden vorgesehen werden. Solange eine Konkretisierung in der Geschäftsordnung noch nicht erfolgt ist, sind Einwohnerfragestunden nicht zulässig. Wenn eine solche Regelung erfolgt ist, kann nach Aufruf des Tagesordnungspunktes jeder Einwohner mündliche Fragen stellen. Allgemeine Erklärungen oder gar Diskussionen sind keine Fragen und daher nicht zulässig. Es darf also nicht zu Diskussionen zwischen Einwohnern und Rat und Verwaltung kommen. Dieses wäre mit dem Wesen der Einwohnerfragestunde nicht vereinbar.

Bei der Ausgestaltung der Einwohnerfragestunde in der Geschäftsordnung ist der Rat nicht an bestimmte gesetzliche Vorgaben gebunden. Er kann beispielsweise frei darüber entscheiden, ob die Fragen mündlich oder schriftlich zu stellen sind, ob Ratsmitgliedern das Recht eingeräumt wird, zu den Fragen Stellung zu nehmen, ob die Fragen in der Fragestunde oder zu einem späteren Zeitpunkt beantwortet werden. Es ist sinnvoll, vorzusehen, dass Fragen ausschließlich an den Bürgermeister zu richten sind, von diesem in der Regel mündlich zu beantworten sind und eine Aussprache nicht stattfindet. Viele Geschäftsordnungen der Räte sehen regelmäßige Einwohnerfragestunden vor; in diesem Fall muss auch eine Regelung über die zeitliche Einordnung der Fragestunde getroffen werden. Vielfach wird empfohlen, die Fragestunde am Beginn der Sitzung abzuhalten, da sich die Fragenden hierauf besser einstellen können. Für die Fragestunde am Ende der Sitzung (öffentlicher Teil), die von den Fragenden mitunter erhebliche Geduld erfordert, spricht allerdings, dass die Fragen keinen unzulässigen Einfluss auf die Beratung der übrigen Tagesordnungspunkte nehmen dürfen.

Es hat sich in der Praxis ebenfalls als sinnvoll und praktikabel erwiesen, nur solche Fragen zuzulassen, die einige Tage vor der Ratssitzung schriftlich beim Bürgermeister eingereicht worden sind. So kann in der Regel gewährleistet werden, dass die Frage in der Ratssitzung beantwortet werden kann.

2.4 Anregungen und Beschwerden

§ 24 Abs. 1 Satz 1 ist Art. 17 GG nachgebildet, wonach jedermann das Recht hat, sich einzeln oder in Gemeinschaft mit anderen schriftlich mit Bitten oder Beschwerden an die zuständige Stelle und an die Volksvertretung zu wenden. Das Recht, sich mit Eingaben an den Rat zu wenden, steht nach § 24 Abs. 1 Satz 1 jedem zu. Darunter sind zunächst alle natürlichen Personen zu verstehen, ohne Rücksicht darauf, ob sie Bürger oder Einwohner der Gemeinde sind und die deutsche Staatsangehörigkeit besitzen. Das Beschwerderecht steht mithin auch Ausländern, Staatenlosen und Personen mit doppelter Staatsangehörigkeit zu. Selbst nicht im Gemeindegebiet wohnenden Personen (etwa Anträge aus anderen Gemeinden oder aus dem Ausland) kann das Petitionsrecht nicht verwehrt werden, wenn sich die Eingabe auf Maßnahmen bezieht, die eine Angelegenheit der Gemeinde berühren. Das Recht kann auch von Minderjährigen ausgeübt werden, sofern sie rein tatsächlich die Fähigkeit besitzen, von ihrem Recht Gebrauch zu machen. Eingabeberechtigt sind ferner alle juristischen Personen des Privatrechts. Aus diesem Grund können z.B. Parteien oder Vereine Anregungen nach § 24 einreichen. Darüber hinaus sind grds. alle Personenmehrheiten, z.B. Bürgerinitiativen oder Straßengemeinschaften, eingabeberechtigt. Das folgt schon daraus, dass das Recht auch in „Gemeinschaft mit anderen" ausgeübt werden kann. Dagegen sind juristische Personen des öffentlichen Rechts nicht als Träger des Petitionsrechtes anzusehen und daher auch nicht im Sinne von Abs. 1 Satz 1 des § 24 antragsberechtigt.

Die Eingaben müssen ihrem Wesen nach entweder Anregungen oder Beschwerden sein. Ihrem Inhalt nach können sich Eingaben sowohl auf gemeindliche Selbstverwaltungsaufgaben einschl. der Pflichtaufgaben zur Erfüllung nach Weisung als auch auf staatliche Auftragsangelegenheiten beziehen. Stets aber müssen sie Angelegenheiten der örtlichen Gemeinschaft betreffen, also in den konkreten Aufgabenbereich der Gemeinde fallen. Damit wären z.B. Bürgeranträge zu allgemeinen verteidigungspolitischen Maßnahmen oder zur Verkehrs- oder Umweltpolitik unzulässig, es sei denn, der Antrag enthält einen konkreten und klar erkennbaren örtlichen Bezug (z.B. Bau einer Müllverbrennungsanlage in der Nachbargemeinde).

Unter einer **Anregung** ist der an den Adressaten gerichtete Wunsch zu verstehen, in einem bestimmten Sinne tätig zu werden. Als **Beschwerde** ist eine Eingabe dann zu qualifizieren, wenn sie den Wunsch des Petenten an den Adressaten zum Ausdruck bringt, einen bestimmten Sachverhalt in dem vom Petenten gewünschten Sinne zu überprüfen. Es muss sich immer um ein konkretes Verlangen des Petenten handeln. Bloße Mitteilungen, Belehrungen, Vorwürfe, Anerkennung usw. fallen nicht unter Abs. 1 Satz 1, da sie kein bestimmtes Begehren enthalten. Andererseits werden förmliche Rechtshandlungen, wie z.B. Anträge auf Erlass eines Verwaltungsaktes, Rechtsbehelfe gegen Verwaltungsakte, gerichtliche Klagen und Rechtsmittel in gerichtlichen Verfahren, nicht durch § 24 erfasst. Sie sind unverzüglich an die zuständige Stelle weiterzuleiten, um mögliche Rechtsnachteile für den Antragsteller zu vermeiden.

Eingaben im Sinne von Abs. 1 Satz 1 müssen grundsätzlich schriftlich abgefasst sein. Lediglich mündlich oder telefonisch vorgetragene Anregungen oder Beschwerden reichen nicht aus. Außerdem muss die Eingabe erkennbar an den Rat oder die Bezirksvertretung gerichtet sein. Auch wenn das Gesetz es nicht ausdrücklich verlangt, so folgt dies aus der Tatsache, dass der Rat selbst sich mit der an ihn gerichteten Eingabe befassen muss. Befassung bedeutet allerdings nicht, dass damit der Rat automatisch die Zuständigkeit für eine Sachentscheidung über den Gegenstand erlangt. Ein materielles Sachentscheidungsrecht steht dem Rat nur insoweit zu, als er aufgrund der jeweils geltenden internen Aufgabenverteilung entscheidungsbefugt ist. Betrifft eine an den Rat gerichtete Eingabe eine Angelegenheit, die in die Entscheidungskompetenz eines Ausschusses oder des Bürgermeisters fällt, so hat der Rat die Eingabe an die zuständige Stelle weiterzuleiten; er ist allerdings nicht gehindert, hierbei eine Empfehlung auszusprechen.

Der Rat kann die Erledigung der Anregungen und Beschwerden einem Ausschuss übertragen. Da sich Anregungen und Beschwerden auf alle Aufgabengebiete der Gemeinde beziehen können, wird dies meist der Hauptausschuss sein. Sofern der Rat von der Möglichkeit der Aufgabenübertragung auf einen Ausschuss Gebrauch gemacht hat, kann dieser anstelle des Rates selbstständig über die Behandlung der Anregungen und Beschwerden entscheiden und selbst den Inhalt der Stellungnahme an den Antragsteller festlegen.

Der Antragsteller hat einen Rechtsanspruch nach § 24 Abs. 1 Satz 4 darauf, über die Stellungnahme zu der von ihm vorgetragenen Anregung oder Beschwerde unterrichtet zu werden. Für die Unterrichtung zuständig ist der Bürgermeister. Diese ist kein Verwaltungsakt im Sinne von § 35 Verwaltungsverfahrensgesetz, da sie keine abschließende Entscheidung in der Sache selbst enthält.

Nähere Einzelheiten sind in der Hauptsatzung zu regeln (§ 24 Abs. 2).

2.5 Einwohnerantrag

Mit dem Einwohnerantrag (§ 25) enthält die Gemeindeordnung eine weitere Form der Bürgerbeteiligung. Gemäß Abs. 1 des § 25 können Einwohner, die seit mindestens drei Monaten in der Gemeinde wohnen und das 14. Lebensjahr vollendet haben, beantragen, dass der Rat über eine bestimmte Angelegenheit, für die er gesetzlich zuständig ist, berät und entscheidet. Der Rat hat unverzüglich festzustellen, ob der Einwohnerantrag zulässig ist (§ 25 Abs. 7 Satz 1). Es müssen insofern bestimmte Formerfordernisse erfüllt sein:

- Der Antrag muss schriftlich eingereicht werden und ein bestimmtes Begehren und eine Begründung enthalten (§ 25 Abs. 2 Satz 1 und 2).

- Es sind bis zu drei Personen (ausreichend ist somit auch eine Person) zu benennen, die berechtigt sind, die Unterzeichnenden (Antragsteller) zu vertreten (§ 25 Abs. 2 Satz 3).

- Unterzeichnung des Antrags in kreisangehörigen Gemeinden von mindestens 5 % der Einwohner, höchstens jedoch von 4.000 Einwohnern – in kreisfreien Städten von mindestens 4 %, höchstens 8.000 Einwohner – (§ 25 Abs. 3).

- Jede Liste mit Unterzeichnungen muss den vollen Wortlaut des Antrags enthalten (§ 25 Abs. 4 Satz 1). Neben dem eigentlichen Begehren (Antrag ieS) muss die Vertreterangabe und die Begründung auf jeder Liste vorhanden sein (vgl. mit ausführlicher Begründung Kap. 2.6.).

- Neben der Unterschrift ist die zweifelsfreie Angabe des Namens, Vornamens, Geburtstages und der Anschrift des Unterzeichnenden auf der Liste erforderlich. Damit soll die klare Zuordnung der Unterschrift zu einer bestimmten und kontrollierbar antragsberechtigten Person sichergestellt werden (vgl. Kap. 2.6).

- In den letzten 12 Monaten wurde kein Antrag in derselben Angelegenheit gestellt (§ 25 Abs. 5).

- Beim Einwohnerantrag müssen die vorgenannten Formerfordernisse im Zeitpunkt des Eingangs des Antrags bei der Gemeinde erfüllt sein (§ 25 Abs. 6)

Der Rat stellt unverzüglich fest, ob der Einwohnerantrag formell und materiell (Verbands- und Organkompetenz) zulässig ist. Nach der Feststellung der Zulässigkeit hat der Rat unverzüglich, spätestens jedoch innerhalb von 4 Monaten nach dem Eingang des Antrags darüber zu beraten und zu entscheiden (§ 25 Abs. 7 Satz 2). Der Bürgermeister hat dies bei der Festsetzung der Tagesordnung (§ 48 Abs. 1 Satz 1) zu beachten.

Stellt der Rat die **Unzulässigkeit** des Einwohnerantrags fest, ist dieses Ergebnis den im Antrag benannten Vertretern mitzuteilen. Diese Mitteilung ist ein Verwaltungsakt, gegen den Widerspruch und Klage erhoben werden kann.

Stellt der Rat die **Zulässigkeit** fest, hat er in der Sache zu entscheiden; auch hier gilt durch abermalige Verwendung des Wortes „unverzüglich" das Gebot beschleunigter Entscheidungsfindung. Dies hindert nicht die Vorbereitung im jeweils zuständigen Fachausschuss. In der Ratssitzung, in der der Einwohnerantrag sachlich behandelt wird, soll den Vertretern der Antragsteller Gelegenheit gegeben werden, den Antrag zu erläutern (§ 25 Abs. 7 Satz 3). Mit der Sachentscheidung kann der Rat dem Begehren entsprechen, es ablehnen oder modifizieren. Mit der Sachentscheidung ist das Recht der Einwohner aus § 25 erschöpft. Die Weiterverfolgung des Begehrens durch ein Bürgerbegehren/Bürgerentscheid (§ 26) ist möglich.

In kreisfreien Städten kann ein Einwohnerantrag auch an eine Bezirksvertretung gerichtet werden, wenn es sich um eine Angelegenheit handelt, für die die **Bezirksvertretung** zuständig ist. Es gelten im Wesentlichen die vorgenannten Voraussetzungen. Antragsunterzeichnungsberechtigt ist in diesen Fällen jedoch nur, wer im Stadtbezirk wohnt. Das Quorum bestimmt sich nach der Zahl der im Stadtbezirk wohnenden Einwohner (§ 25 Abs. 8).

2.6 Bürgerbegehren und Bürgerentscheid

Ein Quorum von 10 % bis 3 % – je nach Gemeindegröße – der Gemeindebürger kann beantragen (Bürgerbegehren), anstelle des Rates über eine Gemeindeangelegenheit zu entscheiden (Bürgerentscheid; § 26 Abs. 1, 4). Der mögliche Antragsgegenstand ist jedoch mehrfach begrenzt. Zunächst ergibt sich aus § 26 Abs. 1, 6 und 8, dass der Antrag eine Angelegenheit der Gemeinde betreffen muss (Verbandskompetenz), für deren Entscheidung der Rat kraft Gesetzes die **Organkompetenz** besitzt. Nur in diesen Fällen kann der Rat dem Begehren überhaupt entsprechen bzw. kann der Bürgerentscheid einen Ratsbeschluss ersetzen oder dessen Wirkung haben (§ 26 Abs. 8). Ein Bürgerbegehren ist auch über Angelegenheiten zulässig, die durch Hauptsatzung ohne Rückholrecht vom Rat auf einen Ausschuss delegiert sind (OVG NRW, Urteil v. 19.02.2008, NWVBl 2008, S. 269). § 26 Abs. 5 enthält eine abschließende Aufzählung derjenigen Bereiche, die einem Bürgerbegehren entzogen sind.

Neben der Initiative der Bürger kann nunmehr auch der Rat mit einer Mehrheit von 2/3 der gesetzlichen Zahl der Mitglieder (hierzu gehört auch der Bürgermeister, vgl. § 40 Abs. 2) beschließen, dass bei einer Angelegenheit der Gemeinde ein Bürgerentscheid stattfindet (sog. **Ratsbürgerentscheid**). Das Verfahren, die inhaltlichen Voraussetzungen sowie die Wirkungen des Bürgerentscheides gelten entsprechend (Abs. 1 Satz 3). Mit dem gesetzlichen Erfordernis der Mehrheit von 2/3 der gesetzlichen Zahl der Mitglieder wollte der Gesetzgeber verhindern, dass der Rat sich zu leichtfertig seiner Verantwortung als Repräsentativorgan entzieht.

Antragsteller eines Bürgerbegehrens können alle Bürger der Gemeinde sein (§ 26 Abs. 1). Das sind diejenigen, die zu den Gemeindewahlen wahlberechtigt sind (§ 21 Abs. 2). In ihrer Eigenschaft als Bürger der Gemeinde können auch Mitglieder des Rates Bürgerbegehren unterschreiben und sich an Bürgerentscheiden beteiligen. **Ratsmitglieder** können auch als vertretungsberechtigte Personen für die Unterzeichnung des Bürgerbegehrens benannt werden. In diesem Zusammenhang ist das Folgeproblem diskutiert worden, ob Ratsmitglieder, die Sprecher eines Bürgerbegehrens sind, bei der Beschlussfassung des Gemeinderates über die Zulässigkeit des Bürgerbegehrens befangen sind. Die Frage ist sowohl vom OVG Koblenz (Urteil v. 06.02.1996) wie auch vom Hessischen VGH mit Beschluss vom 20.11.1995 verneint worden. Die tragenden Erwägungen, die auch von der Literatur geteilt werden (vgl. Rehn/Cronauge/von Lennep/Knirsch, § 25 Anm. VII 1), sind auf die nordrheinwestfälische Gemeindeordnung übertragbar:

Die Rechte im Rahmen eines Bürgerbegehrens stehen allen Gemeindebürgern zu, gleichgültig, ob sie in der Gemeinde Ämter oder Mandate wahrnehmen. Angesichts des Fehlens einer besonderen gesetzlichen Regelung, die den möglichen Rollenwiderstreit durch eine Einschränkung der Bürgerrechte im Rahmen der Verfolgung eines Bürgerbegehrens ausschließt, kann der Umstand allein keine rechtserhebliche Bedeutung haben, dass in idealtypischer Hinsicht mit dem Bürgerbegehren ein Mittel bereitgestellt werden soll, dem Anliegen aus der Bürgerschaft selbst gegenüber dem Repräsentativorgan Gemeinderat und den dort maßgeblichen Kräften zu einer Durchsetzungsmöglichkeit zu verhelfen. Entscheidend ist die sachliche Unterstützung aus der Bürgerschaft, die in dem Erscheinen des erforderlichen Quorums zum Ausdruck gelangt.

Das Bürgerbegehren muss bestimmte Formerfordernisse und einen Mindestinhalt aufweisen. Ferner darf keiner der in § 26 Abs. 5 genannten Ausschlussgründe eingreifen.

- Gemäß § 26 Abs. 2 Satz 1 muss ein Bürgerbegehren schriftlich eingereicht werden, die zur Entscheidung zu bringende Frage sowie eine Begründung enthalten. Die zur Entscheidung zu bringende Frage muss eindeutig und aus sich heraus verständlich formuliert sein und einen vollziehbaren Inhalt besitzen. Die Begründung dient dazu, die Unterzeichner über den Sachverhalt und die Argumente der Initiatoren aufzuklären. Diese Funktion erfüllt die Begründung nur, wenn die dargestellten Tatsachen – soweit sie für die Entscheidung wesentlich sind – zutreffen. Das Gebot der Kongruenz von Frage und Begründung ist zu beachten.

- Es sind bis zu drei Personen (ausreichend ist 1 Person; bei einer Benennung von mehr als drei Personen ist das Bürgerbegehren unzulässig) zu benennen, die berechtigt sind, die Antragsteller im Verfahren zu vertreten (§ 26 Abs. 2 Satz 2). Vertreter eines Bürgerbegehrens im Sinne des § 26 Abs. 2 Satz 2 können nur Bürger (§ 21 Abs. 2) der Gemeinde sein, in der das Bürgerbegehren durchgeführt wird. Scheidet einer von mehreren Vertretern des Bürgerbegehrens im Laufe des Verfahrens aus, wachsen dessen Vertretungsrechte den verbleibenden Vertretern zu.

- Die Verwaltung ist gehalten, den Vertretungsberechtigten schriftlich eine Einschätzung der mit der Durchführung der verlangten Maßnahme verbundenen Kosten mitzuteilen. Diese Kostenschätzung der Verwaltung ist bei der Sammlung der Unterschriften anzugeben (§ 26 Abs. 2 Satz 5 und 6). Seit 2018 gibt es die Möglichkeit, nach Vorlage der Kostenschätzung einen Antrag auf Prüfung der Zulässigkeit des Bürgerbegehrens zu stellen.

- Gemäß § 26 Abs. 4 Satz 3 i.V.m § 25 Abs. 4 Satz 1 muss jede Liste mit Unterzeichnungen den vollen Wortlaut des Antrags enthalten. Aus der Zusammenschau der Vorschriften ist zu folgern, dass auf jeder Liste nicht nur das eigentliche Begehren (Antrag im engeren Sinne), sondern auch dessen Begründung sowie die Vertreterbenennung gehört (vgl auch Kap 2.5). Insofern müssen sich diese Angaben wortgleich auf jeder Unterschriftenliste finden lassen. Für den Antrag im engeren Sinne ergibt sich dies schon aus dem Schriftformerfordernis; die Vertreterangabe ist erforderlich, da es ansonsten an einer wirksamen Erteilung der Vertretungsmacht fehlt. So auch die Gesetzesbegründung zum Gesetzentwurf der Landesregierung: „Da die Gemeinde nicht mit allen Unterzeichnern des Bürgerbegehrens korrespondieren kann, sind die Unterzeichner ähnlich wie bei gleichförmigen Eingaben im Sinne des § 17 des nordrhein-westfälischen Verwaltungsverfahrensgesetzes dazu verpflichtet, eine oder höchstens drei Personen als Vertreter der Unterzeichner zu benennen“ (LT-Drs. 11/4983 v. 04.02.1993). Der Gesetzgeber ging somit davon aus, dass die Unterzeichner durch ihre Unterschrift nicht nur den eigentlichen sachlichen Antrag, sondern gleichzeitig auch die vertretungsberechtigten Personen benennen, die das Verfahren im Weiteren fortführen.

- Richtet sich das Bürgerbegehren gegen einen Ratsbeschluss (kassatorisches Bürgerbegehren), sind bestimmte Fristen zu beachten: 6 Wochen bei einem Beschluss, der der Bekanntmachung bedarf, ansonsten 3 Monate, beginnend mit dem Sitzungstag, an dem der Beschluss gefasst wurde (§ 26 Abs. 3). Darüber hinaus sind sog. initiierende Bürgerbegehren zulässig. Hierunter versteht man Bürgerbegehren, mit denen beabsichtigt ist, gemeindliche Aktivitäten anzustoßen. Bei diesem Bürgerbegehren gibt es naturgemäß keine Fristenregelung.

- Mit der schriftlichen Mitteilung an die Verwaltung, ein Bürgerbegehren durchzuführen (§ 26 Abs. 2 Satz 3), werden die vorgenannten Fristen bis zur Mitteilung der Verwaltung hinsichtlich ihrer Kostenschätzung gehemmt (§ 25 Abs. 3 Satz 3).

- Das Bürgerbegehren muss von ausreichender Anzahl von Bürgern unterzeichnet sein. Das Quorum differiert je nach Größe der Einwohnerzahl von 10 % (bis 10.000 Einwohner) bis 3 % (Städte über 500.000 Einwohner).

- Materiell zulässig ist das Bürgerbegehren, wenn keiner der in § 26 Abs. 5 genannten Ausschlussgründe eingreift. Dies sind die innere Organisation der Gemeindeverwaltung; die Rechtsverhältnisse der Mitglieder des Rates, der Bezirksvertretungen und der Ausschüsse sowie der Bediensteten der Gemeinde; die Haushaltssatzung, die Eröffnungsbilanz, dem Jahresabschluss und den Gesamtabschluss der Gemeinde sowie die kommunalen Abgaben und die privatrechtlichen Entgelte; die Angelegenheiten, die im Rahmen eines Planfeststellungsverfahrens oder eines förmlichen Verwaltungsverfahrens mit Öffentlichkeitsbeteiligung oder eines opferrechtlichen, emissionsschutzrechtlichen, wasserrechtlichen oder vergleichbaren Zulassungsverfahrens zu entscheiden sind; die Aufstellung, Änderung, Ergänzung und Aufhebung von Bauleitplänen **mit Ausnahme der Entscheidung über die Einleitung des Bauleitplanverfahrens.**

Die Ausschließungsgründe sind nicht dispositiv. Sie können vom Rat weder ergänzt, noch können Ausnahmen zugelassen werden. Neben den nach Abs. 5 ausgeschlossenen Angelegenheiten sind auch solche dem Bürgerbegehren entzogen, für die der Gemeinde die Verbandskompetenz fehlt.

Letztendlich darf ein Bürgerbegehren nur Angelegenheiten zum Gegenstand haben, über die innerhalb der letzten zwei Jahre nicht bereits ein Bürgerentscheid durchgeführt worden ist (§ 26 Abs. 5 Satz 2).

Durch das Gesetz zur Stärkung der kommunalen Selbstverwaltung – GO-Reformgesetz vom 09.10.2007 wurde Abs. 6 dahingehend ergänzt, dass nach Feststellung der Zulässigkeit des

Bürgerbegehrens bis zur Feststellung des Ergebnisses des Bürgerentscheids eine dem Begehren entgegenstehende Entscheidung der Gemeindeorgane nicht mehr getroffen oder mit dem Vollzug einer derartigen Entscheidung nicht mehr begonnen werden darf **(Sperrwirkung).** Ausnahme: Rechtliche Verpflichtungen der Gemeinde erfordern ein solches Vorgehen. Außer dem Vorliegen rechtlicher Verpflichtungen können keine Gründe – auch nicht „zwingende übergeordnete öffentliche Interessen" – geltend gemacht werden, um den sofortigen Vollzug einer Maßnahme zu rechtfertigen. Von der Sperrwirkung erfasst sind der gesamte Zeitraum zwischen (positiver) Entscheidung des Rates über die Zulässigkeit des Bürgerbegehrens bis zur Feststellung des Ergebnisses des Bürgerentscheids. Anfechtungen und Klagen gegen die Feststellung der Zulässigkeit des Bürgerbegehrens bzw. des Ergebnisses des Bürgerentscheids verlängern oder verkürzen die Sperrfrist nicht (vgl. Wansleben, in: Held/Becker, § 26, Ziff. 9).

Nach der unverzüglichen **Feststellung der Zulässigkeit** des Bürgerbegehrens stehen für das weitere Verfahren zwei Wege offen:

(1) Dem Bürgerbegehren wird entsprochen. Das Verfahren ist zum Abschluss gelangt.

(2) Der Rat entspricht dem Bürgerbegehren nicht. Es ist ein Bürgerentscheid innerhalb von 3 Monaten (§ 26 Abs. 6 Satz 3) durchzuführen. Der Gesetzeswortlaut, der eine konditionale Verknüpfung zwischen der Entscheidung des Rates über das Entsprechen und die Durchführung des Bürgerentscheides herstellt, deutet eher darauf hin, dass die Dreimonatsfrist mit dem Beschluss des Rates zu laufen beginnt, mit dem er ablehnt, dem Bürgerbegehren zu entsprechen. Gleichwohl hat das OVG Münster mit Beschluss vom 20.03.1995 (bestätigt mit Beschluss vom 18.10.1995) die Auffassung vertreten, dass die Feststellung der Zulässigkeit den Fristablauf nach § 26 Abs. 6 Satz 3 GO auslöst. In der Begründung heißt es u.a.: „Die Notwendigkeit einer Feststellung der Zulässigkeit des Bürgerbegehrens vor Durchführung des Bürgerentscheids ergibt sich nicht unmittelbar aus dem Wortlaut des § 26 Abs. 6 GO NW, der die Auslösung des Fristenlaufs für den Bürgerentscheid scheinbar nur von der objektiven Zulässigkeit des Bürgerbegehrens abhängig macht. Indes wäre dann unverständlich, warum überhaupt ein eigener Ratsbeschluss über die Zulässigkeit des Bürgerbegehrens nötig ist, der nach in der Literatur geäußerten Auffassung von den Antragstellern des Bürgerbegehrens verwaltungsgerichtlich angreifbar sein soll".

In kreisfreien Städten können Bürgerbegehren und Bürgerentscheide auch in einem Stadtbezirk durchgeführt werden. Die diesbezüglichen Quoren sind zu beachten (§ 26 Abs. 9).

Die im Bürgerentscheid zu klärende Frage, über die nur mit ja und nein abgestimmt werden kann, ist in dem Sinne entschieden, indem sie von der Mehrheit der gültigen Stimmen beantwortet wurde. Auch hier gibt es eine Staffelung von mindestens 20 % bei Städten bis zu 50.000 Einwohnern, mindestens 15 % bei Städten über 50.000 bis 100.000 Einwohnern und von 10 % bei Städten über 100.000 Einwohnern (§ 26 Abs. 7 S. 2). Der Bürgerentscheid hat die Wirkung eines Ratsbeschlusses. Vor Ablauf von zwei Jahren kann er nur auf Initiative des Rates oder durch einen neuen Bürgerentscheid abgeändert werden (§ 26 Abs. 8).

Beteiligtenfähig in einem gerichtlichen Verfahren im Zusammenhang mit einem Bürgerbegehren sind allein die Vertreter gem. § 26 Abs. 2 Satz 2 GO in Person (§ 61 Nr. 1 VwGO). Dies hat das OVG Münster mit Urteil vom 09.12.1997 unter Verweis auf § 26 Abs. 6 Satz 2 – eingeführt durch Art. 3 Nr. 2 Buchstabe b Unterbuchstabe aa des Gesetzes vom 20.03.1996 (GV NW, S. 124) – entschieden. Angesichts der Beschränkungen der Verfahrensrechte gem. § 26 Abs. 6 Satz 2 GO auf die Vertreter im Sinne des § 26 Abs. 2 Satz 2 GO unter Ausschluss der Unterzeichner sei der Begriff des Vertreters nicht rechtstechnisch, sondern materiell in dem Sinne zu verstehen, dass er die Interessen der Unterzeichner des Bürgerbegehrens vertritt. Ihre Rechtsstellung entspreche daher auf der staatsrechtlichen Ebene der Stellung des Vertrauensmannes bei einem Volksbegehren. Auch der Vertrauensmann sei befugt, im eigenen Namen die verfassungsgerichtliche Beschwerde gegen die Entscheidung über die Zulässigkeit eines Volksbegehrens zu erheben.

Gegen den Beschluss der Unzulässigkeit eines Bürgerbegehrens ist im Übrigen die Verpflichtungsklage die richtige Klageart (VG Düsseldorf, Urteil vom 13.02.1998).

Das für Inneres zuständige Ministerium hat durch Rechtsverordnung (Bürgerentscheid-Durchführungsverordnung) die näheren Einzelheiten zur Durchführung des Bürgerbegehrens und des Bürgerentscheids geregelt. Die Kommunen sind gemäß § 1 der Verordnung gehalten, eine Satzung zu erlassen. Vorgeschrieben ist insbesondere, dass die Stimmberechtigten in geeigneter Weise über die Auffassungen der Vertretungsberechtigten des Bürgerbegehrens und über die innerhalb der Gemeinde- Organe vertretenen Auffassungen informiert werden. Sinn dieser Regelung ist es, den Stimmberechtigten einen Überblick über die verschiedenen Auffassungen in Politik und Verwaltung zu geben. Dieser Zweck ist nur dann erfüllt, wenn das Meinungsbild innerhalb des Rates zumindest kurz unter Berücksichtigung der wesentlichen Gesichtspunkte wiedergegeben wird. Insofern gilt auch keine Neutralitätspflicht des Bürgermeisters oder des Rates.

In kreisfreien Städten können Bürgerbegehren und Bürgerentscheid in einem Stadtbezirk durchgeführt werden, wenn es sich um eine Angelegenheit handelt, für welche die Bezirksvertretung zuständig ist (§ 26 Abs. 9 Satz 1). Bei einem Bezirksbürgerbegehren über eine in die Kompetenz der Bezirksvertretungen fallende Angelegenheit ist der Rat weder unter dem Gesichtspunkt der Sperrwirkung eines zulässigen Bürgerbegehrens noch unter Treuegesichtspunkten gehindert, eine in die Ratskompetenz fallende Entscheidung zu treffen, auch wenn dadurch das Bezirksbürgerbegehren unzulässig wird (OVG NRW, Beschluss v. 02.07.2008 – 15 A 1749/08).

2.7 Politische Teilhabe von Menschen mit Einwanderungsgeschichte

Mit dem vom Landtag am 24.06.2009 verabschiedeten Gesetz zur Förderung der politischen Partizipation in den Gemeinden wurde die Möglichkeit der Einrichtung eines Ausländerbeirates ersetzt durch die Bildung eines Integrationsrates (Grundmodell) bzw. – auf Beschluss des Rates – durch die Bildung eines Integrationsausschusses. Mit dem Gesetz zur Weiterentwicklung der politischen Partizipation in den Gemeinden und zur Änderung kommunalverfassungsrechtlicher Vorschriften vom 19.12.2013 hatte sich der Gesetzgeber für den Integrationsrat als das einzige Organisationsmodell entschieden. Nach einer neuerlichen Gesetzesänderung vom 24. April 2019 (GV.NRW S. 202) ist es jetzt wieder möglich, dass anstelle des Integrationsrates durch Beschluss des Rates ein beratender Ausschuss als Integrationsausschuss gebildet werden kann, vgl. § 27 Abs. 12. Für diesen Integrationsausschuss gelten dann die Regelungen für den Integrationsrat entsprechend. Der Integrationsausschuss ist wie ein Ratsausschuss in die Beratungsfolge des Rates einzubinden.

Das Gesetz nennt in § 27 Abs. 1 Satz 1 – 3 drei Wege, die zur Einrichtung eines Integrationsrates führen können:

- Gibt es in der Gemeinde 5.000 ausländische Einwohner, muss ein Integrationsrat gebildet werden.

- Gibt es in einer Gemeinde mindestens 2.000 ausländische Einwohner, muss ein Integrationsrat gebildet werden, wenn dies mindestens 200 Wahlberechtigte (Quorum) beantragen.

- Alle Gemeinden, die nicht nach dem Vorstehenden zur Bildung verpflichtet sind, können freiwillig einen Integrationsrat bilden; dies gilt auch für Gemeinden mit 2.000 bis 4.999 ausländischen Einwohnern, solange kein ausreichendes Quorum die Bildung des Beirates beantragt hat.

Die gesetzlichen Regelungen, die § 27 für die Integrationsräte trifft, gelten für alle drei Arten der Integrationsräte. Ob die Gemeinde den

Beirat freiwillig bildet oder vom Gesetz hierzu verpflichtet ist, ist für die rechtliche Ausgestaltung des Integrationsrates ohne jede Bedeutung. Das Gesetz enthält keine entsprechende Differenzierung.

Die ausländischen Mitglieder werden in allgemeiner, unmittelbarer, freier, gleicher und geheimer Wahl für die Dauer der Wahlperiode des Rates nach Listen oder als Einzelbewerber gewählt. Stellvertreter können ebenfalls gewählt werden. Darüber hinaus bestimmt § 27 Abs. 2 Satz 4, dass für den Integrationsrat der Rat aus seiner Mitte weitere Mitglieder und ggf. Stellvertreter bestellt. Die Anzahl der Ratsmitglieder darf jedoch nicht die Anzahl der Mitglieder mit ausländischer Staatsangehörigkeit übersteigen. Die bisherige Regelung, dass die Wahl der Mitglieder spätestens innerhalb von 16 Wochen nach Beginn der Wahlperiode des Rates stattfindet, wurde durch die Regelung ersetzt, dass die Mitglieder grundsätzlich **am Tag der Kommunalwahl** gewählt werden (§ 27 Abs. 2).

Mit dem Gesetz zur Weiterentwicklung der politischen Partizipation in den Gemeinden und zur Änderung kommunalverfassungsrechtlicher Vorschriften wurde ferner der Kreis der aktiv Wahlberechtigten im Interesse der Integration erweitert. Gemäß § 27 Abs. 3 Ziff. 1 bis 3 ist wahlberechtigt wer

1. nicht Deutscher im Sinne des Artikels 116 Abs. 1 GG ist,

2. eine ausländische Staatsangehörigkeit besitzt.

- Hiermit sind Deutsche erfasst, die zugleich eine oder mehrere ausländische Staatsangehörigkeiten haben, z.B.

- Spätaussiedler, die die deutsche Staatsangehörigkeit gemäß § 7 Staatsangehörigkeitsgesetz erworben haben (sie behalten auch ihre ausländische Staatsangehörigkeit),

- Deutsche im Sinne von Artikel 116 Abs. 1 GG, die die deutsche Staatsangehörigkeit durch Überleitung nach § 40 a Staatsangehörigkeitsgesetz erworben haben,

- Personen, die durch Abstammung von ihren Eltern sowohl die deutsche als auch eine ausländische Staatsangehörigkeit erworben haben,

- Personen, die durch Abstammung von ihren Eltern die deutsche und durch Geburt im Ausland eine ausländische Staatsangehörigkeit erworben haben,

- Personen, die unter Hinnahme von mehr Staatlichkeit in den deutschen Staatsverband eingebürgert wurden,

- deutsche Frauen, die durch Heirat die Staatsangehörigkeit ihres Ehemanns erworben haben,

- Personen, die als Kind eines deutschen Vaters und einer ausländischen Mutter nichtehelich vor dem 01.07.1993 geboren wurden, die ausländische Staatsangehörigkeit besitzen und die deutsche Staatsangehörigkeit durch Erklärung nach § 5 Staatsangehörigkeitsgesetz erworben haben,

- Personen, die die deutsche Staatsangehörigkeit nach § 40 b Staatsangehörigkeitsgesetz erhalten haben.

3. die deutsche Staatsangehörigkeit durch Einbürgerung erhalten hat.

4. die deutsche Staatsangehörigkeit nach § 4 Abs. 3 Staatsangehörigkeitsgesetz erworben hat.

   - Hierbei handelt es sich um Personen, die als Kinder ausländischer Eltern die deutsche Staatsangehörigkeit durch Geburt im Inland erworben haben. Hiervon sind die seit dem 01.01.2000 geborenen Kinder betroffen.

Des Weiteren müssen die vorgenannten Personen am Wahltag 16 Jahre alt sein, sich seit mindestens einem Jahr im Bundesgebiet rechtmäßig aufhalten und mindestens seit dem 16. Tag vor der Wahl in der Gemeinde ihre Hauptwohnung haben. Wahlberechtigte Personen müssen sich bis zum 12. Tag vor der Wahl in das Wählerverzeichnis eintragen lassen. Sie haben den Nachweis über die Wahlberechtigung zu führen (§ 27 Abs. 3 Satz 3 u. 4).

Wählbar sind alle wahlberechtigten Personen, sofern sie seit mindestens einem Jahr im Bundesgebiet sich rechtmäßig aufhalten und seit mindestens drei Monaten in der Gemeinde ihre Hauptwohnung haben.

Nach § 27 Abs. 7 gelten für die Rechtsstellung der Mitglieder des Integrationsrates die Vorschriften für die Rats- und Ausschussmitglieder gemäß §§ 30, 32 Abs. 2, 33, 43 Abs. 1, 44 und 45 mit Ausnahme des Abs. 4 Nr. 1 entsprechend. Demzufolge haben die Mitglieder des Integrationsrates ausschließlich nach dem Gesetz und ihrer freien, nur durch Rücksicht auf das öffentliche Wohl bestimmten Überzeugung zu handeln (§ 43 Abs. 1) und sind zur Verschwiegenheit verpflichtet (§ 30). Ihre Treuepflicht gegenüber der Gemeinde ist, wie bei ehrenamtlich Tätigen, beschränkt (§ 32 Abs. 2 Satz 1) und verbietet ihnen nur die Annahme solcher Aufträge, die mit den Aufgaben als Mitglied des Integrationsrates im Zusammenhang stehen. Ob dies der Fall ist, entscheidet der Bürgermeister (§ 32 Abs. 2 Satz 2). Die Mitglieder haben Anspruch auf Sitzungsgeld und bekommen evtl. Verdienstausfälle ersetzt. Ein Anspruch auf eine darüber hinausgehende Aufwandsentschädigung (§ 45 Abs. 5 Nr. 1) besteht nicht.

Für das Verfahren in den Integrationsräten sind durch das Gesetz kaum Festlegungen getroffen; dies ist dem Integrationsrat überlassen, der sich eine Geschäftsordnung geben kann (§ 27 Abs. 7 Satz 4). Der Integrationsrat kann sich mit allen Gemeindeangelegenheiten befassen; er ist nicht auf ausländerspezifische Fragestellungen beschränkt. Die hierzu erforderlichen Mittel sind ihm zur Verfügung zu stellen; dem Rat bleibt bei Beachtung der gesetzlich vorgegebenen Aufgabenstruktur der Integrationsräte ein Entscheidungsspielraum. Der Integrationsrat kann Anregungen und Stellungnahmen abgeben, die auf Antrag dem Rat oder einem Ausschuss vorzulegen sind. Der Vorsitzende des Integrationsrates oder ein anderes vom Integrationsrat benanntes Mitglied hat beschränkt auf die vorgelegte Angelegenheit Teilnahme und Rederecht im Rat (§ 27 Abs. 8 bis 10).

2.8 Nutzungsrechte kommunaler Einrichtungen

Gemäß § 8 Abs. 1 schaffen die Gemeinden innerhalb der Grenzen ihrer Leistungsfähigkeit die für die wirtschaftliche, soziale und kulturelle Betreuung ihrer Einwohner erforderlichen öffentlichen Einrichtungen. Grundsätzlich ist die Gemeinde nicht verpflichtet, bestimmte Einrichtungen zu schaffen. Eine Verpflichtung besteht nur bei Pflichtaufgaben, z.B. Schulen, Friedhöfen etc. Im Übrigen handelt es sich um freiwillige Selbstverwaltungsaufgaben, so dass die Gemeinde nach pflichtgemäßem Ermessen entscheidet. Andererseits sind die Gemeinden sicherlich „politisch“ gezwungen, bestimmte, insbesondere kulturelle Einrichtungen, vorzuhalten. Unter „öffentliche Einrichtung“ werden die Gegenstände verstanden, die von der Gemeinde für öffentliche Zwecke gewidmet sind und deren Benutzung durch die Einwohner bzw. durch einen im Widmungsakt festgelegten Personenkreis erfolgt. Hierzu zählen etwa Schulen, Theater, Büchereien, Stadthallen, Schwimmbäder, Friedhöfe, Plätze für Großveranstaltungen (städt. Schützenplätze), Musikschulen, Volkshochschulen, aber auch wirtschaftliche Gemeindeeinrichtungen sowie Verwaltungsgebäude. Öffentliche Straßen, Wege und Plätze fallen nicht darunter.

Für die von der Gemeinde unterhaltenen Einrichtungen besteht grundsätzlich ein Benutzungsanspruch nach § 8 Abs. 2 für alle Einwohner einer Gemeinde. Die Zulassung zu dieser gemeindlichen Einrichtung richtet sich ausschließlich nach dem Gemeinderecht. Danach haben die Einwohner der Gemeinde sowie ortsansässige Gewerbetreibende im Rahmen des geltenden Rechts Anspruch auf Benutzung der gemeindlichen öffentlichen Einrichtungen. Dies gilt für juristische Personen und für Personenvereinigungen entsprechend. Der durch die Gemeindeordnung eingeräumte Zulassungsanspruch besteht nicht unbeschränkt. Er wird zunächst eingeschränkt durch den kraft Widmung festgelegten Zweck der jeweiligen Einrichtung. Bei der Entscheidung über die Zulassung ist daher zunächst der Zweck der öffentlichen Einrichtung heranzuziehen. Dabei entspricht es der Ausgestaltungsbefugnis der Gemeinde, durch Widmung kraft Ratsbeschlusses, Satzung oder Benutzungsordnung den speziellen Benutzungszweck der öffentlichen Einrichtung festzulegen. Nur wenn und soweit der Anspruchsteller sich mit seinem Angebot im Rahmen des Widmungszweckes und der gemeindlichen Veranstaltungsbedingungen hält, gibt ihm die Gemeindeordnung ein subjektives Recht, das auf Zulassung zu der gemeindlichen Einrichtung gerichtet ist. Soweit es sich um ortsfremde Bewerber handelt, besteht kein Zulassungsanspruch nach § 8. Dieser kann sich allenfalls aus dem tatsächlichen Verwaltungshandeln bzw. aus der Satzung oder Benutzungsordnung i.V.m. § 8 ergeben. Die Widmung erfolgt in der Regel formlos. Sie kann auch durch konkludentes Handeln oder gar stillschweigend vorgenommen werden. Indizien für die Widmung von Einrichtungen zu öffentlichen Zwecken können dabei sein: der Zweck der Einrichtung, die z.B. in Vertragsbedingungen festgelegte Absicht, die Einrichtung allgemein zur Verfügung zu stellen, die Verwaltungsübung bei Zulassung und Betrieb etc. Ist ein Widmungswille auch nach Prüfung der Indizien nicht eindeutig erkennbar, so spricht dennoch eine Vermutung dafür, dass für die Allgemeinheit nutzbare kommunale Einrichtungen „öffentlicher“ Natur sind.

Einer Gemeinde steht es frei, den Widmungszweck und damit die Art der Nutzung zu ändern oder einzuschränken. Bei der näheren Ausgestaltung der Nutzungsregelung ist die Gemeinde dabei an höherrangiges Recht, insbesondere den Gleichheitsgrundsatz gebunden. Sollen Einschränkungen zu Lasten politischer Veranstaltungen vorgenommen werden, so kann das Demokratiegebot nach Art. 20 GG Schranken setzen. Allerdings ist es durchaus zulässig, eine öffentliche Einrichtung generell nicht für politische Veranstaltungen zur Verfügung zu stellen, sondern z.B. ausschließlich für kulturelle Angelegenheiten. Dann können politische Veranstaltungen generell abgelehnt werden. Steht die öffentliche Einrichtung politischen Parteien zur Verfügung, so steht dieser Zulassungsanspruch allen politischen Parteien zu. Eine weitere Zulassungsschranke ist die Kapazitätsgrenze.

Besteht über § 8 oder durch tatsächliches Verwaltungshandeln (Art. 3 GG) ein Anspruch auf Benutzung der öffentlichen Einrichtung, hat die Gemeinde grundsätzlich nur noch geringe Möglichkeiten, die Nutzung der öffentlichen Einrichtung zu versagen. Keinesfalls kann die Begründung darin liegen, dass im Fall der Zulassung auch radikalen Gruppierungen die Einrichtung zur Verfügung gestellt werden müsse. Von der Rechtsprechung ist aber anerkannt, dass die Zulassung zur Benutzung der öffentlichen Einrichtung grundsätzlich davon abhängig gemacht werden darf, dass der Veranstalter die Haftung in angemessener Höhe übernimmt. Eine Gemeinde ist berechtigt, mit Rücksicht auf befürchtete und nicht aller Wahrscheinlichkeit nach ausgeschlossene Schäden durch Dritte an oder in ihrer öffentlichen Einrichtung von dem Antragsteller zu verlangen, dass dieser für die Überlassung der Räume eine sachlich auf Schaden an der öffentlichen Einrichtung und ihrem Inventar beschränkte Haftungsgarantie übernimmt und entsprechende Sicherheiten leistet. Im Übrigen besteht ein Zulassungsanspruch dann nicht, wenn durch die Veranstaltung selbst gegen geltendes Recht verstoßen wird. In diesen Fällen müsste die Gemeinde aber nachweisen, dass durch die Veranstaltung etwa eine Gefahr für die öffentliche Sicherheit und Ordnung gegeben ist, ein Verbot somit auf § 14 OBG gestützt werden könnte.

Bei Zurückweisungen steht dem Antragsteller der Verwaltungsrechtsweg offen.

2.9 Bürgerpflichten

Den vorgenannten Mitwirkungsrechten stehen einige wenige Pflichten gegenüber:

- Übernahme einer ehrenamtlichen Tätigkeit. Die Einwohner sind zu einer nebenberuflichen vorübergehenden Tätigkeit für die Gemeinde verpflichtet (z.B. als Interviewer im Zensus, Wahlhelfer, Freiwillige Feuerwehr, § 28 Abs. 1).

- Übernahme eines Ehrenamtes. Die Bürger sind zur nebenberuflichen Übernahme eines auf Dauer berechtigten Kreises von Verwaltungsgeschäften für die Gemeinde verpflichtet (z.B. Ortsvorsteher, § 28 Abs. 2).

- Anschluss- und Benutzungspflicht (§ 9, z.B. hinsichtlich der öffentlichen Abwasserbeseitigung)

- Steuerpflicht (Kommunalabgabengesetz i.V.m. kommunaler Satzung)

- Wegereinigungs- und Streupflicht (§ 4 Straßenreinigungsgesetz i.V.m. kommunaler Satzung)

- Tragung öffentlicher Lasten (Beiträge und Gebühren) (Kommunalabgabengesetz i.V.m. kommunaler Satzung).

3 Gleichstellung von Frau und Mann

§ 5 Abs. 1 stellt fest, dass die Verwirklichung des Verfassungsgebotes der Gleichberechtigung von Frau und Mann auch eine Aufgabe der Gemeinden ist. Bereits nach Art. 1 Abs. 3 GG sind die Verwaltungen an die Einhaltung der Verfassung und damit auch an die Einhaltung des Art. 3 Abs. 2 GG gebunden.

Städte und Gemeinden mit mehr als 10.000 Einwohnern müssen hauptamtlich tätige Gleichstellungsbeauftragte bestellen. Der durch das 1. Modernisierungsgesetz von Regierung und Verwaltung in NRW (Beschluss des Landtags vom 9.6.99, LT Drs 12/66) ergänzte § 126 (Experimentierklausel) nimmt § 5 ausdrücklich aus dem Kreis möglicher experimenteller Ausnahmen aus. Ein Antrag und eine Genehmigung zur Nichtbestellung einer Gleichstellungsbeauftragten ist somit unzulässig. Am 09.11.1999 ist das Landesgleichstellungsgesetz in Kraft getreten. Es enthält in § 15 f. u.a. Regelungen über die Bestellung der Gleichstellungsbeauftragten, ihre dienstliche Stellung sowie ihre Mitwirkungsrechte. Mit dem Gesetz zur Neuregelung des Gleichstellungsrechts aus dem Jahr 2016 sind etliche Regelungen nachjustiert worden, z.B. zur Besetzung von Gremien (mit Ausnahme des Rates und der Ratsausschüsse).

Gem. § 5 Abs. 3 wirkt die Gleichstellungsbeauftragte bei allen Vorhaben und Maßnahmen der Gemeinde, die die Belange von Frauen berühren oder Auswirkungen auf die Gleichberechtigung von Frau und Mann und die Anerkennung ihrer gleichberechtigten Stellung in der Gesellschaft haben. Diese allgemeine Beschreibung des Aufgabenbereiches, der durch die Hauptsatzung näher definiert werden soll, erhält durch § 17 LGG eine weitere Präzisierung: hiernach wirkt die Gleichstellungsbeauftragte insbesondere mit bei

- sozialen, organisatorischen und personellen Maßnahmen, einschließlich Stellenausschreibungen, Auswahlverfahren und Vorstellungsgesprächen; sie ist gleichberechtigtes Mitglied von Beurteilungsbesprechungen;
- der Aufstellung und Änderung des Gleichstellungsplans sowie der Erstellung des Berichts über die Umsetzung des Gleichstellungsplans.

4. Kommunales Satzungsrecht

4.1 Ermächtigungsgrundlage und Art der Satzungen

Satzungen sind Rechtsetzungsakte selbstständiger, dem Staat eingegliederter Verwaltungsträger zur einseitigen hoheitlichen Regelung ihrer Angelegenheiten. Häufig enthalten Satzungen generell-abstrakte Regelungen, z.B. Steuer-, Beitrags- und Gebührensatzungen. Ein notwendiges Merkmal der Satzung ist die Allgemeinheit der Regelung jedoch nicht. Dies wird anhand des Bebauungsplans deutlich, der nach dem Baugesetzbuch zwar als Satzung ergeht, jedoch individuell konkrete und generell abstrakte Elemente enthält. Auch die Außenwirkung ist kein wesensbestimmendes Kriterium der Satzung, wie die Existenz von Haushaltssatzungen und Eigenbetriebssatzungen zeigt. Die Beispiele für kommunale Satzungen sind vielfältig, z.B. Hauptsatzung, Haushaltssatzung, Abgabesatzungen, Anstaltssatzungen, baurechtliche Satzungen (Bebauungspläne, Veränderungssperren), straßenrechtliche Satzungen, Eigenbetriebssatzungen etc.

Eine Ortssatzung ist materielles Gesetz und damit innerhalb des Geltungsbereiches genauso verbindlich wie ein Bundes- oder Landesgesetz. Die kommunalen Satzungen binden, soweit sie wirksam sind, nicht nur die Einwohner und die ihnen Gleichgestellten, sondern auch die erlassende Körperschaft selbst. Allerdings reklamiert die Rechtsprechung für sich das Recht, Ortssatzungen voll inhaltlich überprüfen zu können. Ein gesetzgeberischer Spielraum wird dem „Ortsgesetzgeber Rat“ nicht eingeräumt. Dies liegt auch darin begründet, dass der Rat der Verwaltung (Exekutive) und nicht der Gesetzgebung (Legislative) zugeordnet ist. Insofern unterscheiden sich die Satzungen von Gesetzen im formellen Sinne. Sie sind nicht von einem Gesetzgebungsorgan im verfassungsmäßig vorgesehenen förmlichen Gesetzgebungsverfahren beschlossen, sondern durch rechtlich verselbstständigte Verwaltungskörperschaften erlassen worden.

Ermächtigungsgrundlage für den Erlass von Satzungen ist grundsätzlich § 7. Eine besondere gesetzliche Grundlage für die Zulässigkeit einer Satzung ist aber dort erforderlich, wo diese in Freiheit und Eigentum eingreifen oder ihrerseits zu solchen Eingriffen ermächtigen. In diesen Fällen lebt der Eingriffsvorbehalt auf, der verlangt, dass für solche Satzungen eine gesetzliche Grundlage existieren muss, die Art und Richtung des Eingriffes bezeichnet. Die allgemeine Satzungsklausel der Gemeindeordnung genügt diesen Bestimmtheitsanforderungen nicht. Beispiele für spezialgesetzliche Ermächtigungen sind etwa der § 9 für Abgabesatzungen, § 2 Kommunalabgabengesetz, aber auch die Archivklausel im Archivgesetz NW.

Neben dem Gesetzesvorbehalt hat die Gemeinde das Prinzip des Gesetzesvorrangs zu beachten, wonach sie bei der Rechtsetzung nicht gegen geltendes Recht verstoßen darf. Die kommunale Satzung darf deshalb nicht gegen höherrangiges Recht verstoßen.

Ein Rechtsanspruch auf Erlass oder Änderung von Satzungen besteht grundsätzlich nicht. Auch sind die Gemeinden regelmäßig nicht zum Erlass von Satzungen verpflichtet. Vielmehr gibt es ein Satzungsermessen, das sich nur dann zu der Verpflichtung verdichtet, wenn das Gesetz Pflichtsatzungen vorschreibt (z.B. Hauptsatzung).

4.2 Hauptsatzung

Gemäß § 7 Abs. 3 hat jede Gemeinde eine Hauptsatzung zu erlassen. Die Satzung und ihre Änderung können dabei nur vom Rat mit der Mehrheit der gesetzlichen Anzahl der Mitglieder (Ratsmitglieder und Bürgermeister, § 40 Abs. 2 Satz. 2) beschlossen werden. Die Hauptsatzung ist das Verfassungsstatut der Gemeinde und ergänzt das grundsätzlich in der Gemeindeordnung niedergelegte Kommunalverfassungsrecht durch spezielle örtliche Regelungen. Zunächst **muss** die Hauptsatzung alles regeln, was nach den Vorschriften in der Gemeindeordnung ausdrücklich einer Regelung durch die Hauptsatzung vorbehalten ist (§ 7 Abs. 3 Satz 2). Danach **muss** jede Hauptsatzung Bestimmungen enthalten über

- die Form der öffentlichen Bekanntmachung (Bekanntmachungsorgan; § 7 Abs. 5 iVm § 4 Abs. 2 BekanntmVO),
- Einzelheiten über die Unterrichtung der Einwohner (§ 23 Abs. 2),
- Einzelheiten über die Anregungen und Beschwerden (§ 24 Abs. 2)
- Einzelheiten über die Bezirksverfassung in kreisfreien Städten (§ 36 Abs. 2),
- Genehmigung von Verträgen der Gemeinde mit Mitgliedern des Rates, der Bezirksvertretung und der Ausschüsse, mit dem Bürgermeister und den leitenden Dienstkräften der Gemeinde (§ 41 Abs. 1 Buchst. r),
- Regelungen über den Ersatz des Verdienstausfalles (zulässiger Höchstbetrag, Regelstundensatz, Stundensatz für im Haushalt tätige Personen) für Ratsmitglieder und Mitglieder von Ausschüssen sowie Mitglieder der Bezirksvertretungen (§ 45 Abs. 2, 3),
- Die Zahl der ersatzpflichtigen Fraktionssitzungen pro Jahr (§ 45 Abs. 6)

Darüber hinaus gibt es Angelegenheiten, die nur in der Hauptsatzung verbindlich geregelt werden **können**:

- Die Einteilung des Gebietes kreisangehöriger Gemeinden in Bezirke, die Bildung und die Zusammensetzung von Bezirksausschüssen, die Bestellung von Ortsvorstehern und die Einrichtung von Bezirksverwaltungsstellen (§ 39 Abs. 8)

- in kreisangehörigen Gemeinden mit Ausnahme der großen kreisangehörigen Gemeinden die Bestimmung, dass Zeit und Ort der Ratssitzungen sowie die Tagesordnung allgemein durch Aushang bekanntzugeben sind (§ 7 Abs. 5 iVm § 4 Abs. 3 BekanntmVO),
- die Zahl der Beigeordneten (§ 71 Abs. 1),
- abweichende Zuständigkeitsregelungen für dienst- und arbeitsrechtliche Entscheidungen betreffend Bedienstete in Führungspositionen (§ 73 Abs. 3 Satz 2).

Über diese Angelegenheiten hinaus kann der Rat in der Hauptsatzung auch weitere Punkte regeln, die nicht durch Rechtsvorschrift ausdrücklich dorthin verwiesen werden, aber auch nicht durch eine vorrangige Rechtsvorschrift abschließend anderweitig normiert sind. Alles was dem Rat wichtig erscheint, kann in der Hauptsatzung rechtlich verankert werden. **Als Satzungsbestimmung sind die dort normierten Punkte rechtlich verbindlich. Jede Abweichung bedarf einer vorherigen Änderung der Hauptsatzung und einer öffentlichen Bekanntmachung.** Aus diesem Grund sollte der Rat sehr genau überlegen, ob er Überflüssiges in die Hauptsatzung aufnehmen will, da ein abweichendes Verhalten immer die Änderung der Satzungsbestimmung voraussetzt. Sind z.B. Angelegenheiten zur Entscheidung auf Ausschüsse durch Bestimmungen der Hauptsatzung übertragen, so bedarf jede Änderung der Zuständigkeit der Ausschüsse einer vorherigen Änderung der Hauptsatzung mit der erforderlichen Mehrheit und der Veröffentlichung.

Die Hauptsatzung gilt nach den Kommunalwahlen für den neuen Rat fort, es sei denn, dieser ändert einzelne Bestimmungen in rechtlich zulässiger Weise.

4.3 Rechtmäßigkeitsvoraussetzungen

Zur Rechtmäßigkeit müssen sowohl formelle wie materielle Voraussetzungen erfüllt sein. Zur **formellen Rechtmäßigkeit** gehören dabei zunächst die sachliche und funktionelle Zuständigkeit (Verbands- und Organkompetenz). Die sachliche Zuständigkeit besagt, dass es sich bei dem Satzungsinhalt um eine Angelegenheit der Gemeinde handeln muss. Die funktionelle Zuständigkeit richtet sich nach § 41, also danach, ob das richtige Gemeindeorgan gehandelt hat. Für den Erlass von Satzungen ist der Rat zuständig (§ 41 Abs. 1 Bstb. f). Nach § 60 kann ausnahmsweise in Fallen äußerster Dringlichkeit die Satzung auch vom Bürgermeister mit einem Ratsmitglied erlassen werden (siehe dort).

Ist die Zuständigkeit gegeben, so muss ein ordnungsgemäßer Satzungsbeschluss erfolgen. Dies setzt voraus, dass der Rat ordnungsgemäß einberufen und beschlussfähig war und der Aufstellungsbeschluss der Satzung die erforderliche Mehrheit nach § 50 – bzw. § 7 Abs. 3 im Fall der Hauptsatzung – gefunden hat. Auch darf kein Verstoß gegen § 31 (Mitwirkungsverbot) vorliegen. Sieht das Gesetz besondere Beteiligungs- und Einwendungsrechte (so z.B. § 79 Abs. 3) vor, so sind diese zu beachten. Die Satzung bedarf der Schriftform. Außerdem ist sie zu unterzeichnen. Weiterhin ist sie ordnungsgemäß öffentlich bekanntzumachen. Dies richtet sich nach der Bekanntmachungsverordnung des Landes Nordrhein-Westfalen. Die öffentliche Bekanntmachung verfolgt den Zweck, den Bürgerinnen und Bürgern die Möglichkeit zu geben, sich über den Satzungsinhalt zu unterrichten und davon Kenntnis zu nehmen. Deshalb sind Satzungen mit dem vollen Wortlaut bekanntzumachen. Die Form der öffentlichen Bekanntmachung wird durch die Bekanntmachungsverordnung vorgegeben, wobei die gewählte Bekanntmachungsform in der Hauptsatzung der Gemeinde zu verankern ist (§ 4 Abs. 2 BekanntmVO). Als Veröffentlichungsorgane kommen in Betracht eine in der Hauptsatzung bestimmte Tageszeitung, das Amtsblatt der Gemeinde bzw. das Amtsblatt des Kreises oder der Aushang an der Bekanntmachungstafel der Gemeinde oder den sonst hierfür bestimmten Stellen für die Dauer von mindestens einer Woche, wobei gleichzeitig durch das Amtsblatt oder die Zeitung oder das Internet auf den Anschlag hinzuweisen ist. Letztere Möglichkeit kommt nach der Rechtsprechung des Oberverwaltungsgerichtes nur für kleinere Gemeinden in Betracht. Das Amtsblatt der Gemeinde kann auch in einem privaten Anzeigen- und Nachrichtenblatt abgedruckt werden, wenn die Anforderungen des § 5 Bekanntmachungsverordnung beachtet sind und bei Herstellung des Druckwerkes durch einen privaten Dritten eine hinreichende Dispositionsbefugnis der Gemeinde über Inhalt, Erscheinungsweise, Vertrieb und Zugänglichkeit des Blattes sichergestellt ist. Ebenso wie ein Amtsblatt neben dem amtlichen Teil einen örtlichen Nachrichten- und Veranstaltungsteil (nichtamtlicher Teil) enthalten darf (§ 5 Abs. 1 Satz 2 Bekanntmachungsverordnung), ist es unschädlich, dass ein periodisch erscheinendes privates (Wochen-)Blatt neben dem redaktionellen Teil auch einen amtlichen Teil, nämlich ein Amtsblatt enthält, wenn die Anforderung des § 5 Bekanntmachungsverordnung beachtet sind und die Gemeinde sicherstellt, dass das Blatt über die regelmäßige Erscheinungsweise hinaus bei Bedarf jederzeit erscheinen kann, und im Übrigen der Vertrieb und die Zugänglichkeit des Blattes für die Bevölkerung gesichert sind. So muss das Blatt auf der Titelseite im Untertitel die Bezeichnung „Amtsblatt der Stadt X“ führen und den Geltungsbereich bezeichnen. Der öffentlichen Bekanntmachung soll der Titel „Amtsblatt der X“ vorangestellt werden. Das Blatt muss den Ausgabetag angeben und jahrgangsweise fortlaufend nummeriert sein. Der Ausgabetag sollte auf der Titelseite des Blattes und zusätzlich in dem amtlichen Teil angegeben sein. Soweit der amtliche Teil drucktechnisch mit dem nichtamtlichen Teil verbunden ist, reicht die Nummerierung des Jahrganges nur auf der Titelseite des Gesamtdruckwerkes aus. Ansonsten ist die Nummerierung auf dem amtlichen Teil zu wiederholen. Gleiches gilt für die Angabe der Bezugsmöglichkeiten und Bezugsbedingungen und die Möglichkeit des Einzelbezugs. Darüber hinaus ist zwischen der Gemeinde und dem druckenden Verlag eine hinreichende Dispositionsbefugnis über Inhalt, Erscheinungsweise und Vertrieb in dem zu schließenden Vertrag abzusichern.

Die vertraglichen Vereinbarungen müssen gewährleisten, dass das Blatt regelmäßig erscheint und dass bei Bedarf auch außerhalb der normalen Erscheinungsweise eine Sondernummer des Amtsblattes herausgegeben wird.

§ 4 Abs. 1 der Bekanntmachungsverordnung ist dahingehend ergänzt worden, dass eine öffentliche Bekanntmachung auch durch Aushang an der Bekanntmachungstafel der Gemeinde und den sonstigen hierfür bestimmten Stellen für die Dauer von mindestens einer Woche zulässig ist, wobei gleichzeitig durch das Amtsblatt oder die Zeitung oder das Internet auf den Anschlag hinzuweisen ist. Das OVG NRW (Urteil v. 14.08.2008 – 7 D 120/07.NE) hat hierzu festgestellt, dass die Bekanntmachung durch Aushang an der Bekanntmachungstafel bzw. durch Aushang jedenfalls für größere Gemeinden als eine absolut ungeeignete Form der Bekanntmachung von Ortsrecht anzusehen sei. Der Senat hat dabei Bezug genommen auf die Rechtsprechung der 60er und 70er Jahre, die als Grenze eine Einwohnerzahl von 35.000 Einwohnern gezogen hatte. Städte unterhalb von 25.000 Einwohnern sind nicht von der Rechtsprechung betroffen und können weiterhin die öffentliche Bekanntmachung durch Aushang an der Bekanntmachungstafel der Gemeinde oder den sonstigen hierfür bestimmten Stellen vornehmen. Aus Sicherheitsgründen ist Städten oberhalb der 25.000 Einwohnergrenze zu empfehlen, sich die Rechtsprechung des OVG zueigen zu machen und ggf. die Form der Bekanntmachung umzustellen.

Satzungen treten am Tage nach der Bekanntmachung in Kraft, wenn kein anderer Zeitpunkt bestimmt ist (vgl. § 7 Abs. 4 Satz 2). Erfolgt die öffentliche Bekanntmachung durch einen Aushang an der Bekanntmachungstafel auf den im Amtsblatt, einer Zeitung oder im Internet hingewiesen wird (§ 4 Abs. 1 Buchst. c Bekanntmachungsverordnung), ist die öffentliche Bekanntmachung mit Ablauf des letzten Tages der Aushangsfrist vollzogen (§ 6 Abs. 1 Bekanntmachungsverordnung). Gemeindesatzungen gelten grundsätzlich zeitlich unbeschränkt, falls nicht ausdrücklich etwas anderes festgelegt ist. Die Satzungen sind grundsätzlich genehmigungsfrei, es sei denn, ein Genehmigungserfordernis ist gesetzlich ausdrücklich vorgeschrieben. Die Satzungen oder sonstigen ortsrechtlichen Bestimmungen sind zu sammeln und für die Dauer ihrer Gültigkeit zur Einsicht bereitzuhalten; auf Verlangen sind Abschriften und Ablichtungen zu erteilen (§ 6 Abs. 4 Bekanntmachungsverordnung).

Für die **materielle Rechtmäßigkeit** bedarf die Satzung einer Ermächtigungsgrundlage, die entweder in der allgemeinen Satzungsautonomie des § 7 oder in einer besonderen Rechtsgrundlage zu finden ist. Soweit eine besondere Ermächtigungsgrundlage vorhanden ist, müssen die dort normierten Voraussetzungen erfüllt sein. Dies gilt etwa für den Anschluss- und Benutzungszwang nach § 9 im Vorliegen der Voraussetzungen „öffentliches Bedürfnis". Mit der Satzung darf nicht gegen die Satzungsautonomie verstoßen werden, also darf weder der räumliche Bereich der Gemeinde (Territorialprinzip) oder der sachliche Bereich überschritten werden. Weiterhin darf die Satzung nur die der Gemeindegewalt Unterworfenen verpflichten (Gemeindebürger, Gemeindeeinwohner, Forensen). Das Satzungsrecht ist den Gemeinden nur im Rahmen der Gesetze gewährleistet. Von daher darf die Satzung nicht gegen höherrangiges Recht verstoßen. Hier sind zunächst die Grundrechte, insbesondere der Gleichheitssatz zu nennen. Aber auch allgemeine Rechtsgrundsätze, z.B. der Grundsatz der Verhältnismäßigkeit ist zu beachten. Schließlich muss die Satzung inhaltlich ausreichend bestimmt und aus sich verständlich sein. Bestimmtheit ist nach der Rechtsprechung gegeben, wenn der Satzungspflichtige ohne weiteres Hilfsmittel den Norminhalt erkennen kann. Dies schließt die Verwendung sog. unbestimmter Rechtsbegriffe nicht aus.

4.4 Rechtsfehler

Sind beim Satzungserlass formelle oder materielle Voraussetzungen nicht beachtet worden, so hat dies unterschiedliche Rechtsfolgen. Die Verletzung von Verfahrens- oder Formvorschriften kann nach Ablauf eines Jahres seit der Verkündung der Satzung grundsätzlich nicht mehr geltend gemacht werden (vgl. § 7 Abs. 6). Diese fiktiven Heilungsvorschriften sind allerdings dann nicht anwendbar, wenn die Veröffentlichung der Satzung nicht ordnungsgemäß erfolgt ist. Voraussetzung für die Heilung der Verfahrens- oder Formfehler (dazu gehört z.B. auch ein Verstoß gegen das Mitwirkungsverbot nach § 31) ist ein entsprechender Hinweis bei der öffentlichen Bekanntmachung. Ansonsten führen Verstöße gegen materielles Recht grundsätzlich zur Nichtigkeit der Norm. Die Nichtigkeit einzelner Satzungsvorschriften hat allerdings grundsätzlich nicht auch die Nichtigkeit der Satzungsregelungen im Übrigen zur Folge. Dies wird man nur dann annehmen können, wenn die Satzung ohne den nichtigen Teil keine selbstständige Bedeutung mehr hat.

Die Änderung oder Aufhebung von Satzungen ist nur durch Satzung möglich. War die Satzung selbst genehmigungspflichtig, so ist auch die Satzungsänderung genehmigungspflichtig. Die Aufhebung einer genehmigungspflichtigen Satzung ist nicht genehmigungspflichtig.

5. Der Rat

§ 40 normiert, dass die Verwaltung der Gemeinde ausschließlich durch den Willen der Bürgerschaft bestimmt wird. Die Bürgerschaft wird durch den Rat und den Bürgermeister vertreten. Auch für die Gemeinde gilt der Grundsatz der repräsentativen Demokratie. Wichtigstes Organ der Gemeinde ist der Rat. Er ist grundsätzlich allzuständig für die Verwaltung der Gemeinde (§ 41 Abs. 1 Satz 1). Der Rat ist Teil der Verwaltung und kein Parlament. Parlamentarische Regeln des Bundes- oder Landtages gelten deshalb für den Rat nicht. Datenschutzrechtliche Belange sind vom Rat zu berücksichtigen (Lübking, Datenschutz, S. 208ff).

5.1 Wahl der Ratsmitglieder

Die Ratsmitglieder werden von den Bürgern der Gemeinde in allgemeiner, unmittelbarer, freier, gleicher und geheimer Wahl auf die Dauer von 5 Jahren gewählt (§ 42 Abs. 1 Satz 1). **Ausnahme:** Gemäß Art. 5 § 2 Satz 2 des Gesetzes zur Stärkung der kommunalen Demokratie endete die Wahlperiode der im Jahr gewählten Vertretungen am 31.10.2020. Die näheren Einzelheiten des Wahlverfahrens regelt nicht die Gemeindeordnung, sondern das Kommunalwahlgesetz und die Kommunalwahlordnung. Das Wahlverfahren soll bis auf Hinweise zum aktiven und passiven Wahlrecht nicht näher erläutert werden.

Das **aktive** Wahlrecht, also das Recht zu wählen, besitzt jeder Deutsche und jeder Staatsangehörige eines Mitgliedsstaates der Europäischen Gemeinschaft, der 16 Jahre alt ist und mindestens seit dem 16. Tag vor der Wahl im Wahlgebiet seine Wohnung, bei mehreren Wohnungen seine Hauptwohnung, hat. Die Hauptwohnung beurteilt sich nach den Vorschriften des Meldegesetzes NRW. Hiernach ist die Hauptwohnung die vorwiegend benutzte Wohnung des Einwohners (§ 16 Abs. 1 Satz MG). Das **passive** Wahlrecht hat grundsätzlich jeder aktive Wahlberechtigte, der das 18. Lebensjahr vollendet hat. Das passive Wahlrecht bestimmt die Wählbarkeit zum Rat. Das passive Wahlrecht ist dabei immer in den Fällen zu prüfen, in denen der Bewerber mehrere Wohnungen, eine davon außerhalb des Gemeindegebietes hat. Wählbar ist der Bewerber nur am Ort der Hauptwohnung, also dort, wo er sich überwiegend aufhält. „Briefkastenanschriften" führen demnach nicht zur Wählbarkeit.

Die Wählbarkeit ist ferner ausgeschlossen, wenn eine Unvereinbarkeit von Amt und Mandat (§ 13 KWahlG) vorliegt. Die gemäß Artikel 137 GG zulässige Beschränkung der Wählbarkeit im Sinne einer Unvereinbarkeit von Amt und Mandat hat weitreichende Folgen. Bei Mandatsannahme führt sie zur Beendigung des Dienstverhältnisses. Sie ist als eine mit dem Grundsatz der Wahlrechtsgleichheit vereinbare Differenzierung nur dann gerechtfertigt, wenn ansonsten der Gefahr vor Interessenkollisionen nicht wirksam begegnet werden kann. Nach dem Gesetz zur Änderung des Kommunalwahlgesetzes vom 09.10.2007 ist in § 13 Abs. 1 Satz 1 KWahlG die sogenannte funktionale Inkompatibilität festgeschrieben. Dies bedeutet, dass in den Fällen der allgemeinen Aufsicht und der Sonderaufsicht die Gemeinden und Gemeindeverbände nicht mehr bloß die Tatsache der Beschäftigung bei einer Aufsichtsbehörde zur Inkompatibilität führt. Entscheidend ist die unmittelbare Ausübung einer konkreten Aufsichtsfunktion. Aus dem ehemaligen Katalog des § 13 Abs. 1 KWahlG ist ferner gestrichen worden die Fallkonstellation, dass jemand im Dienst eines Zweckverbandes steht und insofern nicht der Vertretung einer Mitgliedskörperschaft angehören durfte. Ebenfalls gestrichen wurde die Konstellation, dass jemand im Dienste des Landes steht und bei einem Schulamt beschäftigt ist. Dieser Personenkreis kann jetzt auch der Vertretung der Gemeinde angehören, bei der das Schulamt errichtet ist.

Anders verhält es sich bei Polizeivollzugsbeamten, die bei den Landräten als Kreispolizeibehörden beschäftigt sind. Diese fallen unter § 13 Abs. 1 Buchst. d Kommunalwahlgesetz. Sie können mithin, wie die Vorschrift ausdrücklich festlegt, nicht der Vertretung des Kreises angehören, bei denen die Kreispolizeibehörde besteht. Dagegen können Sie zu der Vertretung einer im Kreis gelegenen Gemeinde gewählt werden, da hier keine wahlrechtlichen Hindernisse entgegenstehen. Bei der Auslegung der Inkompatibilitätsvorschriften ist klarzustellen, dass diese auf die Wählbarkeit der von dieser Vorschrift erfassten Beamten keinen Einfluss haben. Die Annahme der Wahl nach § 13 Abs. 3 Kommunalwahlgesetz kann allerdings erst dann erklärt werden, wenn sie die Beendigung ihres Dienstverhältnisses nachweisen. Hat ein in die Gemeindevertretung gewählter Bewerber trotz bestehender Inkompatibilität die Wahl angenommen, so ist dies vom Wahlleiter förmlich festzustellen. Dies gilt auch dann, wenn der Gewählte noch innerhalb der Annahmefrist auf den Inkompatibilitätstatbestand hingewiesen worden ist. Durch die Feststellung der Wahl wird ein Bewerber gem. § 36 Kommunalwahlgesetz Mitglied des Rates. Dies gilt selbst dann, wenn die Beschäftigung des Bewerbers gem. § 13 mit der Zugehörigkeit zum Rat unvereinbar ist. Der Verlust der Mitgliedschaft tritt erst ein, wenn der Wahlleiter förmlich festgestellt hat, dass der Gewählte an der gleichzeitigen Zugehörigkeit zur Vertretung gehindert war, und wenn der Gewählte daraufhin nicht binnen einer Woche nach Zustellung der Feststellung die Beendigung seines Dienstverhältnisses nachweist.

5.2 Sitzverteilung und Fraktionsbildung

Die Zahl der in den Gemeinden zu wählenden Ratsmitglieder richtet sich nach § 3 Kommunalwahlgesetz. Die Mindestzahl der Ratsmitglieder beträgt grundsätzlich je nach Größe der Gemeinde zwischen 20 und 90 Vertretern. Von diesem Grundsatz können die Gemeinden abweichen, sofern sie bis spätestens 15 Monate vor

Ablauf der Wahlperiode durch Satzung die Zahl der zu wählenden Vertreter um 2, 4 oder 6, davon je zur Hälfte in Wahlbezirken verringern. Die Zahl von 20 Vertretern darf allerdings nicht unterschritten werden.

Jeder Wähler hat eine Stimme. Mit ihr wählt der Wahlberechtigte den Kandidaten seines Wahlbezirks und gleichzeitig auch die Liste der Partei oder Wählergruppe, die den Kandidaten aufgestellt hat (§ 31 KWahlG).

Das Kommunalwahlrecht beruht auf einem Mischsystem von Mehrheits- und Verhältniswahl; ein Teil der Ratsmitglieder wird durch eine Mehrheitswahl im jeweiligen Wahlbezirk gewählt. Mit dem novellierten § 33 Abs. 2 Kommunalwahlgesetz wird anstelle des bisher geltenden Verfahrens nach Hare/Niemeyer das Divisorverfahren mit Standardabrundung nach Sainte-Lague/Schepers eingeführt. Nach diesem Verfahren wird ein Zuteilungsdivisor ermittelt, in dem die Gesamtheit der gültigen Stimmen durch die Zahl der insgesamt zu vergebenden Sitze dividiert wird. Anschließend wird die Stimmenzahl jeder Partei oder Wählergruppe durch den Divisor geteilt. Ergibt die Summe der so errechneten Zahlen vor dem Komma weniger Sitze als die Gesamtzahl der Sitze, werden die wenigen noch zu vergebenden Sitze in der Reihenfolge der höchsten Zahlenbruchteile der Parteien und Wählergruppen nach dem Komma zugeteilt, wobei für die Sitzverteilung nur die Reste ab 0,5 berücksichtigt werden. Ergeben sich dabei so viele Sitze wie insgesamt zu vergeben sind, stehen die Sitzzahlen der Parteien und Wählergruppen damit fest. Ergeben sich nach der Standardrundung weniger Sitze als die Ausgangszahl erfordert, wird der Divisor auf einen dem bisherigen Divisor nächstfolgenden Wert so weit herabgesetzt, dass bei erneuter Berechnung mit Standardrundung eine Zuteilung aller vergebenden Plätze möglich ist.

§ 33 Abs. 3 KWahlG sieht des Weiteren vor, dass eine Partei oder Wählergruppe nur dann einen Sitz im Rat oder Kreistag erhalten soll, wenn die auf sie entfallende Stimmenzahl einen Mindestzahlenbruchteil von 1 erreicht. Die Einführung des Mindestsitzanteils von 1 ist als Reaktion auf die seit Wegfall 5 % Sperrklausel zu beobachtende Zersplitterung der Räte zu sehen. In Zukunft sollen nur noch die Parteien und Wählergruppen einen Sitz erlangen, die über einen ausreichenden Rückhalt in der Wählerschaft verfügen. Die Einführung des Mindestsitzanteils wurde von den zu der Lantagsanhörung vom 6. Juni 2007 geladenen Sachverständigen ganz überwiegend begrüßt. Der zu erlangende Mindestsitzanteils führt faktisch zur Einführung einer Sperrklausel. Je nach Größe der kommunalen Vertretung bewegt sich dieses zwischen 1,1 % und 5,0 %. Damit werden Parteien/Wählergruppen mit niedrigerem Stimmenanteil in Zukunft nicht mehr in den Räten vertreten sein können.

§ 33 Abs. 5 KWahlG wird Parteien oder Wählergruppen, die die absolute Mehrheit der Stimmen, nicht aber die absolute Mehrheit der Sitze erreicht haben, ein Zusatzmandat gewährt, wobei sich die Gesamtzahl der Sitze jedoch nicht verändert. Dies entspricht der Regelung in § 6 Abs. 3 Bundeswahlgesetz. Damit wird gewährleistet, dass bei einer absoluten Stimmenmehrheit auch eine absolute Mehrheit der Sitze gewährleistet wird.

Beispiel der Sitzberechnung:

Die Sitzverteilung nach dem Divisorverfahren (§ 33 Abs. 2 KWahlG) verdeutlicht folgendes Beispiel (vgl. Landtagsdrucksache 14/3977, S. 46 ff:

Ein Rat hat 38 Vertreter, die Gemeinde 25.000 Einwohner. Bei der Kommunalwahl haben alle nach § 33 Abs. 1 zu berücksichtigenden Wahlvorschlagsträger zusammen eine bereinigte Gesamtstimmenzahl von 10.000 erziehlt. Der Zuteilungsdivisor wird (zunächst) durch Teilung der Gesamtstimmenzahl durch die Gesamtsitzzahl ermittelt:

Gesamtstimmenzahl 10.000 : Gesamtsitzzahl 38
= rund 263 = Zuteilungsdivisor

Die den Parteien und Wählergruppen zustehenden Sitzzahlen werden ermittelt nach der Formel:

Stimmenzahl der Partei/Wählergruppe : Divisor = Sitzzahl

Partei/ Wähler-gruppe	**Stimmen**	**Divisor**	**Sitzzahl ungerundet** (Stimmen geteilt durch Divisor)	**Sitzzahl gerundet** (ab 0,5 Aufrundung)
A	5.100	263	**19**,39	**19**
B	2.500	263	**9**,50	**10**
C	2.137	263	**8**,13	**8**
D	263	263	**1**,00	**1**
gesamt	10.000	–	**37 Sitze** (Sitze nach Zahlen **vor** dem Komma)	**38 Sitze** (= Gesamtsitzzahl des Rates)

Bereits der erste rechnerisch ermittelte Divisor führt nach Rundung der Zahlenbruchteile zur Zuteilung aller 38 Sitze der Kommunalvertretung. Im vorliegenden Beispiel ist allerdings weiterhin zu berücksichtigen, dass die Partei/Wählergruppe A die absolute Mehrheit der Stimmen erreicht hat. Der Wahlvorschlagsträger

A erhält daher statt 19 Sitze 20 Sitze (einschließlich Zusatzmandat) und hat mit Zusatzmandat die absolute Mehrheit der Sitze. Der Wahlvorschlagsträger B mit einem ungerundeten Sitzanteil von 9,50 und damit dem ab 0,5 niedrigsten zu berücksichtigenden Zahlenbruchanteil erhält nach § 33 Abs. 5 Satz2 rechnerisch 9 Sitze statt ohne Zusatzmandat 10 Sitze.

Hätte die Partei/Wählergruppe D in Fortführung des obigen Beispiels nur 262 Stimmen erzielt (C = 2.138), betrüge ihr Sitzanteil lediglich 0,996; nach § 33 Abs. 3 KWahlG könnte ihr in diesem Falle kein erster und einziger Sitz in der Kommunalvertretung zugeteilt werden. Es wären dann bei einer erneuten Berechnung der Sitzverteilung ihre Stimmen von der Gesamtstimmenzahl 10.000 abzuziehen (§ 33 Abs. 3 Satz §). Die Division der neuen Gesamtstimmenzahl 9.738 durch die Gesamtsitzzahl 38 ergibt einen Divisor von 256. Eine Sitzberechnung mit diesem Divisor ergäbe nach Rundung eine Gesamtsitzzahl von 38 und kann daher der weiteren Neuberechnung zugrunde gelegt werden:

Partei/ Wähler-gruppe	**Stimmen**	**Divisor**	**Sitzzahl <u>un</u>gerundet** (Stimmen geteilt durch Divisor)	**Sitzzahl gerundet** (ab 0,5 Aufrundung)
A	5.100	256	**19,**92	**20**
B	2.500	256	**9,**76	**10**
C	2.138	256	**8,**35	**8**
gesamt	9.738	–	**36 Sitze** (Sitze nach Zahlen **vor** dem Komma)	**38 Sitze** (= Gesamtsitzzahl des Rates)

Im Ergebnis hat die größte Partei/Wählergruppe A bei der zweiten Berechnung ohne Berücksichtigung von D (Zahlenbruchteil < 1,00) einen Sitz mehr erhalten. Damit hat sie die absolute Mehrheit der Sitze erzielt, was ihrer absoluten Stimmenmehrheit von 51% entspricht. Eines Zusatzmandats § 33 Abs. 5 bedarf es daher nicht.

Nach der Durchführung der Wahlhandlung werden die Stimmen ausgezählt und der Wahlausschuss stellt das Wahlergebnis fest. Der Wahlleiter benachrichtigt die in den Wahlbezirken und aus den Reservelisten gewählten Bewerber durch Zustellung und fordert sie auf, binnen einer Woche nach Zustellung schriftlich zu erklären, ob sie die Wahl annehmen. Die Namen der in den Wahlbezirken und aus den Reservelisten gewählten Bewerber werden öffentlich bekanntgemacht. Die Tätigkeit als Ratsmitglied beginnt mit dem ersten Zusammentritt des neugewählten Rates nach der Wahl Bis zu diesem Zeitpunkt übt der alte Rat seine Tätigkeit weiter aus. Die Wahlperiode der im Jahr 2020 gewählten Vertretungen beginnt am 01. November 2020 (Übergangsregelung zum KommunalwahlG).

5.3 Aufgaben des Rates

Gemäß § 41 Abs. 1 Satz 1 besitzt der Rat die Aufgabenallzuständigkeit. Er ist grundsätzlich für alle Angelegenheiten zuständig, soweit das Gesetz nichts anderes bestimmt. Aus der letzteren Formulierung wird deutlich, dass der Gesetzgeber dem Rat nicht zumuten wollte, alle Aufgaben der Gemeinde tatsächlich auch selbst entscheiden zu müssen. Vielmehr besteht die Möglichkeit der Übertragung von Aufgaben auf andere Stellen bzw. hat das Gesetz verschiedene Aufgaben anderen Organen der Gemeinde übertragen. Im Wesentlichen muss man unterscheiden zwischen

- Aufgaben, die ausschließlich dem Rat zustehen, die er also nicht auf den Bürgermeister oder auf Ausschüsse übertragen kann;
- Aufgaben, die dem Rat zwar zustehen, die er aber übertragen kann;
- Aufgaben, die dem Bürgermeister zustehen, die ihm aber vom Rat jederzeit allgemein oder im Einzelfall entzogen werden können.

Darüber hinaus gibt es Aufgaben, die dem Bürgermeister zustehen und die der Rat nur durch die Hauptsatzung entziehen kann, sowie Aufgaben des Bürgermeisters, die ihm kraft Gesetzes zustehen und nicht entzogen werden können. Schließlich sind auch noch Aufgaben zu nennen, die z.B. Pflichtausschüssen kraft Gesetzes zustehen. Der Hauptausschuss ist z.B. zuständig für die Koordinierung der Arbeiten aller Ausschüsse, die Entscheidung in Angelegenheiten des Rates, die keinen Aufschub dulden, die Entscheidung bei Zuständigkeitsstreitigkeiten der Bezirksvertretungen untereinander und zwischen ihnen und Ausschüssen sowie die Entscheidung über die Planung der Verwaltungsaufgaben von besonderer Bedeutung im Rahmen der vom Rat festgelegten allgemeinen Richtlinien. Schließlich sind durch § 37 den Bezirksvertretungen bestimmte Aufgaben zugewiesen (wird dort ausgeführt).

Die Aufgaben, die ausschließlich dem Rat zustehen, die er also nicht auf den Bürgermeister oder auf Ausschüsse übertragen kann, sind in § 41 Abs. 1 Satz 2 katalogartig aufgezählt (sog. Ausschließlichkeitskatalog). Es handelt sich um Angelegenheiten, die wegen ihrer besonderen Bedeutung durch den Rat selbst beschlossen werden müssen.

Andererseits ist der Ausschließlichkeitskatalog nicht abschließend. Dem Rat werden in anderen Vorschriften der Gemeindeordnung weitere Aufgaben zugewiesen, z.B. Feststellung der Zulässigkeit eines Bürgerbegehrens (,§ 26 Abs. 6 Satz 1), Überwachung der Durchführung seiner Beschlüsse (§ 55 Abs. 3), Bildung von Bezirksausschüssen oder Wahl von Ortsvorstehern in kreisangehörigen Gemeinden (§ 39 Abs. 2), Bestellung eines allgemeinen Vertreters des Bürgermeisters (§ 68 Abs. 1 Satz 1 und 4), Festlegung der Geschäftskreise der Beigeordneten (§ 73 Abs. 1), Entscheidungen über Bedienstete in Führungsfunktionen (§ 73 Abs. 3), Entscheidung über Einwendungen gegen den Entwurf der Haushaltssatzung (§80 Abs. 3 Satz 4) etc. Zu beachten ist, dass der Rat nicht der Dienstvorgesetzte des Bürgermeisters ist (siehe auch Kap 6.4).

Dem Rat wäre es unmöglich, alle Entscheidungen selbst treffen zu müssen. § 41 Abs. 2 eröffnet deshalb die Möglichkeit, Entscheidungen auf Ausschüsse oder den Bürgermeister zu übertragen. Die Form der Übertragung ist dem Rat freigestellt; dies kann durch Hauptsatzung oder durch einfachen Beschluss geschehen. Bei Übertragung durch die Hauptsatzung kann der Rat die so übertragenen Aufgaben nur durch entsprechende Änderung der Hauptsatzung wieder an sich ziehen. Ist die Übertragung durch Beschluss erfolgt, so sollte der Rat zunächst durch Beschluss die Sache an sich ziehen und dann in einem zweiten Beschluss in der Sache selbst entscheiden. Die Übertragung der Aufgaben auf die Ausschüsse oder den Bürgermeister kann gattungsmäßig erfolgen, z.B. kann eine geldsummenmäßige Begrenzung der Auftragsdelegierung erfolgen. Die Grenze der Übertragungsmöglichkeit ist immer dort, wo abschließend der Rat zur Entscheidung nach gesetzlicher Vorgabe berufen ist. Im Übrigen sollte der Rat von der Übertragungsmöglichkeit Gebrauch machen, um seine Arbeit auf wesentliche, bedeutsame Angelegenheiten zu konzentrieren und von „Alltagsgeschäften“ freizuhalten.

Der Bürgermeister ist gem. § 41 Abs. 3 über eine Fiktion („gelten“) für die Geschäfte der laufenden Verwaltung zuständig. Es handelt sich hierbei um einen unbestimmten Rechtsbegriff. Sofern die Abgrenzung eines „Geschäftes der laufenden Verwaltung“ nach dem Geldwert erfolgen kann (Erwerb oder Veräußerung von Vermögensgegenständen, Vergabe von Aufträgen), empfiehlt sich die Festlegung von Wertgrenzen durch den Rat. Im Übrigen wird man davon ausgehen müssen, dass ein Geschäft der laufenden Verwaltung dann vorliegt, wenn es häufig, regelmäßig und in eingefahrenen Gleisen erledigt wird.

Die Anwendung des § 41 greift auch in den Fällen, in denen die Ausführung von Rechtsvorschriften den Gemeinden auferlegt wird. So obliegt die Ausführung der Straßenverkehrsordnung in einigen Bereichen neben den Kreisordnungsbehörden den örtlichen Ordnungsbehörden der Großen und Mittleren kreisangehörigen Städte als Straßenverkehrsbehörde (vgl. Verordnung über die Bestimmung der zuständigen Behörden nach der Straßenverkehrsordnung vom 9. Januar 1973, SGV NRW Nr. 92). Gemäß § 3 Abs. 1 Satz 1 OBG NW nehmen die Gemeinden die Aufgaben der örtlichen Ordnungsbehörde wahr. Dies bedeutet, dass durch die gesetzliche Vorschrift die kommunale Körperschaft als Träger der ordnungsbehördlichen Aufgabe ausdrücklich genannt wird. Welches Organ innerhalb der kommunalen Körperschaft diese Aufgabe wahrnimmt, richtet sich nach dem kommunalen Verfassungsrecht. Nach § 41 Abs. 1 besteht die grundsätzliche Allzuständigkeit des Rates. Damit wäre auch der Rat für die Verkehrsregelung bzw. -lenkung nach StVO zuständig und verantwortlich, wenn nicht einzelne Maßnahmen nach § 41 Abs. 3 als Geschäfte der laufenden Verwaltung dem Bürgermeister obliegen. Im Ergebnis dürften Verkehrsregelungen bzw. -lenkungen nach der StVO unter § 41 Abs. 3 subsumiert werden können. Dabei ist allerdings zu beachten, dass der Rat die Möglichkeit des Rückholrechtes im Einzelfall hat. Eine Ausnahme von dem obigen Grundsatz greift nur, wenn das Gesetz ausdrücklich ein bestimmtes Organ der Gemeinde zur Aufgabenerfüllung benennt (z.B. der Bürgermeister nach § 9 Abs. 4 OBG NRW bei Weisungen der Aufsichtsbehörde).

5.4 Verfahren im Rat

Das Verfahren in den Ratssitzungen wird im Wesentlichen durch die vorrangigen Bestimmungen in der Gemeindeordnung und darüber hinaus durch die ergänzenden Bestimmungen der Geschäftsordnung des Rates bestimmt (§ 47 Abs. 2).

5.4.1 Geschäftsordnung, Vorsitz und Öffentlichkeit der Ratssitzungen

Gegenstand der Geschäftsordnung ist damit der Ablauf des Verfahrens von Ratssitzungen. Das Recht des Rates, sich eine Geschäftsordnung zu geben, fällt als Geschäftsordnungsautonomie unter die kommunale Organisationshoheit und damit unter die Selbstverwaltungsgarantie. Geschäftsordnungsregelungen kann der Gesetzgeber damit nicht im Detail vorgeben, er muss vielmehr den Räten einen Entscheidungsspielraum belassen. Nur dort, wo die Gemeindeordnung abschließend Verfahrensregelungen aufstellt, etwa zur Einberufung des Rates oder zur Aufnahme von Tagesordnungspunkten bei Antrag eines bestimmten Quorums sowie die Normierungen über das Abstimmungsverfahren, gehen diese der Geschäftsordnungsautonomie vor. Die Geschäftsordnung ist eine innerorganisatorische Regelung des Rates ohne Satzungscharakter. Dennoch erzeugt die Geschäftsordnung Rechte und Pflichten für die Ratsmitglieder. Die Einhaltung der Geschäftsordnungsbestimmungen kann von den Ratsmitgliedern im Kommunalverfassungsstreitverfahren eingeklagt werden. Sie hat allerdings keine Außenwirkung, so dass Einwohner und Bürger sich nicht auf die Verletzung von Geschäftsordnungsbestimmungen berufen können.

Fraglich ist, ob der Rat in der Sitzung durch einfachen Beschluss Abweichungen von der Geschäftsordnung festlegen kann. Im Ergebnis wird dies zu bejahen sein, da eine Änderung nicht an qualifizierte Mehrheiten, wie etwa bei der Hauptsatzung, gebunden ist. Auch ist die Geschäftsordnung nicht öffentlich bekanntzumachen. Damit dürften keine rechtlichen Hindernisse bestehen, per Ratsbeschluss in der Sitzung vorab eine Geschäftsordnungsbestimmung außer Kraft zu setzen. In der Praxis sollte allerdings hiervon kein Gebrauch gemacht werden. Da der Grundsatz der Diskontinuität auf kommunale Räte nicht anwendbar ist, gilt die Geschäftsordnung nach den Kommunalwahlen auch für den neuen Rat weiter. Als Pflichtinhalt sind in der Geschäftsordnung die Bestimmung der Ladungsfrist, die Form der Einberufung des Rates, die Geschäftsführung des Rates sowie der Inhalt und Umfang des Fragerechts der Ratsmitglieder (§ 47 Abs. 2 Satz 1) festzulegen. Darüber hinaus müssen die Einzelheiten über die Bildungen von Fraktionen, ihre Rechte und Pflichten (§ 56 Abs. 4 Satz 2), die Frist für die Einreichung von Vorschlägen zur Tagesordnung (§ 48 Abs. 1 Satz 2) und das Teilnahmerecht an Sitzungen für Ausschussmitglieder (§ 58 Abs. 1 Satz 4) in der Geschäftsordnung enthalten sein. Fragestunden für Einwohner (§ 48 Abs. 1 Satz 3), Ausschluss der Öffentlichkeit für Angelegenheiten einer bestimmten Art (§ 48 Abs. 2 Satz 2), weitere Regelungen über das Abstimmungsverfahren (§ 50 Abs. 1 Satz 4 u. 7) sowie die Qualifizierung von Ordnungsverstößen und Festlegung der Sanktionen (§ 51 Abs. 2 Satz 1) können in der Geschäftsordnung geregelt werden.

Den Vorsitz im Rat führt der Bürgermeister, bei seiner Verhinderung die ehrenamtlichen stellvertretenden Bürgermeister (§ 67 Abs. 1). Die Bestellung von Behelfs oder „Ad-hoc“-Vorsitzenden ist nicht zulässig (nähere Einzelheiten s. Kapitel 10.3).

Die Sitzungen des Rates sind nach § 48 Abs. grundsätzlich öffentlich. Der **Grundsatz der Sitzungsöffentlichkeit** ist Folge des Demokratiegebots des Grundgesetzes. Dies heißt, dass jedermann grundsätzlich das Recht hat, als Zuhörer an den Sitzungen teilzunehmen. Das Recht ist nicht auf Einwohner der Gemeinde beschränkt. Die Befugnis, aktiv an der Beratung mitzuwirken, wird davon nicht umfasst. Wird durch Beifalls- oder Missfallensbekundungen Einfluss auf die Beratungen genommen, so kann der Bürgermeister dies unterbinden, ebenso heimliche Tonband- oder Videoaufnahmen, die der Rat nicht gebilligt hat oder denen widersprochen worden ist. Ein Verstoß gegen den Grundsatz der Sitzungsöffentlichkeit hat die Nichtigkeit der Beschlüsse zur Folge. Bestimmte Angelegenheiten dürfen allerdings in nichtöffentlicher Sitzung beraten werden. Die Gründe für ein Geheimhaltungsbedürfnis können dabei aus § 30 abgeleitet werden. Gemäß § 30 Abs. 1 Satz 1 unterliegen der Verschwiegenheitspflicht u.a. diejenigen Angelegenheiten, deren Geheimhaltung „ihrer Natur nach“ erforderlich ist. Hierunter sind generell alle Angelegenheiten zu verstehen, deren Mitteilung an andere dem Gemeinwohl oder dem schutzwürdigen Interesse einzelner Personen zuwiderlaufen würden (Personalangelegenheiten, Grundstücksangelegenheiten sofern hierbei die Regelung konkreter Rechtsbeziehungen an bestimmten mindestens aber bestimmbaren Grundstücken der Gemeinde oder einer anderen Rechtsperson ansteht; Vergabe von Aufträgen, sofern Schutz für die Belange der Bieter oder sonstiger Privatpersonen berührt werden etc.). Ferner diejenigen Angelegenheiten, die der Geheimhaltung gem. § 6 unterliegen. Im Übrigen ist durch eine Einzelfallprüfung zu gewährleisten, dass dem Öffentlichkeitsgrundsatz zur bestmöglichen Geltung verholfen wird.

Um die Zuhörermöglichkeit zu eröffnen, ist folgendes zu berücksichtigen: Der Ort der Ratssitzung ist so zu wählen, dass möglichst viele Gemeindeeinwohner ihn erreichen können. Von daher sind öffentliche Ratssitzungen ausschließlich im Gemeindegebiet zulässig. Auswärtige Sitzungen können daher zwar stattfinden; sie sind jedoch stets nichtöffentlich und folglich nur dann zulässig, wenn Gründe der Geheimhaltung vorliegen. Die Räumlichkeiten sind so zu wählen, dass ein ungehinderter Zugang für die Zuhörer gewährleistet ist. Weiterhin müssen die Räumlichkeiten ausreichend Platz für die Zuhörer bieten. Bei ungewöhnlichem Andrang kann es allerdings vorkommen, dass nicht jeder Zuhörer Platz findet. In diesen Fällen darf der Zugang aber nicht nur bestimmten Personengruppen (etwa nur Befürwortern bestimmter Maßnahmen oder Pressevertretern) gewährt werden. Unter den o.g. Voraussetzungen ist es auch möglich, die Sitzung außerhalb des Rathauses, etwa in Schulen etc. durchzuführen. Entscheidend ist der ungehinderte Zugang und die Möglichkeit des Bürgermeisters, im Sitzungssaal das Ordnungsrecht nach § 51 ausüben zu können. Unter diesen Voraussetzungen sind sogar Sitzungen in Kasernen grundsätzlich möglich. Bei nichtöffentlichen Sitzungen ist das Teilnahmerecht grundsätzlich auf Ratsmitglieder und den zur Teilnahme berufenen Vertretern beschränkt. Durch Regelung in der Geschäftsordnung darf allerdings den Mitgliedern der Bezirksvertretungen und der Ausschüsse das Recht eingeräumt werden, an den nichtöffentlichen Sitzungen des Rates als Zuhörer teilzunehmen, soweit deren Aufgabenbereich durch den Beratungsgegenstand berührt wird. Irgendwelche finanziellen Entschädigungen dürfen für diese Teilnahme als Zuhörer nicht gewährt werden (§ 48 Abs. 4 Satz 1).

5.4.2 Einberufung des Rates

Die Gemeindeordnung hält sich mit verbindlichen Vorgaben zur Einberufung des Rates zurück. So bestimmt § 47 Abs. 1 Satz 2, dass die erste Sitzung des nach einer Kommunalwahl neugewählten Rates innerhalb von sechs Wochen nach der Neuwahl stattzufinden hat. Im Übrigen tritt der Rat zusammen, so oft es die Geschäftslage erfordert; er soll jedoch wenigstens alle zwei Monate einberufen werden (§ 47 Abs. 1 Satz 3). Im Übrigen bestimmt sich die Häufigkeit der Einberufung nach den zur Entscheidung anstehenden Angelegenheiten. Hierüber entscheidet der Bürgermeister als Vorsitzender des Rates nach pflichtgemäßem Ermessen. Der Bürgermeister hat danach den Rat immer dann einzuberufen, wenn die Aufgabenerfüllung der Gemeinde ein Tätigwerden des Rates erforderlich macht, wenn also Entscheidungen des Rates z.B. nach § 41 notwendig werden. Die Einberufung des Rates kann dann nicht durch Dringlichkeitsentscheidungen umgangen werden. Das grundsätzlich bestehende Ermessen des Ratsvorsitzenden wird durch § 47 Abs. 1 Satz 4 eingeschränkt. Danach ist der Rat unverzüglich einzuberufen, wenn eine Fraktion oder ein Fünftel der Ratsmitglieder unter Angabe der zur Beratung zu stellenden Gegenstände dies verlangt. Der Bürgermeister ist in solchen Fällen verpflichtet, dem Verlangen unverzüglich nachzukommen. Die vom Gesetzgeber bei Vorliegen der formalen Voraussetzungen als zwingend festgelegte Rechtsfolge entzieht den Inhalt des zur Beratung anstehenden Gegenstandes der rechtlichen Überprüfung im Verfahren zur Einberufung des Rates und schließt insbesondere die Annahme eines Ermessens des Bürgermeisters aus. Von daher ist der Bürgermeister nicht befugt, die Einberufung mit der Begründung zu verweigern, bei dem Beratungsgegenstand handele es sich um eine Angelegenheit, die nicht in die Zuständigkeit der Gemeinde falle. Auch kann grundsätzlich nicht der Antrag mit dem Hinweis darauf abgelehnt werden, die Angelegenheit sei bereits abschließend im Rat oder im Ausschuss entschieden worden. Vielmehr gewährleistet die Vorschrift i.V.m. mit § 48 Abs. 1 Satz 2, dass das gesetzliche Quorum jede für bedeutsam gehaltene Angelegenheit vor den Rat bringen kann und sodann allein der Rat darüber befindet, ob und in welcher Weise er sich mit der aus seiner Mitte an ihn herangetragenen Angelegenheit befassen will. Die Einberufungspflicht des Bürgermeisters besteht unabhängig davon, ob es sich um eine mehr oder weniger bedeutungsvolle, um unwesentliche, um eilige oder nicht eilbedürftige Beratungsgegenstände handelt. Soweit das Gesetz die unverzügliche Einberufung verlangt, bedeutet dies, dass der Bürgermeister ohne schuldhaftes Zögern zu handeln hat. Eine Frist schreibt das Gesetz nicht vor, auf jeden Fall sind die in der Geschäftsordnung des Rates bestimmten Ladungsfristen einzuhalten. Der Bürgermeister darf grundsätzlich auch nicht auf die nächste Ratssitzung verweisen, es sei denn, die Ratssitzung steht unmittelbar bevor.

Die Verpflichtung zur Einberufung ist an formale Voraussetzungen gebunden. Hinsichtlich der Form des Antrages sollte in der Geschäftsordnung die Schriftform vorgeschrieben werden. Inhalt des Antrages muss die insoweit eindeutige Willenserklärung der Fraktion oder des Fünftels der Ratsmitglieder auf Einberufung des Rates und die Angabe der zur Beratung zu stellenden Gegenstände sein. Die letztere Voraussetzung verlangt, dass der Gegenstand so weit konkretisiert wird, dass es für den Bürgermeister möglich ist, einen ordnungsgemäßen Tagesordnungspunkt zu formulieren. Einer Begründung bedarf der Antrag nicht. Kommt der Bürgermeister seiner Verpflichtung auf Einberufung in dem gesetzlich geregelten Fall nicht nach, so kann die Aufsichtsbehörde nach § 47 Abs. 3 tätig werden. Dies gilt in allen Fällen der unzulässigen Nichteinberufung des Rates. Ein Ermessen steht der Aufsichtsbehörde in diesen Fällen nicht zu. Das Einschreiten der Aufsichtsbehörde kann in der Weise geschehen, dass sie den Bürgermeister anweist, seine Pflicht zur Einberufung zu erfüllen bzw. ihn direkt beauftragt. Unter Beachtung des Verhältnismäßigkeitsprinzips ist es aber auch möglich, dass die Aufsichtsbehörde von sich aus den Rat einberuft.

Bei der Einberufung ist die **Ladungsfrist** einzuhalten. Ein genereller Verzicht auf die Ladungsfrist ist nicht möglich, allenfalls können einzelne Ratsmitglieder bei verspätetem Zugang auf die Einhaltung im Einzelfall verzichten. Die Abkürzung der normalen Ladungsfrist ist nur in Fällen der Dringlichkeit möglich, die der Bürgermeister zu begründen hat. Diese ist z.B. dann gegeben, wenn der Rat innerhalb der verkürzten Ladungszeit eine Entscheidung treffen muss. Ohne Grund scheidet die Verkürzung aus. Die Ratsmitglieder haben die Einladung erhalten, wenn sie innerhalb der Ladungsfrist zugegangen, also in ihren Machtbereich gelangt ist.

Die Ratssitzungen sind nach § 48 Abs. 1 Satz 4 öffentlich bekanntzumachen **(Ankündigung der Sitzung).** Damit soll sichergestellt werden, dass die Einwohner über die Ratssitzungen einschl. der Beratungsgegenstände rechtzeitig unterrichtet werden. Durch die öffentliche Bekanntmachung sollen die Einwohner selbst entscheiden können, ob sie als Zuhörer an bestimmten Beratungsgegenständen, die von persönlichem Interesse sind, teilnehmen. Zeit, Ort und Tagesordnung der Ratssitzung sind rechtzeitig öffentlich bekanntzumachen. Rechtzeitig bedeutet dabei, dem Bürger hinreichend Gelegenheit zu geben, die Teilnahme zu gewährleisten. Eine öffentliche Bekanntmachung am Tage der Ratssitzung ist damit nicht vereinbar. Man sollte etwa eine Frist von 3 bis 7 Tagen vorsehen. Die Form der öffentlichen Bekanntmachung wird durch die Hauptsatzung festgelegt. Unterbleibt die öffentliche Bekanntmachung oder werden Zeit, Ort und Tagesordnung wesentlich unrichtig wiedergegeben, so ist dies ein wesentlicher Verfahrensfehler mit der Folge der Unwirksamkeit der Beschlüsse.

5.4.3 Tagesordnung

Ebenso wie die Einberufung zur Ratssitzung ist die Aufstellung der Tagesordnung ein Recht des Bürgermeisters. Er legt die einzelnen Tagesordnungspunkte fest und bestimmt die Reihenfolge der Beratung. Die grundsätzlich bestehende Freiheit des Bürgermeisters bei der Aufstellung der Tagesordnung wird durch § 48 Abs. 1 Satz

2 dahingehend eingeschränkt, dass er Vorschläge aufzunehmen hat, die ihm innerhalb einer in der Geschäftsordnung des Rates zu bestimmenden Frist von einem Fünftel der Ratsmitglieder oder einer Fraktion vorgelegt werden. Diese Vorschrift ist i.V.m. § 47 Abs. 1 Satz 4 zu sehen, da die Einberufung des Rates ohne gleichzeitiges Recht, auch entsprechende Tagesordnungspunkte benennen zu können, leerlaufen würde. Die genannten Vorschriften enthalten einen Rechtsanspruch des Quorums bzw. der Fraktionen gegen den Bürgermeister, der im Wege des Kommunalverfassungsstreitverfahrens auch gerichtlich durchgesetzt werden kann. Dem Bürgermeister steht in diesen Fällen kein materielles Vorprüfungsrecht zu. Er kann lediglich Vorschläge, die offenkundig nicht ernsthaft gestellt sind oder deren Aufnahme einen Straftatbestand erfüllen würde, zurückweisen. Insbesondere die erste Möglichkeit ist eng auszulegen. Der Bürgermeister darf also Tagesordnungspunkte nicht ohne Not als „Scherzanträge" zurückweisen. Das Antragsrecht des Quorums bzw. der Fraktionen darf allerdings nicht mit einem Beratungsrecht verwechselt werden. Fällt der Beratungsgegenstand nicht in den Aufgabenbereich der Gemeinde (z.B. bei allgemein-politischen Fragen), so ist der Rat verpflichtet, die Angelegenheit durch eine Geschäftsordnungsentscheidung von der Tagesordnung abzusetzen. Ebenso wenig wie ein Beratungsrecht umfasst das Antragsrecht einen Anspruch auf Sachentscheidung. So kann der Rat die Angelegenheit vertagen, verweisen oder absetzen. In jedem Fall haben die Antragsteller das Recht, ihren Antrag zu begründen.

Einem einzelnen Ratsmitglied steht kein Vorschlagsrecht zur Tagesordnung dergestalt zu, dass der Bürgermeister verpflichtet wäre, diesen Punkt auf die Tagesordnung zu setzen (vgl. OVG NRW, Beschluss vom 18.08.2011 – 15 A 1574/11). Dieses Recht kann den Ratsmitgliedern auch nicht durch die Geschäftsordnung eingeräumt werden, da dann unzulässigerweise dem Bürgermeister ein durch Gesetz eingeräumtes Recht beschnitten würde. Nur die Gemeindeordnung selbst könnte ein solches Recht einräumen.

Bei der Aufstellung der Tagesordnung hat der Bürgermeister das Konkretisierungsgebot zu beachten. Danach sind die zur Behandlung anstehenden Tagesordnungspunkte so konkret zu bezeichnen, dass zum einen die Ratsmitglieder, zum anderen aber auch die Öffentlichkeit aus der Tagesordnung entnehmen können, welche bestimmte Angelegenheit behandelt werden soll. Eine stichwortartige Bezeichnung ist ausreichend. Allgemein gehaltene Formulierungen reichen dagegen nicht aus, wie z.B. Grundstücksangelegenheit, Personalangelegenheit, Satzungsänderung oder gar Verschiedenes. So müsste z.B. bei einer Änderung des Bebauungsplanes statt „Planungsangelegenheit" formuliert werden „Änderung des Bebauungsplanes (genaue Bezeichnung des B-Plans)", statt „Personalangelegenheit" müsste formuliert werden „Umsetzung eines Beamten". Die Art und Weise der Konkretisierung hängt davon ab, ob die Angelegenheit in öffentlicher oder nichtöffentlicher Sitzung beraten wird. Handelt es sich um eine nichtöffentliche Sitzung, so darf durch die Konkretisierung in der Tagesordnung der Grund für die nichtöffentliche Sitzung nicht unterlaufen werden, so dass z.B. keine Namensnennungen o.ä. erfolgen darf. Bei der o.g. Personalangelegenheit wäre also die Nennung des Namens des betroffenen Beamten nicht nur nicht erforderlich, sondern unzulässig. Zu beachten ist, dass ein Verstoß gegen das Konkretisierungsgebot u.U. zur Unwirksamkeit des unter diesem Tagesordnungspunkt gefassten Beschlusses führen kann.

Das Recht zur Einberufung der Ratssitzung und Festsetzung der Tagesordnung ist dem Bürgermeister nur bis zur Ratssitzung selbst eingeräumt. Mit dem Zusammentritt des Rates erwächst diesem das Recht, bestimmte Festsetzungen des Bürgermeisters bei der Aufstellung der Tagesordnung zu ändern. Diese Änderungen bedürfen dann immer eines Ratsbeschlusses. Darüber hinaus kann nach § 48 Abs. 1 Satz 5 die Tagesordnung in der Sitzung des Rates durch Beschluss erweitert werden, wenn es sich um Angelegenheiten handelt, die keinen Aufschub dulden oder die von äußerster Dringlichkeit sind. Das ist dann gegeben, wenn eine sofortige Entscheidung des Rates geboten ist, anderenfalls Nachteile für die Gemeinde eintreten, die nicht wieder rückgängig gemacht werden können. Die Voraussetzungen unterliegen der vollen gerichtlichen Nachprüfung. Dem Rat kommt kein Ermessen oder Beurteilungsspielraum zu. Insbesondere bei fristgebundenen Angelegenheiten kann die Erweiterung der Tagesordnung geboten sein. Andererseits ist kein Fall der äußersten Dringlichkeit gegeben, wenn lediglich gewisse Tagesordnungspunkte aus „politischen" Gründen nicht vorab bekanntgemacht werden sollen. Von daher dürfte die Erweiterungsmöglichkeit nur in sehr eng begrenzten Fällen zum Zuge kommen.

5.4.4 Beschlussfähigkeit

Um über Tagesordnungspunkte nach Abschluss der Beratung rechtswirksam abstimmen zu können, muss der Rat beschlussfähig sein. Nach § 49 Abs. 1 Satz 1 ist dies der Fall, wenn mehr als die Hälfte der gesetzlichen Zahl der Mitglieder anwesend sind. Gem § 40 Abs. 2 besteht der Rat aus den gewählten Ratsmitgliedern und dem Bürgermeister. Die gesetzliche Anzahl der Ratsmitglieder ergibt sich aus § 3 Abs. 4 Kommunalwahlgesetz. Für die Beschlussfähigkeit ist die physische Anwesenheit im Sitzungssaal ausreichend; nicht abzustellen ist auf den tatsächlichen Willen des Mandatsträgers, etwa an Abstimmungen teilzunehmen. Lediglich wegen eines Mitwirkungsverbots nach § 31 (Befangenheit) ausgeschlossene Ratsmitglieder zählen bei der Feststellung der Beschlussfähigkeit nicht mit. Ansonsten dürfte der Auffassung zuzustimmen sein, wonach jedes Ratsmitglied, das an einer Abstimmung teilnehmen kann, egal wo es sich im Sitzungssaal aufhält, als anwesend zu behandeln ist.

Der Rat gilt als beschlussfähig, solange seine Beschlussunfähigkeit nicht festgestellt ist (§ 49 Abs. 1 Satz 2). Trotz des insoweit zunächst eindeutig erscheinenden Wortlautes ist die Auslegung des § 49 Abs. 1 Satz 2 nicht frei von rechtlichen Einzelproblemen. Aus diesem Grund ist zunächst auf den gesetzgeberischen Anlass für die Vorschrift hinzuweisen, nämlich nachträglichen Zweifeln an der Beschlussfähigkeit des Rates durch die im Gesetz vorgegebene Fiktion zu begegnen. Dabei stellt sich zunächst die Frage, ob die Fiktion der Beschlussfähigkeit nur für die Fälle gilt, in denen der Bürgermeister vorab die Beschlussfähigkeit des Rates festgestellt hat. Anders als die Gemeindeordnung in anderen Bundesländern verlangt der § 49 Abs. 1 die Feststellung der Beschlussfähigkeit durch den Vorsitzenden nicht. Aus dem Schweigen des Gesetzgebers ist zu folgern, dass die Fiktion der Beschlussfähigkeit auch für den Fall gilt, dass der Bürgermeister vor der Sitzung die Beschlussfähigkeit nicht ausdrücklich festgestellt und in der Niederschrift vermerkt hat. Andererseits ist die Zweckmäßigkeit der Feststellung nicht zu bestreiten. Aus diesem Grund sollte eine solche Feststellung der Beschlussfähigkeit in die Geschäftsordnung aufgenommen werden, mit der Folge, dass der Bürgermeister diese Bestimmung der Geschäftsordnung einzuhalten hat.

Grundsätzlich muss die Beschlussfähigkeit während der gesamten Dauer der Ratssitzung gegeben sein. Auch während der Sitzung ist es deshalb möglich, dass ein zunächst beschlussfähiger Rat beschlussunfähig wird.

Ferner soll mit der gesetzlichen Fiktion der Beschlussfähigkeit vermieden werden, dass der Bürgermeister ständig die Beschlussfähigkeit des Rates überwachen muss. Die Feststellung der Beschlussunfähigkeit obliegt dem Vorsitzenden, einzelne Ratsmitglieder können allerdings bei Zweifeln die Feststellung der Beschlussfähigkeit durch den Bürgermeister beantragen. Ein Ratsbeschluss kann hierüber nicht gefordert werden, da die Frage der Beschlussfähigkeit ausschließlich vom Zahlakt des Bürgermeisters abhängig ist und nicht von Beschlüssen des Rates. Zu beachten ist allerdings, dass die Fiktion der Beschlussfähigkeit nicht unbegrenzt gilt. Nach der Rechtsprechung soll mit dieser Ausnahmebestimmung nicht eine künstliche Beschlussfähigkeit erzeugt werden und von einer Minderheit nicht wider besseres Wissen benutzt werden können, um Beschlüsse zu fassen, zu denen sie aufgrund der bestehenden Mehrheitsverhältnisse normalerweise nicht imstande wären. Verlässt demnach die Mehrheitsfraktion die Sitzung, so kann nach der Rechtsprechung der Vorsitzende diese ihm bekannte Tatsache nicht ignorieren und die Sitzung fortsetzen. Er muss vielmehr die Beschlussunfähigkeit feststellen und die Sitzung beenden. Immer wenn dem Vorsitzenden offensichtlich die Beschlussunfähigkeit bewusst wird, kann nicht mit der Fiktion der Beschlussfähigkeit gearbeitet werden. Dieser Auffassung wird entgegengehalten, dass damit die bewusste Herbeiführung der Beschlussunfähigkeit belohnt würde. Andererseits darf nicht verkannt werden, dass die unbegrenzte Wirkung der Fiktion der Beschlussfähigkeit tatsächlich die politischen Mehrheitsverhältnisse tangieren kann. Dem Missbrauch der künstlichen Herstellung der Beschlussunfähigkeit wird durch § 49 Abs. 2 wirksam begegnet. Von daher ist der Auffassung der Rechtsprechung zu folgen.

Wird die Beschlussunfähigkeit festgestellt, so gilt diese nur für den **zukünftigen** Sitzungsteil. Auswirkungen auf Beschlüsse, die vor der Feststellung gefasst wurden, hat dies nicht. Bei formeller Feststellung der Beschlussunfähigkeit des Rates hat der Bürgermeister die Sitzung zu schließen und nach § 49 Abs. 2 zu verfahren. Eine Unterbrechung der Sitzung zur Wiederherstellung der Beschlussfähigkeit dürfte dagegen grundsätzlich ausscheiden. Es kann allenfalls toleriert werden, eine kurze Unterbrechung zuzulassen, um etwa eine ausgezogene Fraktion wieder zur Teilnahme an der Sitzung zu bewegen. Streng rechtlich ist die Sitzung jedoch zu schließen.

Für den Fall, dass die Sitzung wegen Beschlussunfähigkeit geschlossen und damit verschiedene Angelegenheiten nicht behandelt worden sind, sieht § 49 Abs. 2 die Möglichkeit vor, den Rat zur Beratung über diese Angelegenheiten erneut einzuberufen, wobei er ohne Rücksicht auf die Zahl der Erschienenen beschlussfähig ist. Voraussetzung ist lediglich, dass die Beschlussfassung über die so bestimmten Tagesordnungspunkte wegen Beschlussunfähigkeit des Rates zurückgestellt worden ist. Dies gilt z.B. für alle nach Feststellung der Beschlussunfähigkeit noch zu beratenden Tagesordnungspunkte. Voraussetzung ist, dass in der Ladung zur zweiten Sitzung ausdrücklich darauf hingewiesen wird, dass die Angelegenheit in der vorangegangenen Sitzung wegen Beschlussunfähigkeit zurückgestellt werden musste, und dass nunmehr der Rat in diesen Tagesordnungspunkten ohne Rücksicht auf die Zahl der Erschienenen beschlussfähig ist. Das Unterlassen dieses Hinweises hat die Unanwendbarkeit des § 49 Abs. 2 zur Folge. Es liegt im Übrigen eine rechtsgültige Einberufung des Rates vor. Über die Tagesordnungspunkte darf jedoch – mangels Anwendbarkeit des § 49 Abs. 2 – nur abgestimmt werden, wenn wiederum die Beschlussfähigkeit gegeben ist. Für neue Tagesordnungspunkte, die selbstverständlich auch in der folgenden Ratssitzung behandelt werden dürfen, beurteilt sich die Beschlussfähigkeit nach § 49 Abs. 1.

5.4.5 Abstimmungen

§ 50 regelt das Verfahren der Abstimmung im Rat. Unter Abstimmung wird das in einem **Beschluss** oder in einer **Wahl** endende Verfahren verstanden. Beschlüsse sind dabei im allgemeinen Sachentscheidungen, während Wahlen Personenentscheidungen sind. In der Gemeindeordnung wird jedoch der Begriff „Beschluss" häufig als Oberbegriff für beide Arten der Abstimmung benutzt. Aus der uneinheitlichen und nicht konsequenten Benutzung der Terminologie in der Gemeindeordnung wird zu schließen sein, dass mit den Begriffen „Beschluss" und „Wahl" **unterschiedliche Abstimmungstechniken** verbunden sind. Ein Beschlussverfahren wird durchgeführt bei denjenigen Entscheidungen, die mit Ja oder Nein getroffen werden können. Wahlen sind Beschlüsse des Rates durch die einer bestimmten Person eine bestimmte Aufgabe übertragen wird. Gemäß § 50 Abs. 2 Satz 2 setzt das Wahlverfahren eine Bindung der Abstimmung an einen Wahlvorschlag voraus, so dass Stimmen, die bei Wahlen für einen nicht vorgeschlagenen Bewerber abgegeben werden, ungültig sind. Nein-Stimmen gelten als gültige Stimmen (§ 50 Abs. 2 Satz 3).

Allgemeine Abstimmungsregeln sind die offene, geheime und namentliche Abstimmung (§ 50 Abs. 1 Satz 3 bis 5). Eine Abstimmung per Brief bzw. durch Umlaufverfahren ist nicht möglich. Es kann sich nur derjenige an der Abstimmung beteiligen, der auch selbst anwesend ist, wobei die Anwesenheit bei der Abstimmung ausreichend ist. Die Beschlussfähigkeit beurteilt sich ausschließlich nach der Zahl der anwesenden Rats- oder Ausschussmitglieder. Stimmenthaltungen und ungültige Stimmen zählen zur Feststellung der Beschlussfähigkeit, nicht aber zur Berechnung der Mehrheit mit (§ 50 Abs. 5). Nichtbeteiligungen können so lange als Stimmenthaltung gewertet werden, wie das Rats- oder Ausschussmitglied nicht ausdrücklich etwas anderes bestimmt. Es gibt nach der Gemeindeordnung keine Pflicht, an Abstimmungen teilzunehmen, auch nicht bei Anwesenheit.

Die Frage der Gültig- oder Ungültigkeit von Stimmabgaben beantwortet die Gemeindeordnung nicht (Ausnahme § 50 Abs. 2 Satz 3). Es können insofern die entsprechenden Bestimmungen des Kommunalwahlgesetzes herangezogen werden. Ungültig sind danach zunächst alle Stimmen, die mit einem Vorbehalt oder einer Bedingung versehen sind. Der Vorbehalt einer rechtlichen Überprüfung führt nicht zur Ungültigkeit, da dies ein selbstverständliches Recht eines jeden Ratsmitgliedes ist, etwa bei Verletzung von eigenen Rechten gegen den Beschluss oder die Wahl gerichtlich anzugehen. Weiterhin sind die Stimmabgaben ungültig, die den Willen des Abstimmenden in Bezug auf die Abstimmungsfrage nicht zweifelsfrei erkennen lassen.

Als Abstimmungsmodalitäten kennt das Gesetz die offene und die geheime Abstimmung, beim Beschlussverfahren auch die namentliche Abstimmung. Grundsätzlich wird nach § 50 Abs. 1 Satz 3 und § 50 Abs. 2 Satz 1 offen abgestimmt.

Bei der **offenen Abstimmung** ist für jeden das Abstimmungsverhalten des Ratsmitgliedes erkennbar. Typisches Beispiel ist die Abstimmung durch Handzeichen (Handaufheben). Mögliche Verfahren sind auch z.B. das Aufstehen oder das Eintreten durch eine mit Ja oder Nein gekennzeichnete Tür (sog. Hammelsprung). Auf jeden Fall ist ein Verfahren zu wählen, dass das Abstimmungsverhalten des einzelnen Ratsmitgliedes eindeutig erkennen lässt. In Einzelfällen kann dies auch eine stillschweigende Zustimmung sein, etwa nach der Frage, ob jemand dem Beschlussvorschlag widerspricht. Es ist den Ratsmitgliedern, die der Beschlussfassung nicht zustimmen wollen, zuzumuten, ihre „Nein"-Stimme zu artikulieren.

Als Gegenstück zu dem für jedermann erkennbaren Abstimmungsverhalten nennt die Gemeindeordnung die **geheime Abstimmung.** Diese kann bei Beschlüssen von mind. einem Fünftel der Ratsmitglieder beantragt werden (§ 50 Abs. 1 Satz 5). Ein geringeres Quorum darf nicht festgelegt werden, allerdings ist der Rat nicht gehindert, ein höheres Quorum festzuschreiben. Fraktionen sind zur Beantragung nicht befugt, es sei denn, die Fraktionsstärke erreicht das in der Geschäftsordnung genannte Quorum (also mind. ein Fünftel der Ratsmitglieder). Dabei ist aber zu beachten, dass der Fraktionsantrag von der entsprechenden Zahl der Ratsmitglieder zu unterstützen ist. Allein der Antrag des Fraktionsvorsitzenden reicht nicht aus, da für den Bürgermeister die Unterstützung erkennbar durch das Quorum erfolgen muss. Erreicht der Geschäftsordnungsantrag auf geheime Abstimmung das erforderliche Quorum, so ist die geheime Abstimmung durchzuführen. Diese erfolgt durch die Abgabe von Stimmzetteln. Die geheime Abstimmung ist so auszugestalten, dass grundsätzlich verborgen bleibt, wie sich das einzelne Ratsmitglied entschieden hat. Es ist sicherzustellen, dass die Abstimmungshandlung unbeobachtet und unbeeinflusst geschehen kann. Mit der Anordnung, geheim zu wählen, darf nicht nur eine Chance der Geheimhaltung eröffnet werden, sondern damit sind alle Teilnehmer zur geheimen Abstimmung verpflichtet bzw. die geheime Abstimmung ist durch förmliche Vorkehrungen zu ermöglichen und sicherzustellen. So erfordert die geheime Abstimmung eine technische Gestaltung des Wahlvorganges, die es unmöglich macht, die Wahlentscheidung zu erkennen oder zu rekonstruieren. Ein Verstoß gegen die geheime Abstimmung liegt z.B. vor, wenn die Abstimmenden, teils nebeneinander, teils neben Nicht-Wahlberechtigten am selben Tisch sitzend, die Wahlzettel mit eigenem, teilweise eine farbliche Identifizierung ermöglichenden Schreibwerkzeug ausfüllen. Bei geheimer Wahl dürfen die

Ratsmitglieder nicht nebeneinander am gemeinsamen Verhandlungstisch auf ihren Plätzen bleiben, weil sie dort nicht unbeobachtet sind. Selbst die Absprache dahingehend, den Nachbarn nicht zu beobachten, führt zu keinem anderen Ergebnis, da das Abstimmungsverhalten anders ausfallen kann, als wenn das Gebot zur Wahrung des Wahlgeheimnisses dadurch unterstrichen wird, dass sich jeder zum Ausfüllen des Stimmzettels an den gleichen, abgesondert eingerichteten Platz begeben muss. Hierfür kommt in der Regel eine Wahlkabine in Betracht. Jedoch eignet sich auch jeder andere Platz, an dem die Beobachtung ausgeschlossen ist. **Zu beachten ist, dass das Wahlgeheimnis auch gegenüber anderen Mitgliedern der Fraktion gewahrt und sichergestellt werden muss.** Die Wahlhandlung ist an einem Ort durchzuführen, der vom Vorsitzenden aus beobachtet werden kann. Werden Stimmzettel verwandt, so ist das handschriftliche Ausfüllen nicht zu beanstanden, ebenfalls allerdings nicht die Verwendung vorgedruckter Stimmzettel. Die Abstimmungsberechtigten sind anzuhalten, bei der Wahlhandlung in der Kabine ein farblich einheitliches Schreibwerkzeug zu benutzen. Aus diesem Grund sollte in der Wahlkabine ein Schreibstift ausgelegt werden. Das Schreibmaterial ist so zu wählen, dass eine nachträgliche Manipulation ausgeschlossen wird. Der Wahlberechtigte darf anhand seines Stimmzettels auch nach Abschluss des Wahlganges nicht identifiziert werden können. Es muss deshalb grundsätzlich verhindert werden, dass sich einzelne Wähler beim Ankreuzen eines Schreibwerkzeugs bedienen, das aufgrund der besonderen Farbe oder der Schriftstärke ihm persönlich zugeordnet werden kann. Auch muss, soweit keine Umschläge für die Stimmzettel verwandt werden, das Papier des Stimmzettels so dick sein, dass das Kreuz des Wahlberechtigten nicht durchschimmern kann. Ist eine bestimmte Art der Kennzeichnung des Stimmzettels vorgesehen (z.B. Verwendung eines in der Wahlkabine liegenden Bleistifts, Ankreuzen in Form eines X), so macht jede hiervon abweichende Kennzeichnung den Stimmzettel ungültig (OVG Lüneburg, DVBl. 1990, S. 831). Ohne Auswirkung auf die Gültigkeit der Stimmabgabe bleibt es dagegen, wenn der Stimmberechtigte nach der Stimmabgabe kundtut, für wen er gestimmt hat. Andernfalls würde durch die Möglichkeit der Anfechtbarkeit der Wahl Manipulationen Tür und Tor geöffnet.

Als Unterform der offenen Abstimmung kennt die Gemeindeordnung die **namentliche Abstimmung.** Diese kann auf Antrag einer in der Geschäftsordnung zu bestimmenden Zahl von Ratsmitgliedern beantragt werden. Aufgrund des Gesetzeswortlautes scheidet auch hier die Fraktion als Antragsteller aus, sondern es muss sich immer um ein zahlenmäßig bestimmtes oder bestimmbares Quorum handeln. Ist namentliche Abstimmung vorgesehen, so muss in der Niederschrift für jedes Ratsmitglied namentlich festgehalten werden, wie es abgestimmt hat. Ein solches Abstimmungsverfahren ist immer dann anzustreben, wenn mit der Beschlussfassung mögliche Schadensersatzansprüche gegen die Gemeinde verbunden sein können, und z.B. der Rückgriff nach § 43 Abs. 4 Bstb. a vorbehalten sein soll. Nach § 50 Abs. 1 Satz 6 hat der Antrag auf geheime Abstimmung Vorrang gegenüber dem Antrag auf namentliche Abstimmung. Eine entgegenstehende Regelung kann in der Geschäftsordnung nicht normiert werden.

Für einen gültigen Beschluss i.S.d. § 50 Abs. 1 ist grundsätzlich die einfache Stimmenmehrheit ausreichend. Bei Stimmengleichheit ist der Antrag im Beschlussverfahren abgelehnt. Zu beachten ist allerdings, dass das Gesetz gewisse Beschlüsse an eine qualifizierte Mehrheit bindet. In diesen Fällen sind die Regelungen über die erforderliche Mehrheit zwingend, die Geschäftsordnung kann umgekehrt z.B. nicht für außerhalb des Gesetzes genannte Fälle qualifizierte Mehrheiten vorschreiben. Das Gesetz verlangt die Mehrheit der gesetzlichen Zahl der Mitglieder des Rates für die Beschlussfassung über die Hauptsatzung, für den Antrag auf Abwahl des Bürgermeisters und seiner Stellvertreter sowie der Beigeordneten (§7 Abs. 3;§ 66 Abs. 1; §67 Abs. 4; § 71 Abs. 7).

Das Wahlverfahren ist in §50 Abs. 2 abschließend geregelt. Die namentliche Abstimmung ist dabei ausdrücklich nicht für zulässig erklärt worden. Die Form der Wahl ist im Regelfall die offene Abstimmung, doch kann das Gesetz die geheime Wahl vorschreiben. Ansonsten genügt der Widerspruch bereits eines Ratsmitgliedes, die geheime Wahl verpflichtend zu machen.

Im Gegensatz zu Anträgen im Beschlussverfahren, die bei Stimmengleichheit als abgelehnt gelten, sieht das Wahlverfahren eine eigene Regelung vor. Gewählt ist grundsätzlich derjenige, der mehr als die Hälfte der gültigen Stimmen erhält. Erreicht keiner der Bewerber mehr als die Hälfte der gültigen Stimmen, so findet eine Stichwahl zwischen den Personen statt, die die beiden höchsten Stimmzahlen erreicht haben. Dies gilt auch dann, wenn nur zwei Kandidaten von vornherein zur Wahl gestanden haben, da der Rat vor der Losentscheidung die Möglichkeit haben soll, noch einmal in einem Wahlverfahren sich auf einen Kandidaten zu verständigen. Haben mehrere Kandidaten hinter dem Kandidaten mit der höchsten Stimmenzahl die gleiche zweithöchste Stimmenzahl erreicht, so findet die Stichwahl zwischen dem Kandidaten mit der höchsten Stimmenzahl und den folgenden Kandidaten mit der zweihöchsten Stimmenzahl statt. Aufgrund des Wortlautes des § 50 Abs. 2 wird dies auch für den Fall gelten müssen, dass zwei Bewerber die höchste Stimmenzahl erreicht haben mit der Folge, dass der Kandidat mit der zweithöchsten Stimmenzahl ebenfalls an der Stichwahl teilnehmen darf. Führt auch die Stichwahl zu einer Stimmengleichheit, so entscheidet das Los. Wer das

Los zu ziehen hat, bestimmt die Gemeindeordnung nicht. Von daher kann der Bürgermeister damit beauftragt werden.

§ 50 Abs. 3 beschäftigt sich mit der Wahl bei der Ausschussbesetzung; § 50 Abs. 4 mit der Bestellung von Vertretern oder Mitgliedern im Sinne der §§ 63 Abs. 2, 113. Die Vorschriften werden an entsprechender Stelle abgehandelt.

5.4.6 Dringlichkeitsentscheidung

Für den Fall, dass der Rat bei in seinen Zuständigkeitsbereich fallenden Angelegenheiten nicht rechtzeitig entscheiden kann, sieht § 60 Abs. 1 ein **gestuftes Entscheidungsverfahren** vor. Mit der Reform der Kommunalverfassung 1994 hat der Landesgesetzgeber diese Vorschrift neu gefasst und der Rechtsprechung des OVG NRW angepasst. Zunächst ist der Hauptausschuss zur Entscheidung befugt, wenn eine Einberufung des Rates nicht rechtzeitig möglich ist. Der Bürgermeister und ein Ratsmitglied sind zur Entscheidung befugt, wenn auch eine Einberufung des Hauptausschusses nicht mehr möglich und die Entscheidung nicht aufgeschoben werden kann, weil sonst erhebliche Nachteile oder Gefahren entstehen können. In beiden Fällen geht es darum, dass der Rat nicht mehr rechtzeitig einberufen werden kann, das Unterlassen des Beschlusses jedoch Nachteile für die Gemeinde mit sich bringt, die nicht wieder rückgängig gemacht werden können oder rechtliche Verpflichtungen nicht erfüllt würden. Das Vorliegen der Dringlichkeit ist gerichtlich voll nachprüfbar. Bei der Frage, ob eine Ratssitzung noch rechtzeitig einberufen werden kann, ist auf die Möglichkeit der Sondersitzung abzustellen und nicht auf die nächste turnusmäßige Sitzung. Die Möglichkeit der Einberufung und der Verkürzung der Ladungsfrist in der Geschäftsordnung ist gerade für Eilfälle vorgesehen. Sollte nach Ansicht des Bürgermeisters wegen geringer Bedeutung der Angelegenheit die Voraussetzung für die Einberufung einer Sondersitzung des Rates nicht vorliegen, so ist auch die Voraussetzung für eine Dringlichkeitsentscheidung nicht gegeben, da es sich nicht um unabwendbare Vor- oder Nachteile handelt. Es kann somit festgehalten werden, dass Dringlichkeitsentscheidungen von Bürgermeister und einem Ratsmitglied nicht getroffen werden dürfen, wenn unter Verkürzung der Ladungsfrist der Rat einberufen werden kann, ohne dass der Gemeinde in der Zeit der verkürzten Ladungsfrist ein irreparabler schwerer Schaden entsteht. Dies gilt auch für die Ferienzeit. Vor einer Dringlichkeitsentscheidung des Bürgermeisters ist zunächst zu versuchen, den Hauptausschuss einzuberufen. Die Dringlichkeitsentscheidung darf nicht dazu genutzt werden, den Rat vor vollendete Tatsachen zu stellen, ohne dass dies dringlich gewesen wäre, etwa die Anschaffung von Kunstwerten, die auch noch zu späterer Zeit hätten erworben werden können. Die Voraussetzung des § 60 Abs. 1 können vom Verwaltungsgericht nachgeprüft werden, solange der Rat den Beschluss noch nicht genehmigt hat. Nach § 60 Abs. 1 Satz 3 sind die Entscheidungen des Hauptausschusses und 1 des Bürgermeisters dem Rat in der nächsten Sitzung zur Genehmigung vorzulegen. Nach Erteilung der Genehmigung ist die Rechtslage so, wie wenn der Rat den Beschluss selbst gefasst hätte. Von daher kann das Gericht die fehlenden Voraussetzungen des § 60 Abs. 1 ab diesem Zeitpunkt nicht mehr rügen.

Der Rat kann die Dringlichkeitsentscheidung auch aufheben, allerdings nur dann, wenn nicht schon Rechte anderer durch die Ausführung des Beschlusses entstanden sind (§ 60 Abs. 1 Satz 4). Kann die Dringlichkeit aus diesem Grunde nicht mehr aufgehoben werden oder lehnt der Rat ihre Genehmigung ab, so haften unter Umständen die Personen, die die Entscheidung getroffen bzw. mit beschlossen haben gem. § 43 Abs. 4 Buchstabe a.

Auch Satzungen können durch Dringlichkeitsentscheidung beschlossen werden.

Dem Bürgermeister ist es freigestellt, wen er zur Mitunterzeichnung hinzuzieht. Da der Bürgermeister auch keiner Fraktion angehört, spielt die früher diskutierte Frage, ob der Mitunterzeichner einer anderen Fraktion angehören solle als der Bürgermeister, keine Rolle mehr. Legt der Bürgermeister Wert auf eine möglichst breite Absicherung der Dringlichkeitsentscheidung, kann er mehrere Mitunterzeichner verschiedener Fraktionen hinzuziehen. § 60 verlangt zwar nicht, dass jeweils ein Ratsmitglied einer jeden noch im Rat vertretenen Fraktion mit unterzeichnen muss. Allerdings sind Mehrunterzeichnungen unschädlich. Der Bürgermeister ist weiterhin nicht verpflichtet, ein bestimmtes Ratsmitglied zur Mitunterzeichnung auszusuchen mit der Folge, wenn dieses die Mitunterzeichnung verweigert, das Recht zur Dringlichkeitsentscheidung des Bürgermeisters verbraucht ist. Vielmehr ist er berechtigt, so lange bei den Ratsmitgliedern nachzufragen, bis einer der Ratsvertreter zur Mitunterzeichnung bereit ist. Ist der Bürgermeister verhindert, ist der allgemeine Vertreter des Bürgermeisters berechtigt, die Dringlichkeitsentscheidung zu unterzeichnen.

Im Zuge der COVID-19-Pandemie im Frühjahr 2020 hat sich gezeigt, dass im Krisenfall häufig die Durchführung normaler Präsenz-Ratssitzungen zur Herbeiführung von wichtigen Ratsbeschlüssen nicht möglich oder opportun ist. Der Gesetzgeber hat daraufhin reagiert und in dem Gesetz zur konsequenten und solidarischen Bewältigung der COVID-19-Pandemie in NRW und zur Anpassung des Landesrechts im Hinblick auf die Auswirkungen einer Pandemie (Gesetzentwurf der Landesregierung, Drs. 17/8920) in einer Ergänzung zu § 60 geregelt, dass im Krisenfall Entscheidungskompetenzen des Rates auf den Hauptausschuss übergehen können.

Dazu bedarf es einer Zustimmung von zwei Dritteln der Mitglieder des Rates. Die ursprünglich auch diskutierte Möglichkeit der Beschlussfassung im Umlaufverfahren wurde wegen der mangelnden Transparenz und der fehlenden Öffentlichkeit nicht weiter verfolgt.

5.4.7 Ordnung in Sitzungen des Rates

§ 51 (s.o. Ziff. 5.4.1) normiert, dass der Bürgermeister sowohl die Sitzungsleitung des Rates als auch das Ordnungs- und Hausrecht im Rat ausübt. § 51 ist damit auch Maßgabe für die entsprechenden Geschäftsordnungsbestimmungen. Im Fall der Verhinderung obliegt die Aufgabe den (ehrenamtlichen) stellvertretenden Bürgermeistern. Einen besonderen Sitzungsvorsitzenden bei Verhinderung sowohl des Bürgermeisters als auch der Stellvertreter darf dagegen der Rat nicht bestellen (s. oben Gliederung 5.4.1). Zur Verhandlungsleitung gehören zunächst die Eröffnung und Schließung der Sitzung. Dies sollte durch formelle Feststellung erfolgen, wobei der Unterlassung keine unmittelbar rechtlichen Folgen zukommt. Im Übrigen hat er den Ratsmitgliedern nach Meldung das Wort zu erteilen, ggf. zu entziehen, die Sach- und Geschäftsordnungsanträge entgegenzunehmen und zur Abstimmung zu stellen, sowie die Abstimmungen der Tagesordnungspunkte durchzuführen. Der Bürgermeister hat dabei die speziellen gemeindeordnungsrechtlichen Bestimmungen und die ergänzenden Regelungen der Geschäftsordnung zu beachten. Sieht z.B. die Geschäftsordnung den Vorrang des Geschäftsordnungsantrages vor dem Sachantrag vor, so hat der Bürgermeister keine Auslegungskompetenz mit der Folge der Negierung der Geschäftsordnungsbestimmung, sondern er hat diese korrekt anzuwenden. Der Bürgermeister ist allerdings befugt, Geschäftsordnungsanträge etwa wegen Unzulässigkeit zurückzuweisen. § 51 Abs. 1 gibt dem Bürgermeister das Recht, die Sitzung jederzeit, auch vor Abwicklung der Tagesordnung, zu schließen. Die Frage, ob dieses rechtmäßig oder rechtswidrig war, spielt für die grundsätzliche Befugnis keine Rolle. Gegen den erkennbaren Willen des Bürgermeisters ist auch der stellvertretende Bürgermeister nicht berechtigt, von sich aus die Sitzung fortzuführen. Allerdings hat der Rat die Möglichkeit, in einem Kommunalverfassungsstreitverfahren die Rechtswidrigkeit der Handlungsweise des Bürgermeisters feststellen zu lassen.

Zum Ordnungsrecht gehört auch die Aufrechterhaltung der **Ordnung in den Sitzungen.** Hierfür ist der Bürgermeister verantwortlich. Bei den Ordnungsmitteln ist zu unterscheiden, ob sie gegen Zuhörer oder gegen Ratsmitglieder einzusetzen sind. Gegen Zuhörer kann der Ordnungsruf, die Verweisung aus dem Sitzungssaal sowie die Räumung des Sitzungssaales in Betracht kommen, wobei der Bürgermeister den Verhältnismäßigkeitsgrundsatz zu beachten hat. Daraus folgt, dass ein störender Zuhörer zunächst zur Ordnung zu rufen ist. Erst im Wiederholungsfalle dürfte die Verweisung aus dem Sitzungssaal gerechtfertigt sein, soweit eine schwerwiegende Störung der Ratssitzung vorliegt. Dies ist etwa dann der Fall, wenn ständige Zwischenrufe gestartet werden, es zu Beschimpfungen und Beleidigungen von Ratsmitgliedern kommt usw. Auch das Betrinken im Ratssaal durch Zuhörer oder das Ausrollen von Transparenten, soweit der Ablauf der Ratssitzung dadurch beeinträchtigt wird, kann zum Verweis aus dem Sitzungssaal führen. Das Einschlafen von Zuhörern dürfte in aller Regel kein so ungebührliches Verhalten sein, dass ein Verweis aus dem Sitzungssaal gerechtfertigt ist. Nach erfolglosem Ordnungsruf und der Aufforderung zum Verlassen des Sitzungssaales, macht ein Zuhörer sich des Hausfriedensbruches schuldig, wenn er den Sitzungsraum danach nicht verlässt. Dann hat der Bürgermeister die Verweisung durch Ordnungskräfte der Gemeindeverwaltung zu ermöglichen. Unter Umständen kann auch Polizeischutz angefordert werden. Kommt es zu einer störenden Unruhe durch eine Vielzahl von Störern und ist es nicht möglich, einzelne Störer zu ermitteln, so kann die Räumung des Sitzungssaales insgesamt durch den Bürgermeister angeordnet werden. Beispiele sind etwa ständiges Lärmen oder ständige Zwischenrufe von einer Vielzahl von Zuhörern. Auch hier ist vorrangig der Ordnungsruf einzusetzen. Im Übrigen geschieht die Räumung wie der Verweis eines einzelnen Zuhörers.

Gegenüber Ratsmitgliedern wird auch grundsätzlich zunächst ein Ordnungsruf bei ungebührlichem Benehmen in Frage kommen. Darüber hinaus kann der Bürgermeister auch Ratsmitglieder zur Sache rufen, wenn sie bei einem Redebeitrag von der Sache abschweifen. Bei formellem Verstoß gegen die Redeordnung nach Maßgabe der Geschäftsordnung kann der Ruf zur Ordnung direkt angewandt werden. Zwischenrufe von Ratsmitgliedern werden grundsätzlich nicht geahndet. Man muss anerkennen, dass eine spontane Zustimmung oder spontane Ablehnung von jedem Ratsmitglied zugelassen werden muss. Allerdings bei beleidigendem Inhalt ist vom Bürgermeister gegen die Ratsmitglieder ein Ordnungsruf vorzunehmen. Redet ein Ratsmitglied trotz Ermahnung ständig neben der Sache oder hat es einen Ordnungsruf erhalten und gibt Anlass für weitere Ordnungsrufe, so kann der Bürgermeister diesem Ratsmitglied das Wort entziehen. Eine restriktive Handhabung dieses Ordnungsmittels ist angeraten. Als verschärftes Mittel können der Entzug der Sitzungsentschädigung und der Ausschluss aus der Sitzung angeordnet werden. Diese Ordnungsmaßnahmen dürfen nur nach Beschluss des Rates verhängt werden (§51 Abs. 2). Der Bürgermeister allein darf sie nicht treffen. Den Betroffenen steht ein besonderes Einspruchsrecht zu.

§ 51 Abs. 3 gibt dem Bürgermeister – eine entsprechende Regelung in der Geschäftsordnung vorausgesetzt – das Recht, den sofortigen Ausschluss des Ratsmitgliedes aus der Sitzung zu verhängen und durchzusetzen. Der Rat befindet nach dem Vollzug des Sitzungsausschlusses in der nächsten Ratssitzung über die Berechtigung der Maßnahme des Bürgermeisters.

5.4.8 Niederschrift

Nach §52 Abs. 1 ist über die im Rat gefassten Beschlüsse eine Niederschrift aufzunehmen, welche die vom Bürgermeister und einem vom Rat zu bestellenden Schriftführer unterzeichnet wird. Die Niederschrift soll nachweisen, dass die formellen Voraussetzungen für die Behandlung einer Angelegenheit im Rat erfüllt waren sowie die Ergebnisse darlegen. Die Vorschriften über die Niederschrift haben als Innenrechtsvorschriften lediglich formale Bedeutung. Da die Niederschrift als solche keine konstitutive Wirkung besitzt, hat sie auf die Beschlüsse der Vertretungskörperschaften keinerlei Rechtswirkungen. Die Rechtswirkung eines Beschlusses tritt mit der rechtswirksamen Beschlussfassung ein und ist von der Niederschrift unabhängig. Die über eine Ratssitzung geführte Niederschrift ist eine **öffentliche Urkunde** im Sinne der §§415, 417 und 418 ZPO, die in bürgerlichen Rechtsstreitigkeiten den vollen Beweis der darin bezeugten Tatsachen erbringt. Nach § 98 VwGO finden die genannten Vorschriften auch im Verwaltungsprozess entsprechende Anwendung.

Das Gesetz verlangt als notwendigen Inhalt nur die vom Rat gefassten Beschlüsse (Abstimmungen und Wahlen). Die Beschlüsse müssen im Wortlaut wiedergegeben werden. Um die Rechtsgültigkeit der Beschlüsse feststellen und überprüfen zu können, müssen außerdem Tag und Ort der Sitzung, das Abstimmungsergebnis und die Zahl der anwesenden Ratsmitglieder in die Niederschrift aufgenommen werden. Soweit namentliche Abstimmung vorgelegen hat, ist auch anzumerken, wie das Ratsmitglied abgestimmt hat. Um die Rechtsgültigkeit des Beschlusses beurteilen zu können, ist es auch notwendig, die Ratsmitglieder zu nennen, die wegen eines Mitwirkungsverbotes nicht an der Abstimmung teilgenommen haben. Darüber hinaus kann der Rat in der Geschäftsordnung bestimmen, welchen Inhalt die Niederschrift noch haben soll. Ein Wortprotokoll ist ausdrücklich nicht zu empfehlen. Ausreichend ist eine gedrängte Wiedergabe des Verhandlungsverlaufs. Unterschrieben werden muss die Niederschrift vom Bürgermeister und dem Schriftführer.

Gemäß §52 Abs. 1 Satz 2 wird der Schriftführer vom Rat bestellt. Er entwirft die Niederschrift. Bei der Bestellung im Sinne der o.g. Vorschrift handelt es sich um die Übertragung einer bestimmten Aufgabe auf eine bestimmte Person. Es genügt deshalb nicht, nur etwa einen bestimmbaren Personenkreis mit der Aufgabe zu betrauen. Der Rat muss vielmehr eine bestimmte Person namentlich bestellen. Soll zweckmäßigerweise ein Bediensteter der Gemeindeverwaltung als Schriftführer bestellt werden, so ist es allgemein zu empfehlen, dass der Rat sich mit dem Bürgermeister ins Benehmen setzt. § 52 Abs. 1 kann aber nicht dahin ausgelegt werden, dass es dem Bürgermeister obliegt, einen Bediensteten als Schriftführer namhaft zu machen, auch nicht aufgrund einer ihm vom Rat bewilligten Delegationsbefugnis. Die Namhaftmachung des Schriftführers ist einzig und allein Aufgabe des Rates.

Die Gemeindeordnung kennt ausdrücklich keine Genehmigung der Niederschrift in der nächsten Ratssitzung. Verantwortlich für die Niederschrift ist ausschließlich der Schriftführer, der dieses durch seine Unterschrift dokumentiert. Neben dem Schriftführer ist nur noch der Bürgermeister unterzeichnungsbefugt. Durch Beschluss des Rates kann gegen den Willen der Unterzeichnenden die Niederschrift nicht geändert werden. Der Rat kann allenfalls durch Beschluss in der nächsten Sitzung einen Fehler in der Niederschrift rügen, wobei diese Rüge dann Bestandteil der Niederschrift gerade dieser nächsten Sitzung wird.

Zur Anfertigung der Niederschrift kann die Sitzung auf Tonband mitgeschnitten werden. Das Recht der Ratsmitglieder am eigenen gesprochenen Wort hindert diesen Mitschnitt nicht, da ein öffentliches Interesse hierfür darin zu finden sein wird, die Korrektheit der Niederschrift über eine Ratssitzung zu gewährleisten. Allerdings sollte die Zustimmung der Ratsmitglieder angestrebt werden. Weiterhin muss sichergestellt sein, dass die Aufnahmen nach Erstellung der Niederschrift gelöscht und der Missbrauch durch geeignete Maßnahmen ausgeschlossen wird. Die Tonbänder können sowohl vom Schriftführer wie auch vom Bürgermeister abgehört werden, um festzustellen, ob das Protokoll den Verlauf der Ratssitzung zutreffend wiedergibt. Darüber hinaus kann jedes Ratsmitglied das Abhören der Tonträgeraufzeichnung verlangen, wenn es Einwendungen gegen die Niederschrift erheben will (Hess. VGH, Beschl vom 6.4.87, DÖV 1988, S. 37; so auch Rehn/Cronauge/von Lennep/Knirsch GO-Kommentar, § 52 , S. 3unten f). Der Hess. VGH weist zu Recht darauf hin, dass das Recht auf Abhören der Tonträgeraufzeichnung aus den Mitgliedschaftsrechten des einzelnen Ratsmitgliedes bei der Wahrnehmung seines Mandates resultiert. Wenn dem einzelnen Ratsmitglied ein Anspruch auf Einsicht in die Niederschrift zusteht, um ggf. Einwendungen erheben zu können, so muss ihm auch bei begründeten Zweifeln an der Richtigkeit zur Kontrolle ein Abhören des zur Anfertigung der Niederschrift angefertigten Tonbandes ermöglicht werden.

Gemäß § 52 Abs. 2 soll der wesentliche Inhalt der Beschlüsse in öffentlicher Sitzung oder in anderer geeigneter Weise der Öffentlichkeit zugänglich gemacht werden, soweit nicht im Einzelfall etwas anderes beschlossen wird. Diese **Unterrichtung der**

Öffentlichkeit ist Folge des Demokratiegebots, nämlich des Unterrichtungsrechts der Bürger über die von seiner Vertretungskörperschaft gefassten Beschlüsse informiert zu werden. Das Gesetz unterscheidet dabei nicht zwischen der Unterrichtung aus öffentlicher und nichtöffentlicher Sitzung, so dass auch die Beschlüsse aus nichtöffentlicher Sitzung grundsätzlich den Bürgerinnen und Bürgern gegenüber bekanntzugeben sind. Soll die Bekanntgabe nicht erfolgen, so muss der Rat dies ausdrücklich im Einzelfall beschließen. Im Übrigen ist bei nichtöffentlichen Tagesordnungspunkten die Unterrichtung auf die Teile des Beschlusses beschränkt, für die nach der Beschlussfassung kein Geheimhaltungsinteresse mehr besteht. Datenschutzrechtliche Gründe bzw. Geheimhaltungsverpflichtungen aus anderen Gesetzen können aber dazu führen, dass Teile des Beschlusses weiterhin unterdrückt werden müssen, etwa die Nennung von personenbezogenen Daten oder von Geschäftsgeheimnissen. Findet die Unterrichtung im Rahmen der Sitzung statt, so wird sie vom jeweiligen Sitzungsvorsitzenden durchgeführt. Das ist im Rat in der Regel der Bürgermeister; in Ausschüssen – auf die die Vorschrift entsprechend anwendbar ist – sind es die Ausschussvorsitzenden. Im Übrigen ist die Bekanntgabe des Beschlusses ein Geschäft der laufenden Verwaltung und obliegt dem Bürgermeister. Über die Form der Unterrichtung entscheidet er nach pflichtgemäßem Ermessen. Über den Verlauf der Sitzung braucht die Öffentlichkeit nicht unterrichtet zu werden, ebenso wenig haben Bürger und Einwohner Anspruch auf Einsicht in die Niederschriften. Fraglich ist, ob Ratsmitglieder oder Fraktionen gegen die Verschwiegenheitspflicht verstoßen, wenn sie ihrerseits das Beschlussergebnis gegenüber der Öffentlichkeit bekanntgeben. Ein Verstoß gegen die Verschwiegenheitspflicht liegt dann vor, wenn der Rat im Einzelfall beschlossen hat, die Unterrichtung nicht zu veröffentlichen. Weiterhin liegt ein Verstoß gegen die Verschwiegenheit vor, wenn der Beschlussinhalt aus Gründen des Datenschutzes oder aus anderen Geheimhaltungsgründen in der Form hätte nicht bekanntgegeben werden dürfen. Darüber hinaus liegt kein Verstoß gegen die Verschwiegenheit vor, da der § 52 ausdrücklich zur Unterrichtung legitimiert. Es handelt sich allerdings dann um einen Verfahrensverstoß, da Fraktionen bzw. einzelne Ratsmitglieder nicht zur Unterrichtung befugt sind. Dieser Verstoß bleibt aber sanktionslos.

Die Unterrichtung der Öffentlichkeit kann vor Prüfung der Niederschrift, nach richtiger Auffassung wohl auch schon vor Unterzeichnung der Niederschrift erfolgen. Das Gesetz verlangt nicht die Bekanntgabe des genauen Wortlautes des Beschlusses, die formale Übereinstimmung mit der späteren Niederschrift ist deshalb nicht notwendig. Die Regelung des § 52 Abs. 2 ist keine formelle Verfahrensvoraussetzung. Ein Verstoß hat keine Auswirkungen auf die Gültigkeit von Ratsbeschlüssen.

5.4.9 Widerspruchsrecht und Beanstandungspflicht des Bürgermeisters

Gemäß § 54 Abs. 1 kann der Bürgermeister einem Beschluss des Rates spätestens am 3. Tag nach der Beschlussfassung unter schriftlicher Begründung widersprechen, wenn er der Auffassung ist, dass der Beschluss das Wohl der Gemeinde gefährdet. Der **Widerspruch** hat aufschiebende Wirkung. Die Vorschrift sagt nichts darüber aus, wie und bei wem der Bürgermeister den Widerspruch einzulegen hat bzw. bei wem die Begründung abzugeben ist. Der Widerspruch ist beim Rat als zuständigem Beschlussorgan einzulegen, es reicht also nicht aus, ihn etwa nur verwaltungsintern zu vermerken. Zunächst kann der Bürgermeister den Widerspruch schon während der Ratssitzung mündlich zu Protokoll geben. Die schriftliche Begründung kann dann unter Wahrung der Frist den einzelnen Ratsmitgliedern zugestellt werden. Hat der Bürgermeister den Widerspruch nicht zu Protokoll gegeben, ist er gemeinsam mit der schriftlichen Begründung den Ratsmitgliedern zuzustellen. Der Widerspruch mit Begründung muss spätestens am 3. Tag nach der Beschlussfassung eingegangen sein. Hieraus folgt, dass der Tag der Beschlussfassung bei der Berechnung der Frist für die Einlegung des Widerspruchs nicht mitzählt. Im Übrigen kann auf die §§ 187, 188 BGB verwiesen werden. Auch § 193 BGB findet Anwendung. Fällt somit der letzte Tag der Frist auf einen Sonn- oder Feiertag bzw. Sonnabend, so tritt an die Stelle eines solchen Tages der nächste Werktag. Gemäß § 54 Abs. 1 Satz 3 ist über die Angelegenheit in einer neuen Sitzung des Rates, die frühestens am 3. Tag und spätestens zwei Wochen nach dem Widerspruch stattzufinden hat, erneut zu beschließen. Die dort normierten Fristen gehen als Sonderregelung den üblichen Ladungsfristen nach der Geschäftsordnung vor. Durch sie soll erreicht werden, dass eine nicht zu lange Verzögerung hinsichtlich der endgültigen Beschlussfassung eintritt, andererseits die Ratsmitglieder aber genügend Zeit haben, sich mit den Argumenten des Bürgermeisters auseinanderzusetzen.

Das Widerspruchsrecht ist dem Bürgermeister für den Fall eingeräumt worden, dass er der Auffassung ist, der Ratsbeschluss gefährde das Wohl der Gemeinde. Dabei kann der Widerspruch sowohl gegen ablehnende als auch gegen zustimmende Ratsbeschlüsse (abgestellt wird auf den Beschlussvorschlag der Vorlage) möglich sein. Das Widerspruchsrecht liegt dabei im Ermessen des Bürgermeisters. Die Frage, ob das Wohl der Gemeinde gefährdet sei, entscheidet er allein nach seiner subjektiven Auffassung. Diese Überzeugung ist gerichtlich nicht nachprüfbar. In der dem Widerspruch nachfolgenden Ratssitzung ist zunächst über den Widerspruch des Bürgermeisters zu entscheiden. § 54 Abs. 1 Satz 3 beschränkt die Entscheidung aber nicht auf den Widerspruch allein. Vielmehr ist nach dem Wortlaut der Vorschrift auch über die Angelegenheit erneut zu beschließen.

Schließlich trifft den Bürgermeister nach § 54 Abs. 2 die **Verpflichtung, rechtswidrige Ratsbeschlüsse zu beanstanden.** Entsprechendes gilt auch für Ausschussbeschlüsse mit Entscheidungscharakter (§ 54 Abs. 3). Der Bürgermeister entscheidet nach pflichtgemäßer Prüfung darüber, ob eine Rechtswidrigkeit gegeben ist oder nicht. Er kann dieser Prüfung nicht dadurch entgehen, dass er die Aufsichtsbehörde einschaltet oder das Einschreiten der Aufsichtsbehörde abwartet. Kommt er selbst zu der Überzeugung, dass der Ratsbeschluss geltendes Recht verletzt, so muss er ihn beanstanden, ohne Rücksicht auf politische Verhältnisse und der Möglichkeit der Kommunalaufsicht, im Rahmen ihrer Ermessensentscheidung von einer Beanstandung abzusehen. Dieses Ergebnis zeigt, dass es richtiger ist, der Kommunalaufsicht bei Entscheidungen im Zusammenhang mit § 54 Abs. 2 kein Ermessen einzuräumen. Auch die Beanstandung hat aufschiebende Wirkung. Sie ist ohne Beachtung einer Frist schriftlich und begründet den Ratsmitgliedern mitzuteilen. Der Rat hat sich daraufhin erneut mit der Angelegenheit zu befassen. Verbleibt er bei seinem (beanstandeten) Beschluss, hat der Bürgermeister unverzüglich die Entscheidung der Aufsichtsbehörde einzuholen.

5.5 Kontrolle der Verwaltung

Nach § 55 Abs. 1 Satz 1 ist der Rat durch den Bürgermeister über alle wichtigen Angelegenheiten der Gemeindeverwaltung zu unterrichten. Welche Angelegenheiten als „wichtig" anzusehen sind, steht im pflichtgemäßen Ermessen des Bürgermeisters. Hierzu gehören sicherlich alle Angelegenheiten, in denen grundsätzliche Entscheidungen des Rates getroffen werden müssen, sowie solche, die mit erheblichen Auswirkungen für die Gemeinde verbunden sind oder verbunden sein können. In diesen Fällen ist auch die Übermittlung personenbezogener Daten zulässig. § 55 Abs. 2 gibt Ausschussvorsitzenden sowie Bezirksvorstehern das Recht, vom Bürgermeister jederzeit Auskunft und Akteneinsicht über die Angelegenheiten verlangen zu können, die zum Aufgabenbereich des Ausschusses bzw. der Bezirksvertretung gehören. Die Zulässigkeit der Datenübermittlung wird durch den Aufgabenbereich des Ausschusses bzw. der Bezirksvertretung begrenzt.

Darüber hinaus gewährt die Gemeindeordnung Akteneinsicht dem Rat in § 55 Abs. 3 Satz 2 sowie in Abs. 4 Satz 1 einem Ratsmitglied, das in Einzelfällen auf Beschluss des Rates, auf Verlangen eines Fünftels der Ratsmitglieder oder einer Fraktion dazu befugt wird sowie einem Mitglied der Bezirksvertretung bzw. eines Ausschusses, das durch Beschluss des betreffenden Gremiums legitimiert wird. Fraktionsvorsitzende werden in § 55 nicht erwähnt. Hieraus folgt, dass Fraktionsvorsitzenden kraft Amtes kein Akteneinsichtsrecht zusteht.

Das Recht zur Akteneinsicht erstreckt sich dabei nach dem Wortlaut der Vorschrift grundsätzlich auf alle Angelegenheiten der Gemeindeverwaltung. Die Notwendigkeit der vertraulichen Behandlung bestimmter Akten ist kein Grund, diese der Einsichtnahme durch den Rat oder einzelner Mitglieder zu entziehen, da er ein Teil der Verwaltung der Gemeinde ist und seine Mitglieder zur Verschwiegenheit verpflichtet sind. Allerdings gilt die Beachtung des informationellen Selbstbestimmungsrechtes auch gegenüber dem Rat. Von daher ist in jedem Einzelfall eine grundsätzliche Abwägung zwischen dem Informationsrecht des Rates und dem informationellen Selbstbestimmungsrecht vorzunehmen. Hierbei hat man sich daran zu orientieren, ob die Übermittlung der personenbezogenen Daten für den Informationsanspruch überhaupt notwendig ist, oder ob nicht ein anonymisierter Aktenauszug ausreicht. Im Übrigen stoßen die Kontroll-, Auskunfts- und Akteneinsichtsrechte des § 55 an Grenzen zumindest gleichrangiger gesetzlicher Regelungen zum Schutz der Daten. So stellt das Steuergeheimnis nach § 30 AO als für das Steuerrecht konkretisierte Schutzgarantie des Rechts auf informationelle Selbstbestimmung eine solche Grenze dar. Es ist bei Anfragen zu Steuerdaten daher immer eine Einzelabwägung von Steuergeheimnis und öffentlichem Interesse der Datenweitergabe vorzunehmen. Ein zwingendes öffentliches Interesse für die Datenweitergabe ist danach nur gegeben, wenn bei Unterbleiben der Mitteilung die Gefahr bestünde, dass schwere Nachteile für das allgemeine Wohl eintreten. Das allgemeine Interesse an der Höhe der Gewerbesteuerzahlungen der Gewerbesteuerschuldner in der Gemeinde reicht für ein Auskunftsrecht nicht aus (vgl. hierzu OVG NRW, Urteil vom 18.10.2017 - Az.: 15 A 651/14). Im Übrigen kann das Akteneinsichtsrecht immer nur der Kontrollbefugnis des Rates dienen, also nur in konkreten Einzelfällen begehrt werden. Es bedarf hierzu eines Ratsbeschlusses, der auf den konkreten Einzelfall abstellt. Ein allgemeines Recht auf Akteneinsicht gibt es nicht.

Gemäß § 55 Abs. 4 muss in Einzelfällen auf Beschluss des Rates oder auf Verlangen von mind. einem Fünftel der Ratsmitglieder auch einem einzelnen, von dem Antragsteller zu benennenden Ratsmitglied Akteneinsicht gewährt werden. Hieraus folgt, dass ein Fünftel der Ratsmitglieder die Möglichkeit hat, das Akteneinsichtsrecht durchzusetzen. Bei Bezirksvertretern oder Ausschussmitgliedern setzt das Akteneinsichtsrecht den Beschluss der Bezirksvertretung bzw. des Ausschusses voraus. Der Bürgermeister muss dem Antrag grundsätzlich entsprechen. Auch hier muss jedoch die missbräuchliche Ausnutzung des Akteneinsichtsrechtes beachtet werden bzw. die datenschutzrechtlichen Vorgaben. Die Beweislast trifft die ablehnende Verwaltung.

Neben dem bisher in § 55 Abs. 3 u. 4 GO geregelten Akteneinsichtsrecht auf Beschluss des Rates mit Mehrheit der Ratsmitglieder bzw. auf Verlangen eines Fünftels der Ratsmitglieder oder einer Fraktion bestimmt der durch das Gesetz zur Stärkung der kommunalen Selbstverwaltung – GO-Reformgesetz – vom 09.10.2007 eingefügte § 55 Abs. 5, dass jedem Ratsmitglied oder jedem Mitglied einer Bezirksvertretung auf Verlangen Akteneinsicht zu gewähren ist. Voraussetzung ist allerdings, dass die Akten der Vorbereitung oder der Kontrolle von Beschlüssen des Rates, des Ausschusses oder der Bezirksvertretung dienen, der es angehört. Akten zur Vorbereitung der Beschlüsse des Rates setzen einen Vorgang der Verwaltung voraus, der einer Entscheidung des Rates bedarf, bevor er umgesetzt wird. Geschäfte der laufenden Verwaltung sind somit ausgeschlossen. Ausgeschlossen sind ferner Akten, die verwaltungsinterne erste Überlegungen und Vorbereitungen enthalten. Der Hauptverwaltungsbeamte ist erst dann verpflichtet Akteneinsicht zu gewähren, wenn nach seiner Auffassung der Vorgang für das Gremium entscheidungsreif abgeschlossen ist (vgl. Gesetzesbegründung Lt-Drs. 14/3979, S. 140). Das Akteneinsichtsrecht bezieht sich ausschließlich auf den Vorgang der Akteneinsicht. Darüber hinausgehende Folgerechte – z.B. Vertagung der Beratung – können hieraus nicht hergeleitet werden. Diesbezüglich bedürfte es eines Mehrheitsbeschlusses im Rat. Die in Abs. 5 Satz 1 angesprochene „Kontrolle der Durchführung der Beschlüsse“ bezieht sich auf Vorgänge, die die Umsetzung eines Beschlusses der Kommunalvertretung betreffen. Damit kann nachvollzogen werden, ob und inwieweit die Verwaltung bereits tätig geworden ist. Das Akteneinsichtsrecht des einzelnen Ratsmitgliedes oder des Mitgliedes einer Bezirksvertretung ist persönlich wahrzunehmen. Dritte sind von der Teilnahme einer Akteneinsicht ausgeschlossen (Abs. 5 Satz 2). Gemäß Abs. 5 Satz 3 darf der Bürgermeister die Akteneinsicht (nur) dann verweigern, wenn und soweit „schutzwürdige Belange Betroffener oder Dritter entgegenstehen“. Die Versagung ist nicht obligatorisch. Mit der Formulierung „darf nur“ liegt die Entscheidung im Ermessen des Bürgermeisters. Die Frage, wann schutzwürdige Belange Betroffener oder Dritter entgegenstehen, ist nicht eindeutig zu beantworten. Im Informationsfreiheitsgesetz ist in § 9 mehrfach auf die schutzwürdigen Belange der betroffenen Personen Bezug genommen. Eine nähere Erläuterung des Begriffs ist im Informationsfreiheitsgesetz nicht zu entnehmen. Bei der Prüfung, ob schutzwürdige Belange entgegenstehen, ist eine Einzelfallprüfung vorzunehmen und die Intention des § 55 Abs. 5 Satz 3 zu berücksichtigen. Die Kontrolle des Rates soll auch für das einzelne Ratsmitglied erleichtert werden. Da dieses nach § 30 Abs. 1 Satz 1 zur Verschwiegenheit verpflichtet ist und unter die Geheimhaltung insbesondere Angelegenheiten fallen, die dem berechtigten Interesse einzelner Personen zuwiderlaufen würde (§ 30 Abs. 1 Satz 2), steht bereits in der Gemeindeordnung ein Schutzmechanismus zur Verhinderung der Weitergabe sensibler Daten an Dritte. Insofern wird dem

Antrag auf Akteneinsicht in der Regel zu entsprechen sein. Wird die Akteneinsicht verweigert, ist sie schriftlich zu begründen (Abs. 5 Satz 4). Die Akteneinsicht ist zwingend einem Ratsmitglied oder einem Mitglied der Bezirksvertretung zu verweigern, das wegen Interessenwiderstreits von der Beratung und Entscheidung der Angelegenheit ausgeschlossen ist (vgl. § 31 Abs. 1, 2 u. 5).

In welcher Form die Akteneinsicht von stattengehen soll, ist grundsätzlich in das pflichtgemäße Ermessen des Bürgermeisters gestellt. Insbesondere müssen die Akten in den Verwaltungsgebäuden der Gemeinde verbleiben. Der Bürgermeister kann auch verlangen, dass die Akteneinsicht in den Diensträumen unter Anwesenheit eines Verwaltungsbediensteten oder des Bürgermeisters selbst stattfindet. Andererseits verlangt die Gemeindeordnung eine solche Anwesenheitspflicht nicht. Ein Recht auf das Anfertigen von Kopien wird von der Akteneinsicht nicht erfasst.

5.6 Bestellung von Vertretern der Gemeinde in Drittorganisationen

Gemäß § 113 Abs.1 ist es ausschließlich Angelegenheit des Rates, die Vertreter der Gemeinde zur Wahrnehmung von Mitgliedschaftsrechten in Beiräten, Ausschüssen, Gesellschafterversammlungen, Aufsichtsräten oder entsprechenden Organen von juristischen Personen oder Personenvereinigungen, an denen die Gemeinde beteiligt ist, zu bestellen. Sie sind in Bezug auf die Interessenvertretung der Gemeinde an die Beschlüsse des Rates und seiner Ausschüsse gebunden. Um den Sachverstand von Kommunalpolitikern und der Verwaltung nutzbar zu machen und sicherzustellen, dass auch die Verwaltung über die Angelegenheiten und Entscheidungsabläufe in Gesellschaften informiert ist, bestimmt Abs. 2, dass bei mehr als einem Vertreter der Bürgermeister oder ein von ihm vorgeschlagener Beamter oder Angestellter dazu zählen muss. Hierdurch soll auch dem Erfordernis der Einheitlichkeit der Verwaltung Rechnung getragen werden. Will man die Beteiligung des Bürgermeisters an der Wahrnehmung gemeindlicher Mitgliedschaftsrechte in Drittorganisationen in jedem Fall sichern, so bleibt nur der Weg, in der jeweiligen Organisationsnorm des Unternehmens (z.B. Gesellschaftsvertrag) festzulegen, dass der Bürgermeister kraft Amtes dem betreffenden Gremium (Vorstand, Aufsichtsrat, Gesellschafterversammlung) angehört. Geschieht dies, so findet § 113 Abs. 2 nur noch insoweit Anwendung, als der Gemeinde das Recht zusteht, über die geborene Mitgliedschaft des Bürgermeisters hinaus weitere Sitze zu besetzen.

Die von der Gemeinde entsandten Vertreter, die Mitgliedschaftsrechte in Organen, Beiräten oder Ausschüssen von juristischen Personen oder Personenvereinigungen wahrnehmen, sind an die Beschlüsse des Rates und seiner Ausschüsse gebunden. Die Bindung an die Beschlüsse und das damit verbundene Weisungsrecht soll sicherstellen, dass die entsandten Vertreter bei der Wahrnehmung der gemeindlichen Mitgliedschaftsrechte ausschließlich die Interessen der Gemeinde vertreten. Sie haben ihr Amt auf Beschluss des Rates jederzeit niederzulegen. Allerdings gelten die Bestimmungen der Sätze 1–3 des Abs. 1 von § 113 nur, soweit durch Gesetz nichts anderes bestimmt ist. Das Kommunalverfassungsrecht tritt also im Fall der Kollision mit (bundesrechtlichen) gesellschaftsrechtlichen Bestimmungen zurück.

Das Wahlverfahren im Rahmen des § 113 Abs. 2 richtet sich nach § 50. Ist nur ein Vertreter zu wählen, gilt § 50 Abs. 1. Bei zwei oder mehr Vertretern richtet sich die Wahl gem. § 50 Abs 4 nach den Regelungen des § 50 Abs. 3. Es ist entweder ein einstimmiger Beschluss oder eine Verhältniswahl erforderlich. Die Wahlstellen sind auf die Wahlvorschläge der Fraktionen und Gruppen des Rates nach der Reihenfolge der Höchstzahlen zu verteilen. Der Bürgermeister wird nicht angerechnet. Die Entscheidung trifft „der Rat". Damit stimmt der Bürgermeister in allen genannten Fällen mit.

6. Bürgermeister

Gemäß § 40 Abs. 2 wird die Bürgerschaft durch den Rat und den Bürgermeister vertreten (gem. § 12 werden die Funktionsbezeichnungen in weiblicher und männlicher Form geführt). Rat und Bürgermeister sind gleichberechtigte Vertreter der Bürgerschaft, wobei dem Bürgermeister zugleich auch die Vertretung und Repräsentation des Rates obliegt. In kreisfreien Städten führt er die Bezeichnung Oberbürgermeister (im Folgenden wird nur noch der Begriff Bürgermeister verwandt). Der Bürgermeister ist ferner Dienstvorgesetzter der Beamten, Angestellten und Arbeiter (§ 73 Abs. 2) und verantwortlich für die Leitung und Beaufsichtigung des Geschäftsgangs der gesamten Verwaltung. Er leitet und verteilt die Geschäfte (§ 62 Abs. 1 Satz 2 und 3). Der Bürgermeister übernimmt damit sowohl die Aufgaben des (früheren) Gemeindedirektors, als auch die Aufgaben des (früheren) ehrenamtlichen Bürgermeisters (sog. Einheitsspitze). Er ist persönliches und institutionelles Bindeglied zwischen hauptamtlicher Verwaltung und ehrenamtlicher Politik.

6.1 Wahl

Die Wahl des Bürgermeisters ist in § 65 Abs. 1 normiert. Hiernach wird der Bürgermeister von den Bürgern in allgemeiner, unmittelbarer, freier, gleicher und geheimer Wahl gewählt. Damit erhält der hauptamtliche Bürgermeister eine unmittelbare politische Legitimation durch die Bürgerschaft selbst. In § 65 Abs. 1 Satz 1 wird die Wahlzeit des Bürgermeisters auf 5 Jahre festgelegt und gleichzeitig hervorgehoben, dass die Wahl „zugleich mit dem Rat" stattfindet. Dies gilt allerdings erst ab dem Jahr 2020. Artikel 5 des Gesetzes zur Stärkung der kommunalen Demokratie vom 20.03.2013 (GV.NRW 2013, S.193ff), welches die Übergangsregelungen zum Kommunalwahlgesetz, zur Gemeinde- und Kreisordnung sowie zum Landesbeamtengesetz enthält, besagt in § 3, dass die Amtszeit der Bürgermeister und Landräte, die in der Zeit ab Inkrafttreten des Gesetzes bis einschl. 21. Oktober 2015 ihr Amt antreten, mit Ablauf des Tages vor dem Beginn der Wahlperiode der im Jahr 2020 gewählten Vertretungen endet (31.10.2020).

Die Besonderheiten der Wahlen der Bürgermeister und Landräte in den Jahren 2014/2015 liegen darin begründet, dass die Verlängerung der Wahlzeit auf 6 Jahre für Hauptverwaltungsbeamte wieder zurückgenommen wurde. Der Verlängerung der Wahlzeit für Hauptverwaltungsbeamte lagen mehrere Erwartungen zugrunde: Stärkung des Bürgermeisters in seiner persönlichen und fachlichen Unabhängigkeit; Zurücktreten der Bedeutung der parteipolitischen Zugehörigkeit; Kontinuität und Effizienz der Verwaltungsführung; größere Attraktivität des Amtes für externe Bewerber (vgl. auch Lt.-Drs. 14/3979, S. 144). Die ersten isolierten Wahlen von Hauptverwaltungsbeamten zeigten jedoch einen massiven Rückgang der Wahlbeteiligung. Hierdurch wurde das eigentliche Ziel der Entkoppelung der Wahlen, der herausgehobenen Stellung des Hauptverwaltungsbeamten Rechnung zu tragen, nicht erreicht.

Parteiübergreifend gab es insofern im Landtag einen breiten Konsens dahingehend, zurückzukehren zu gemeinsamen Wahlen der Vertretungen und Hauptverwaltungsbeamten.

Die Urwahl des hauptamtlichen Bürgermeisters erfolgt nach den Grundsätzen der Mehrheitswahl. Gewählt ist, wer mehr als die Hälfte der gültigen Stimmen erhalten hat. Liegt nur ein Wahlvorschlag vor, ist der Bewerber gewählt, der die Mehrheit der Stimmen erhalten hat (weggefallen ist das Mindestquorum von 25 % der Wahlberechtigten).

Erhält von mehreren Bewerbern keiner mehr als die Hälfte der gültigen Stimmen, so findet am zweiten Sonntag nach der Wahl eine Stichwahl unter den beiden Bewerbern statt. Das Gesetz, mit dem die Stichwahl wieder abgeschafft werden sollte, ist mit Urteil des Verfassungsgerichtshofes NRW vom 20.12.2019 für verfassungswidrig erklärt worden (VerfGH 35/19). Durch die Entscheidung des Verfassungsgerichtshofs, dass das Änderungsgesetz zum Kommunalwahlgesetz NRW teilweise mit der Landesverfassung unvereinbar und nichtig ist, tritt automatisch die vorhergehende, bis zum 31.08.2019 geltende Fassung des § 46 c KWahlG NRW wieder in Kraft. Danach muss eine Stichwahl durchgeführt werden, wenn von mehreren Bewerbern und Bewerberinnen im ersten Wahlgang keiner mehr als die Hälfte der gültigen Stimmen erhält. Nach Einschätzung des Verfassungsgerichtshofes genügte die Prognose des Gesetzgebers zur hinreichenden demokratischen Legitimation einer einstufigen Wahl nicht den verfassungsrechtlichen Anforderungen, weil maßgebliche Tatsachen nicht einbezogen worden seien. Der Gesetzgeber habe die zunehmende Zersplitterung der Parteienlandschaft nicht in den Blick genommen. Dies könne dazu führen, dass zukünftig ohne Stichwahl mit einem relevanten Anstieg der Zahl der kommunalen Hauptverwaltungsbeamtinnen und -beamten zu rechnen ist, die lediglich mit - unter Umständen niedrigen - relativen Mehrheiten gewählt werden. Gewählt wird aufgrund desselben Wählerverzeichnisses wie bei der ersten Wahl. Bei Stimmengleichheit entscheidet das vom Wahlleiter zu ziehende Los, wer an der Stichwahl teilnimmt. Gewählt ist derjenige, der von den gültigen Stimmen die höchste Stimmenzahl hat. Bei gleicher Stimmenzahl entscheidet auch hier wiederum das vom Wahlleiter zu ziehende Los. Für den Fall, dass einer der beiden Bewerber vor der Stichwahl durch Tod oder Verlust der Wählbarkeit ausscheidet, muss diese Wahl insgesamt wiederholt werden (§ 46 c Abs. 3 u. 4).

Wahlvorschläge sind von mindestens fünf- bzw. dreimal (bei Gemeinden unter 10.000 Einwohner) so vielen Wahlberechtigten zu unterzeichnen, wie der Rat Mitglieder hat. Die Notwendigkeit der Beibringung von Unterschriften entfällt, wenn der bisherige Bürgermeister als Bewerber vorgeschlagen wird (§ 46 d Abs. 1

KWahlG). Neben dem als Normalfall anzusehenden Wahlvorschlag eines Bewerbers durch eine Partei oder Wählergemeinschaft nach § 15 Abs. 2 KWahlG ist auch die Möglichkeit eines sich selbst vorschlagenden Einzelbewerbers vorgesehen.

Wählbar ist gem. § 65 Abs. 2, wer am Wahltag Deutscher i.S.d. Art. 116 Abs. 1 GG ist oder Unionsbürger ist, das 23. Lebensjahr vollendet, eine Wohnung in der Bundesrepublik Deutschland hat, nicht vom Wahlrecht ausgeschlossen ist und die Gewähr bietet, jederzeit für die freiheitliche demokratische Grundordnung einzustehen. Fachliche Anforderungen (formelle oder materielle Qualifikationen) enthält das Gesetz nicht. Die frühere Altersgrenze der Vollendung des 68. Lebensjahres ist weggefallen.

Stirbt der Bürgermeister, tritt er in den Ruhestand oder scheidet er aus sonstigen Gründen vor Ablauf seiner Wahlzeit aus dem Amt aus, erfolgt eine Neuwahl durch die Bürgerschaft. Er wird dann bis zum Ende der nächsten Wahlperiode des Rates gewählt, es sei denn, die Amtszeit des Nachfolgers beginnt innerhalb der ersten zwei Jahre der Wahlperiode des Rates. In diesem Fall endet sie mit dem Ende der laufenden Wahlperiode (§ 65 Abs. 5).

6.2 Abwahl und Abberufung

Der unmittelbar gewählte Bürgermeister kann nur von den Bürgern der Gemeinde vor Ablauf seiner Amtszeit abgewählt werden (§ 66 Abs. 1). Die Abwahl des unmittelbar gewählten Bürgermeisters vollzieht sich in mehreren Verfahrensschritten

- Der Entscheidung der Bürger vorgeschaltet ist die Einleitung eines Abwahlverfahrens. Zuständig für die Einleitung des Abwahlverfahrens ist entweder der Rat oder die Bürgerschaft. Entweder mindestens die Hälfte der gesetzlichen Zahl der Ratsmitglieder muss einen schriftlichen Antrag stellen. Adressat des Antrags ist der (ehrenamtliche) stellvertretende Bürgermeister, da es sich um eine Frage der Amtsführung des Bürgermeisters handelt (§ 53 Abs. 2).

- Dieser Antrag muss dann mit einer Mehrheit von 2/3 der gesetzlichen Zahl der Ratsmitglieder angenommen werden. Zwischen Eingang des Antrages und dem Beschluss des Rates ist eine Frist von mindestens zwei Wochen einzuhalten. Über den Antrag auf Abwahl muss ohne Aussprache namentlich abgestimmt werden (§ 66 Satz 4). Die andere Alternative ist, ein bestimmtes Quorum der Bürger stellt den Abwahlantrag (vgl. §§ 66 Abs. 1 2.Alt.).

- Mit der Annahme des Antrages durch eine 2/3-Mehrheit des Rates ist das Einleitungsverfahren beendet. Über die eigentliche Abwahl entscheiden dann die Bürger. Der Bürgermeister ist abgewählt, wenn sich die Mehrheit der abgegebenen gültigen Stimmen dafür entscheidet. Gem. § 66 Satz 5 muss diese Mehrheit mindestens 25 % der Wahlberechtigten betragen.

- Für das Verfahren der Abwahl des Bürgermeisters durch die Bürgerschaft sind die Vorschriften des Kommunalwahlgesetzes zu beachten (§ 66Abs. 1). Insbesondere ist darauf zu achten, dass spätestens innerhalb von drei Monaten, nachdem der Rat den Beschluss mit 2/3-Mehrheit zur Abwahl des Bürgermeisters gefasst hat, die Abstimmung über die Abwahl des Bürgermeisters erfolgt (§ 46 d Abs. 5 KWahlG).

- Abs. 2 des § 66 ermöglicht dem Bürgermeister, durch schriftliche Verzichtserklärung gegenüber dem ehrenamtlichen Stellvertreter, vor einem Entscheid der wahlberechtigten Bürger, aus dem Amt zu scheiden. Der Bürgermeister gilt als abgewählt, wenn er binnen einer Woche nach dem Beschluss der Ratsmitglieder nach Abs. 1 Satz 2 auf die Entscheidung der Bürger über seine Abwahl verzichtet. Hierdurch wird auch verhindert, dass der Bürgermeister gegen seinen Willen durch die Bürger in seinem Amt bestätigt wird. Faktisch wird hiermit dem Bürgermeister ein Rücktrittsrecht eingeräumt. Verzichtet der Bürgermeister auf die Entscheidung der Bürger über seine Abwahl, gilt diese mit dem Ablauf des Tages, an dem der Verzicht dem ehrenamtlichen Stellvertreter zugeht, als erfolgt (§ 66 Abs. 2 Satz 3).

6.3 Die dienstrechtliche Stellung des hauptamtlichen Bürgermeisters

Der Bürgermeister ist kommunaler Wahlbeamter (§ 118 Abs. 2 LGB, § 62 Abs. 1). Er wird für die Dauer von 5 Jahren gewählt und ist in ein Beamtenverhältnis auf Zeit berufen (§ 65 Abs. 1 Satz 1, § 118 Abs. 2 Satz 1 LBG). Das Beamtenverhältnis beginnt mit dem Tag der Annahme der Wahl, frühestens mit dem Ausscheiden des Vorgängers aus dem Amt (vgl. § 118 Abs. 3 Satz 1 LBG). Die Amtszeit endet mit dem Ablauf der Wahlzeit (§ 118 Abs. 3 Satz 2 und 3 LBG). Der entscheidende statusbegründende Akt für das Beamtenverhältnis ist die Wahl. Insofern bedarf es keiner das Beamtenverhältnis begründenden Ernennung.

Der Bürgermeister tritt in den Ruhestand, wenn er

- insgesamt eine mindestens 8-jährige ruhegehaltsfähige Dienstzeit erreicht und das 45. Lebensjahr vollendet hat oder

- eine ruhegehaltsfähige Dienstzeit i.S.d. § 6 des Beamtenversorgungsgesetzes von 18 Jahren erreicht hat oder

- als Beamter auf Zeit eine Gesamtdienstzeit von 8 Jahren erreicht hat.

Andernfalls wird er entlassen (§ 118 Abs. 4 LBG).

Zu beachten ist jedoch § 118 Abs. 5 LBG, wonach ein einmal entstandener Anspruch auf Gewährung eines Ruhegehalts aus einem früheren Beamtenverhältnis auf Zeit bestehen bleibt, auch wenn sich daran ein Beamtenverhältnis auf Zeit nahtlos anschließt und dieses neue Beamtenverhältnis durch Entlassung endet.

Die Besoldung des hauptamtlichen Bürgermeisters richtet sich nach der Eingruppierungsverordnung; ebenso die zu gewährende Dienstaufwandsentschädigung. Mit dem Gesetz zur Steigerung der Attraktivität des kommunalen Wahlamtes (Lt.Drs. 17/8542, beschlossen am 01.04.2020) und der Änderung der Eingruppierungsverordnung rückwirkend zum 31.2.2019 sind Verbesserungen bei der Aufwandsentschädigung und eine Zulage bei Wiederwahl eingeführt worden.

6.4 Aufgaben des Bürgermeisters

Der Bürgermeister vertritt neben dem Rat die Bürgerschaft (§ 40 Abs. 2 Satz 1). Ihm obliegt die Vertretung und Repräsentation des Rates und er führt den Vorsitz im Rat und im Hauptausschuss. Er ist gesetzliches Mitglied des Rates (§ 40 Abs. 2 Satz 2). Hieraus folgt für seine Aufgabenstellung

- die Leitung der Rats- und Hauptausschusssitzung, Handhabung der Ordnung und des Hausrechts (§ ff 40 Abs. 2, 51)
- vorbereitende Behandlung von Ausschließungsgründen (§ 43 Abs. 2)
- Feststellung der Beschlussfähigkeit (§ 49)
- Vorschlagsrecht auf Ausschluss der Öffentlichkeit (§ 48 Abs. 2)
- Verpflichtung zur Teilnahme und Stellungnahme und Berechtigung zur Stellungnahme (§ 69)

Als Chef der Verwaltung sind insbesondere nachstehende Aufgaben zu erfüllen:

- Unterrichtung des Rates (§ 55),
- Vorbereitung und Durchführung der Beschlüsse des Rates (§ 62),
- Entscheidung über Geschäftsverteilung und Organisation (§ 62), – Ausnahme: Geschäftskreis der Beigeordneten (§ 73 Abs. 1),
- Dienstvorgesetzter des Personals (§ 73 Abs. 2),
- Vertretung der Gemeinde und Abgabe rechtsverbindlicher Erklärungen (§§ 63,64),

- Zuleitung des Entwurfs der Haushaltsatzung an den Rat
- Feststellung des Haushalts (§ 80 Abs. 1),
- Widerspruchsrecht und Beanstandungspflicht (§ 54),
- Dringlichkeitsentscheidung (§ 60)

Im Rahmen der den Gemeinden zugewiesenen Pflichtaufgaben zur Erfüllung nach Weisung ist es seine Aufgabe, eine vom Land erteilte Weisung auszuführen. Der Rat kann die Ausführung der Weisung überwachen, sie aber nicht verhindern (§ 62 Abs. 2 Satz 2).

Der Bürgermeister hat anders mangels ausdrücklicher Regelung in der Gemeindeordnung keinen Dienstvorgesetzten. In einigen, im § 118 Abs. 7 LBG näher bezeichneten Fällen übernimmt die Aufsichtsbehörde bestimmte Aufgaben des Dienstvorgesetzten.

6.5 Stellvertreter

Werden in der Person des hauptamtlichen Bürgermeisters die Funktionen des ehemaligen Gemeindedirektors und des ehrenamtlichen Bürgermeisters zusammengefasst, wird auf der Ebene der Vertretung/Stellvertretung die alte Doppelspitze fortgeführt. Die Vertretung bei der Leitung der Ratssitzungen und bei der Repräsentation obliegt nach wie vor den aus der Mitte des Rates gewählten ehrenamtlichen Stellvertretern (§ 67 Abs. 1). Die Vertretung im Amt, also bei der Verwaltungsführung und der gesetzlichen Vertretung der Gemeinde in Rechts- und Verwaltungsgeschäften erfolgt in der Regel durch einen oder mehrere hauptamtliche Beigeordnete bzw. „allgemeine Vertreter“. Die Beigeordneten vertreten den Bürgermeister in ihrem Arbeitsgebiet (der Rat kann den Geschäftskreis der Beigeordneten im Einvernehmen mit dem Bürgermeister (§ 73 Abs. 1 Satz 1) festlegen. Kommt es nicht zu einem Einvernehmen, bedarf es zur Festlegung des Geschäftskreises des Beigeordneten einer 2/3 Mehrheit der Ratsmitglieder. Wird diese nicht erreicht, entscheidet der Bürgermeister (§ 73 Abs. 1 Satz 2 und 4). Einer der Beigeordneten wird zum allgemeinen Vertreter bestellt. Die übrigen Beigeordneten sind zur allgemeinen Vertretung nur berufen, wenn der allgemeine Vertreter verhindert ist. Die Reihenfolge bestimmt der Rat. Ist ein Beigeordneter nicht vorhanden, bestellt der Rat einen Bediensteten der Verwaltung, i.d.R. einen Laufbahnbeamten zum allgemeinen Vertreter (§ 68 Abs. 1).

6.5.1 Stellvertretender Bürgermeister

Gemäß § 67 Abs. 1 wählt der Rat mindestens zwei stellvertretende Bürgermeister. In der Festlegung der Zahl der zu wählenden Stellvertreter ist der Rat frei. Neben dem häufig herangezogenen Gedanken der Teilhabe aller im Rat vertretenen politischen Kräfte sollte berücksichtigt werden, dass auch in Fällen tatsächlicher und rechtlicher Verhinderung (z.B. Mitwirkungsverbote) die Leitung von Ratssitzungen gewährleistet ist. Die Leitung der Sitzung bei der Wahl der Stellvertreter liegt beim Bürgermeister (§ 67 Abs. 5); ist dieser verhindert, übernimmt der Altersvorsitzende die Leitung. Altersvorsitzender ist immer das an Lebensjahren älteste in der Sitzung anwesende und sich zur Sitzungsleitung bereit erklärende Ratsmitglied. Verweigert es die Leitung der Wahl, so geht die Funktion auf das nach Lebensjahren nachfolgende Ratsmitglied über.

Wählbar sind ausschließlich Mitglieder des Rates. Das Verfahren ist in § 67 Abs. 2 festgelegt. Danach wählt der Rat die Stellvertreter in einem Wahlgang nach den Grundsätzen der Verhältniswahl. So haben alle politisch relevanten Gruppen im Rat die Möglichkeit, an der Repräsentation beteiligt zu werden. Vorschlagsberechtigt sind sowohl einzelne Ratsmitglieder, speziell für die Stellvertreterwahl gebildete Gruppen von Ratsmitgliedern, Fraktionen und Zusammenschlüsse von Fraktionen. Kraft Gesetzes muss geheim gewählt werden. Im Wahlverfahren gelten Mitwirkungsverbote nicht (§ 31 Abs. 3 Ziff 2). Die bei der Auszählung ermittelten Wahlstellen werden nach dem d'Hondtschen Höchstzahlverfahren ermittelt und auf die Wahlvorschläge verteilt. Wer an erster Stelle des Wahlvorschlags steht, auf den die erste Höchstzahl entfällt, ist erster Stellvertreter usw. Zwischen Wahlvorschlägen mit gleichen Höchstzahlen findet eine Stichwahl statt, die nach den gleichen Anforderungen durchzuführen ist. Bei Stimmengleichheit entscheidet das vom Bürgermeister zu ziehende Los. Nach der Bekanntgabe des Wahlergebnisses sind die Bewerber vom Bürgermeister zu fragen, ob sie die Wahl annehmen. Der Wahlakt ist dann durch die Annahmeerklärung der Gewählten vollzogen. Nimmt ein gewählter Bewerber die Wahl nicht an, so ist gewählt, wer an nächster Stelle desselben Wahlvorschlags (Liste) steht. Die Amtseinführung und feierliche Verpflichtung wird durch den Bürgermeister vorgenommen. Hierbei handelt es sich um einen Akt, dem keine rechtliche (konstitutive) Bedeutung zukommt.

Scheidet ein stellvertretender Bürgermeister während der Wahlzeit aus, ist der Nachfolger für den Rest der Wahlzeit ohne Aussprache und in geheimer Abstimmung durch Mehrheitsentscheid nach § 50 Abs. 2 zu wählen. Scheiden mehrere Stellvertreter aus, ist die Nachfolge, hier schweigt das Gesetz, nach den Grundsätzen der Verhältniswahl, zu ermitteln.

Die Stellvertreter des Bürgermeisters können **abberufen** werden (§ 67 Abs. 4). Auch hier geschieht dies in einem zweistufigen Verfahren. Im ersten Schritt ist ein von der Mehrheit der gesetzlichen Zahl der Ratsmitglieder gestellter Antrag erforderlich, der nicht begründet werden muss. Zwischen dem Eingang des Antrags und der Ratssitzung, in der über diesen Antrag abgestimmt wird, muss eine Frist von mindestens zwei Tagen liegen. Der Abstimmung darf keine Aussprache vorausgehen. Der zweite Schritt ist dann die Abstimmung über den Abberufungsantrag. Dieser Antrag hat Erfolg, wenn zumindest zwei Drittel der gesetzlichen Zahl der Mitglieder des Rates zustimmen. Die Gemeindeordnung schreibt hier weder eine geheime noch eine namentliche Abstimmung vor. Der Nachfolger muss innerhalb von zwei Wochen, dann aber wieder geheim, ebenfalls ohne Aussprache und gem. § 50 Abs. 2 nach den Grundsätzen der Mehrheitswahl gewählt werden.

Die Wahl stellvertretender Bürgermeister erfolgt, um für den Fall Vorsorge zu treffen, dass der Bürgermeister verhindert ist, eine Ratssitzung zu leiten oder eine repräsentative Aufgabe zu erfüllen. Die Gemeindeordnung geht nach wie vor davon aus, dass zunächst der hauptamtliche Bürgermeister selbst alle ihm obliegenden Aufgaben wahrnimmt. Nur in Fällen tatsächlicher und rechtlicher Verhinderung kommen die Stellvertreter zum Zuge, wobei die Rangfolge zu beachten ist. Die Rangfolge der Stellvertretung wird durch die Wahl festgelegt. Liegt ein Fall der Verhinderung vor, muss zunächst dem ersten stellvertretenden Bürgermeister die Möglichkeit gegeben werden, die Aufgabe wahrzunehmen. Der erste Stellvertreter darf auf keinen Fall zugunsten des zweiten Stellvertreters übergangen werden. Allerdings darf der Bürgermeister in einzelnen Fällen der Verhinderung festlegen, dass er nicht vertreten werden möchte. Dies kann er etwa dann tun, wenn er der Auffassung ist, dass die Gemeinde bei einem bestimmten Anlass nicht repräsentiert sein sollte. Ein generelles Festlegungsrecht, welche Veranstaltungen „Bürgermeistertermine" und welche Veranstaltungen „Stellvertretertermine" sind, steht dem Bürgermeister ebenfalls nicht zu. Eine Aufteilung der Repräsentationspflichten kann nur einvernehmlich erfolgen. Kann ein Einvernehmen nicht erzielt werden, gilt die Reihenfolge der Vertretung. Dies bedeutet bspw. bei mehreren gleichzeitig stattfindenden Veranstaltungen, dass zunächst der Bürgermeister entscheidet, an welcher Veranstaltung er teilnimmt. Danach entscheidet der erste Stellvertreter, welche Veranstaltung er besucht usw.

Die Stellvertreter des Bürgermeisters erhalten neben der **Entschädigung,** die ihnen als Ratsmitglied zusteht, eine in § 3 Abs. 1 Entschädigungsverordnung festgelegte zusätzliche Aufwandsentschädigung (§ 46). Auch im Übrigen ist die Entschädigung in der Entschädigungsverordnung geregelt (z.B. Fahrkosten, Reisekostenvergütung).

6.5.2 Beigeordnete

Die Vertretung des Bürgermeisters bei der Verwaltungsleitung und der gesetzlichen Vertretung der Gemeinde in Rechts- und Verwaltungsgeschäften erfolgt durch hauptamtliche Beigeordnete, die wie der Bürgermeister Wahlbeamte sind. Die Zahl der durch den Rat zu wählenden Beigeordneten muss in der Hauptsatzung geregelt werden (§ 71 Abs. 1). Fehlt es an einer Festlegung oder ist die in der Hauptsatzung festgelegte Zahl an Beigeordneten bereits gewählt, ist die Wahl (weiterer) Beigeordneter unzulässig. Rechtlich unproblematisch ist es dagegen, die in der Hauptsatzung festgelegte Zahl nicht auszuschöpfen. Ob und wie viele Beigeordnete gewählt werden sollen, entscheidet der Rat nach pflichtgemäßem Ermessen. Hierbei spielen sowohl die Gemeindegröße als auch die Struktur der jeweiligen Verwaltung eine bedeutende Rolle.

Die Wahl der Beigeordneten fällt in die ausschließliche Zuständigkeit des Rates. Die Wahl hat wegen der Organstellung der Beigeordneten anders als sonstige Personalentscheidungen öffentlich zu erfolgen. Findet allerdings eine Aussprache statt, so ist wegen des Schutzes der Persönlichkeitsrechte der Bewerber die Öffentlichkeit auszuschließen. Bei der Vorstellung der Bewerber ist zu unterscheiden, ob es sich um Befragungen zu höchstpersönlichen Dingen handelt oder aber um die Vorstellungen der Bewerber zur künftigen Amtsführung. Nur im erstgenannten Fall kommt ein Ausschluss der Öffentlichkeit in Betracht. Die Wahl selbst richtet sich nach § 50. Es ist also gem. § 50 Abs. 2 eine offene Abstimmung durchzuführen. Gewählt ist die vorgeschlagene Person, die mehr als die Hälfte der gültigen Stimmen erhalten hat. Kommt es im ersten Wahlgang zu keinem Ergebnis, ist zwischen den Bewerbern mit den beiden höchsten Stimmenzahlen eine engere Wahl durchzuführen. In dieser Stichwahl ist gewählt, wer die meisten Stimmen erhält. Bei Stimmengleichheit entscheidet das Los.

Die Wahlhandlung führt bei dem gewählten Bewerber noch zu keiner unentziehbaren Rechtsstellung. Vielmehr entfaltet der Wahlakt in Verbindung mit der Annahmeerklärung des Gewählten eine Selbstbindung dahingehend, dass der erfolgte Wahlbeschluss nicht mehr ohne weiteres aufgehoben werden darf. Eine Aufhebung des Wahlbeschlusses ist allerdings im Rahmen der Beanstandung oder im Kommunalverfassungsstreitverfahren möglich, etwa wenn eine Ratsfraktion oder ein Ratsmitglied die Verletzung eigener Rechtspositionen durch den Wahlakt rügt. Ferner ist zu beachten, dass nach § 17 Abs. 2 LBG die Ernennungsurkunde erst dann ausgehändigt werden darf, wenn die Wahl innerhalb eines Monats nach ihrer Durchführung aufgrund der dafür geltenden Vorschriften nicht beanstandet worden ist. Die Aufsichtsbehörde hat demnach die Möglichkeit, innerhalb eines Monats Einwendungen gegen die Wahl geltend zu machen, wenn diese etwa gegen Vorschriften der Gemeindeordnung verstoßen hat. Erst danach darf die Ernennungsurkunde ausgehändigt werden. Geschieht dies früher, so führt das nicht zur Nichtigkeit der Ernennung; Schadensersatzforderungen von Mitbewerbern sind allerdings dann nicht ausgeschlossen. Die Ernennung zum Beigeordneten wird erst durch die Aushändigung der Ernennungsurkunde vollzogen. Die Dauer der Berufung in das

Beamtenverhältnis auf Zeit ist in der Urkunde anzugeben. Der Gewählte wird vom Bürgermeister vereidigt (§ 71 Abs. 6).

Die Wahlzeit beträgt acht Jahre. Sie kann weder verkürzt noch verlängert werden. Allerdings besteht die Möglichkeit der vorzeitigen Abberufung (siehe unten). Um gewählt werden zu können, müssen einige persönliche Voraussetzungen erfüllt sein. Man unterscheidet formelle und materielle Qualifikationserfordernisse. Bei den formellen Anforderungen ist zwischen kreisfreien und Großen kreisangehörigen Städten auf der einen und den übrigen Städten und Gemeinden auf der anderen Seite zu unterscheiden. In kreisfreien Städten und Großen kreisangehörigen Städten muss einer der Beigeordneten die Befähigung zum Richteramt oder zur Laufbahn des allgemeinen Verwaltungsdienstes im Land NRW in der Laufbahngruppe 2, zweites Einstiegsamt besitzen, in den übrigen Städten und Gemeinden muss einer der Beigeordneten die Befähigung für die Laufbahn des allgemeinen Verwaltungsdienstes in der Laufbahngruppe 2, erstes Einstiegsamt besitzen (§ 71 Abs. 3 Satz 2 und 3). Diese mit der GO 1994 erfolgte Verschärfung der formellen Qualifikation im Beigeordneten-Kollegium ist eine Folge des Wegfallens aller fachlicher Qualifikationsanforderungen bei der Verwaltungsspitze. Die materielle Qualifikation erfordert einheitlich von allen Beigeordneten die für das Amt erforderlichen fachlichen Voraussetzungen und eine ausreichende Erfahrung für dieses Amt. Bei diesen Begriffen handelt es sich um sog. unbestimmte Rechtsbegriffe, die allerdings gerichtlich voll nachprüfbar sind. Die gesetzlichen Voraussetzungen erfordern, dass der Bewerber aufgrund seines bisherigen beruflichen Werdegangs und seiner ausgeübten Tätigkeiten fachliche Kenntnisse erworben hat, die ihn dazu befähigen, das Amt eines Beigeordneten auszuüben. Auch im Rahmen der bisherigen beruflichen Tätigkeit oder außerhalb dieser Tätigkeit gemachte Erfahrungen sind zu berücksichtigen.

Die Stellen der Beigeordneten sind auszuschreiben. Die Ausschreibung soll eine größere Zahl geeigneter Kandidaten auf die zu besetzende Stelle aufmerksam machen. Insofern empfiehlt sich eine Ausschreibung in überregionalen Zeitschriften. Nur bei Wiederwahl kann von der Ausschreibung abgesehen werden. Nähere Vorschriften über Art und Umfang der Ausschreibung enthält die Gemeindeordnung nicht. Diese Aufgabe bleibt dem Rat überlassen. Er hat allerdings folgendes zu beachten: In der Ausschreibung muss das Aufgabengebiet so konkret wie möglich benannt und der Amtsinhalt der freien Stelle angegeben werden. Im Übrigen ist der Rat an den Ausschreibungstext gebunden. Der Rat legt die besonderen Bewerbungsbedingungen fest (z.B. Volljurist, Sprachkenntnisse etc.). Ebenso können bestimmte Bewerbungsunterlagen verlangt werden. Die Ausschreibung darf grundsätzlich nicht auf ein Geschlecht bezogen sein. Werden persönliche Qualifikationen verlangt (z.B. Befähigung zum Richteramt), so dürfen keine Personen gewählt werden, die diese persönlichkeitsbezogenen Ausschreibungsbedingungen nicht erfüllen. Eine Bewerbungsfrist ist nicht vorgegeben, allerdings ist darauf zu achten, dass nicht zu kurze Ausschreibungsfristen gewählt werden. Verspätet eingegangene Bewerbungen können berücksichtigt werden. Aus dem Sinn der Ausschreibung folgt, dass in der Regel nur gewählt werden kann, wer sich auf die Ausschreibung beworben hat. Allerdings können auch Ausnahmen zugelassen werden. Für eine gültige Wahl ist die Tatsache entscheidend, dass die einzelnen Mitglieder des Rates in jedem Fall prüfen können, ob der Betreffende für das zu besetzende Amt geeignet ist. Von daher können grundsätzlich auch Verwaltungsbedienstete zur Wahl vorgeschlagen werden, ohne dass diese sich schriftlich beworben haben. Voraussetzung ist nur, dass die Ratsmitglieder die Voraussetzungen des § 71 prüfen können. Dadurch wird gleichzeitig ausgeschlossen, einen völlig Unbekannten zur Wahl vorzuschlagen, der sich auch nicht schriftlich beworben hat. Aus der Tatsache, dass nach § 50 Abs. 2 Satz 2 nunmehr vor der Wahlhandlung die zur Wahl anstehenden Personen vorgeschlagen werden müssen, kann dieser Rechtsauffassung auch nicht entgegengehalten werden, sie führe zur Überrumpelung einzelner Ratsmitglieder. Der Rat ist grundsätzlich nicht gehindert, eine Ausschreibung aufzuheben und eine erneute Ausschreibung vorzunehmen.

Die Beigeordneten sind verpflichtet, eine erste und zweite Wiederwahl anzunehmen, wenn sie spätestens drei Monate vor Ablauf der Amtszeit wiedergewählt werden. Bei Vorliegen eines wichtigen Grundes, der z.B. in der Verschlechterung der Anstellungsbedingungen liegen kann (Herabstufung vom allgemeinen Vertreter oder eine deutliche Verkleinerung des Dezernates), darf gleichwohl eine Wiederwahl abgelehnt werden (§ 71 Abs. 5). Ob ein wichtiger Grund vorliegt, entscheidet der Rat. Bei einer Ablehnung der Wiederwahl ohne Vorliegen eines wichtigen Grundes ist der Beigeordnete mit Ablauf der Amtszeit entlassen.

Auch Beigeordnete können vor Ablauf der Amtszeit abberufen werden. Voraussetzungen und Verfahren sind in § 71 Abs. 7 geregelt. Danach muss zunächst von der Mehrheit der gesetzlichen Zahl der Ratsmitglieder ein Antrag auf Abberufung gestellt werden. Einer Begründung bedarf es nicht. Zwischen dem Eingang des Antrags beim Bürgermeister und der Sitzung des Rates, in der dieser über die Abberufung entscheidet, muss eine Frist von mindestens sechs Wochen liegen. Diese Frist soll vor übereilten Beschlüssen schützen. Der Abstimmung über die Abberufung darf keine Aussprache vorangehen. Für die erfolgreiche Abberufung ist eine Mehrheit von zwei Dritteln der gesetzlichen Mitgliederzahl des Rates erforderlich. Um Vakanzen in der Verwaltungsführung zu vermeiden, ist der Nachfolger innerhalb einer Frist von sechs Monaten zu wählen (§ 71 Abs. 7).

7. Verwaltungsvorstand

Der Verwaltungsvorstand, der bei der Reform der Kommunalverfassung 1994 eingeführt wurde, ist in allen Gemeinden einzurichten, in denen zumindest ein hauptamtlicher Beigeordneter bestellt ist (§ 70 Abs. 1). Hiermit hat der Gesetzgeber die bisher schon bekannte Beigeordneten- oder Dezernentenkonferenz institutionalisiert. Kraft Gesetzes gehören dem Verwaltungsvorstand neben dem Bürgermeister und den Beigeordneten der Kämmerer an. Der Kämmerer ist somit auch dann Mitglied im Verwaltungsvorstand, wenn er kein Beigeordneter ist, was nur in kreisangehörigen Gemeinden möglich ist. Da es sich um einen Verwaltungsvorstand handelt, ist die Mitwirkung von Ratsmitgliedern nicht zulässig; Verwaltungsmitarbeiter können jedoch hinzugezogen werden. Den Vorsitz im Verwaltungsvorstand führt der Bürgermeister, der bei Meinungsverschiedenheiten auch entscheidet. Die Beigeordneten sind berechtigt, ihre abweichenden Meinungen in Angelegenheiten ihres Geschäftsbereiches dem Hauptausschuss vorzutragen. Dies haben sie allerdings vorab dem Bürgermeister mitzuteilen. Der Kämmerer hat ein Recht zur Stellungnahme bzgl. des Entwurfs des Haushaltsplans, wenn der Bürgermeister von dem vorgelegten Entwurf abweicht (§ 80 Abs. 2 Satz 2).

Der Verwaltungsvorstand soll die Einheitlichkeit der Verwaltungsführung sicherstellen. Deswegen ist der Bürgermeister verpflichtet, dieses Gremium regelmäßig einzuberufen. Im Gesetz sind beispielhaft einige Beratungsgegenstände aufgezählt, die zumindest behandelt werden müssen: die Grundsätze der Organisation und der Verwaltungsführung, die Planung von Verwaltungsaufgaben mit besonderer Bedeutung, die Aufstellung des Haushaltsplans, unbeschadet der Rechte des Kämmerers, und die Grundsätze der Personalführung und Personalverwaltung.

8. Ratsmitglieder

8.1 Rechte der Ratsmitglieder

8.1.1 Verfahrensrechte

Ratsmitgliedern steht das selbstverständliche Recht auf Teilnahme an den Sitzungen des Rates bzw. der Ausschüsse zu, denen sie angehören. Eng verbunden mit diesem Teilnahmerecht ist das Recht auf Antragstellung, das Rede- und Abstimmungsrecht. Beschränkt werden können diese Rechte nur aufgrund einer entsprechenden gesetzlichen Ermächtigung, etwa das Mitwirkungsverbot nach § 31. Auch Regelungen der Geschäftsordnung können zu einer Beschränkung dieser Rechte führen, soweit sich die Geschäftsordnungsbestimmung im Rahmen der Geschäftsordnungsautonomie des Rates hält und nicht zu einer unzulässigen Beeinträchtigung der Mandatsausübung führt. Redezeitbeschränkungen nach der Geschäftsordnung sind dabei zulässig, so dass nach Überschreiten dieser Redezeit zulässigerweise dem Ratsmitglied das Wort entzogen werden kann. Zu den Rechten der Ratsmitglieder zählt es, ordnungsgemäß zu den Sitzungen des Rates unter Beachtung der Ladungsfrist eingeladen zu werden und rechtzeitig vor Sitzungsbeginn die Vorberichte übersandt zu bekommen, damit eine hinreichende Vorbereitung der Sitzung erfolgen kann.

Kein Recht hat ein einzelnes Ratsmitglied auf Beeinflussung der Tagesordnung und den Sitzungstermin. Diese Rechte stehen nur den in der Gemeindeordnung genannten Fraktionen oder Quoren von Ratsmitgliedern zu. Einzelnen Ratsmitgliedern kann auch durch die Geschäftsordnung ein solches Recht nicht eingeräumt werden, da durch die gemeindeordnungsrechtlichen Bestimmungen die Geschäftsautonomie des Rates beschränkt ist. Das Ratsmitglied kann dann lediglich im Sitzungsverlauf durch Geschäftsordnungsanträge bzw. Sachanträge Einfluss auf den zu behandelnden Gegenstand nehmen. Allerdings bedarf es dann der Unterstützung der Mehrheit des Rates. Die Mitgliedschaftsrechte im Rat und in den Ausschüssen bestehen darin, sich zu Wort melden zu dürfen, Empfehlungen oder Anträge zu stellen und abzustimmen. Die Verhandlungsleitung liegt beim Vorsitzenden. Dieser hat nach § 51 das Recht, bei ungebührlichem Verhalten, beleidigenden Äußerungen oder störendem Benehmen der Rats- oder Ausschussmitglieder diese zur Ordnung zu rufen oder sie sogar des Sitzungsraumes zu verweisen.

Die Verletzung von Mitgliedschaftsrechten kann das Ratsmitglied im Wege des sog. Kommunalverfassungsstreitverfahrens gerichtlich geltend machen.

8.1.2 Fragerechte

Gemäß § 47 Abs. 2 Satz 2 regelt der Rat in der Geschäftsordnung Inhalt und Umfang des Fragerechts der Ratsmitglieder. Durch die gesetzliche Regelung in der Gemeindeordnung wird klargestellt, dass einzelne Ratsmitglieder das Recht haben, in der Ratssitzung Auskünfte über Vorgänge zu verlangen, die nicht auf der Tagesordnung des Rates stehen. Es ist deshalb auch nicht zulässig, das Fragerecht völlig auszuschließen. Die nähere Ausgestaltung des Fragerechts kann durch die Geschäftsordnung geregelt werden. Die Geschäftsordnung sollte insbesondere so geschaffen sein, dass einem möglichen Missbrauch des Fragerechts vorgebeugt wird. Dabei ist davon auszugehen, dass einschränkende Regelungen des Fragerechts zulässig sind, um einem Missbrauch vorzubeugen und die Arbeitsfähigkeit des Rates und der Verwaltung zu sichern. Lediglich eine völlige Aushöhlung des Fragerechtes ist untersagt.

8.1.3 Verdienstausfallersatz

Rats- und Ausschussmitgliedern sowie den Mitgliedern der Bezirksvertretungen wird der ihnen durch die Mandatsausübung entstehende Verdienstausfall ersetzt (§ 45 Abs. 1 Satz 1). Zu ersetzen ist nur der Verdienstausfall, der durch die Mandatsausübung veranlasst ist. Dies sind die jeweiligen Gremiensitzungen incl. der Fraktionssitzungen sowie alle auf Veranlassung des Rates, des Ausschusses oder der Bezirksvertretung wahrgenommenen Termine. Dies gilt auch für Mitglieder des Integrationsrates (§ 27 Abs. 7 Satz 1).

Des Weiteren muss die Mandatsausübung „während der Arbeitszeit erforderlich" gewesen sein. § 45 ist weiterhin als Kollisionsnorm ausgestaltet. Daraus folgt, dass der Mandatsträger nicht lediglich potentielle Überschneidungen von Arbeitszeit und Mandat geltend machen kann. Der Verdienstausfallersatz wird für jede Stunde der versäumten Arbeitszeit gewährt, die individuell zu bestimmen ist. Das Merkmal „regelmäßig" ist aus dem Gesetzestext gestrichen worden. Dies führt dazu, dass die Zahlung von Verdienstausfall nicht mehr auf den von dem Mandatsträger angegebenen üblichen Zeitrahmen beschränkt ist, sondern auch außerhalb dieses Zeitrahmens in Betracht kommt. Dort kann nunmehr auch ein Anspruch auf Verdienstausfall bezüglich Überstunden geltend gemacht werden.

Zu beachten ist die Neuregelung in § 44 Abs. 2. Dadurch werden flexible Arbeitszeitmodelle berücksichtigt. Fällt die Mandatstätigkeit in den flexiblen Arbeitszeitrahmen des Mandatsträgers, so ist die Zeit der Ausübung des Mandats innerhalb dieses Arbeitszeitrahmens zur Hälfte auf die Arbeitszeit anzurechnen. Daraus folgt, dass auch der Anspruch des Verdienstausfalls nach § 45 auf diese Hälfte beschränkt ist. Verdienste aus Nebentätigkeiten und Verdienste, die außerhalb der regelmäßigen Arbeitszeiten hätten erzielt werden können (z.B. Zulagen für „Dienst zu ungünstigen Zeiten"), bleiben außer Betracht (§ 45 Abs. 1 Satz 3).

Den Kommunen ist es erlaubt, zur Verwaltungsvereinfachung Stundenpauschalen bei der Abrechnung vorzusehen.

Die Höhe der pro Stunde gewährten Entschädigung wird durch einen in der Hauptsatzung zu bestimmenden Regelstundensatz festgesetzt, wobei seit 2016 ein Mindeststundensatz gewährt werden muss, der sich an dem gesetzlichen Mindestlohn orientiert. Diesen Regelstundensatz erhalten alle Rats- und Ausschussmitglieder, es sei denn, es liegen ersichtlich keine finanziellen Nachteile vor (§ 45 Abs. 2 Satz 1). Das ist insbesondere dann der Fall, wenn das betreffende Rats- oder Ausschussmitglied für seine Arbeitstätigkeit keinen Verdienst erhält oder wenn es durch die Wahrnehmung des Mandats deshalb keine finanziellen Einbußen erlitten hat, weil ihm ein festes Gehalt gezahlt wird. Ideelle Nachteile, z.B. Freizeitverluste, sind nicht erstattungsfähig.

Ansonsten greift die Regelung immer dann, wenn der Mandatsträger ein festes oder gar kein Einkommen hat. Grundsätzlich kein Anspruch auf Verdienstausfall steht demnach z.B. Beamten, Rentnern oder Studenten, aber auch Empfängern von Sozialleistungen zu. Auch Abgeordnete des Bundestages, der Landtage und des Europäischen Parlaments haben keinen Anspruch auf Ersatz des Verdienstausfalles. Übt ein Abgeordneter neben seinem Landtagsmandat keine weitere berufliche Tätigkeit aus, so steht ihm Ersatz für Verdienstausfall nicht zu, da er wegen eines festen Einkommens, nämlich der Abgeordnetenentschädigung, ersichtlich keine finanziellen Nachteile durch seine kommunale Tätigkeit hat. Nimmt der Abgeordnete neben seinem Landtagsmandat noch eine weitere berufliche Tätigkeit wahr, so steht ihm ebenfalls keine Verdienstausfallentschädigung zu. Da der Abgeordnete sein Mandat grundsätzlich als Vollzeittätigkeit auszuüben hat, für die er in vollem Umfange alimentiert wird, ist für einen Ersatz des Verdienstausfalles wegen etwaiger Nachteile, die bei einer daneben ausgeübten weiteren beruflichen Tätigkeit erlitten werden, kein Raum. Für Bundestagsabgeordnete und Mitglieder des Europäischen Parlaments gilt dies entsprechend.

Eine über den Regelsatz hinausgehende Entschädigung ist für zwei Personengruppen vorgesehen: Abhängig Erwerbstätige erhalten auf Antrag anstelle des Regelstundensatzes Ersatz des tatsächlich entstandenen und nachgewiesenen Verdienstausfalls, Selbstständige erhalten auf Antrag anstelle des Regelstundensatzes eine Verdienstausfallpauschale je Stunde, die im Einzelfall auf der Grundlage des glaubhaft gemachten Einkommens nach billigem Ermessen festgesetzt wird.

Durch Gesetz zur Stärkung des Ehrenamtes vom 13.09.2012 (GV. NRW 2012, S. 421ff.) wurde die Haushaltsentschädigung in einem neu eingefügten Abs. 3 GO neu geregelt. Durch die Zahlung der Haushaltsentschädigung wird die Haushaltsleistung mit einer sonstigen Erwerbstätigkeit gleichgestellt. Bei einem Zwei-Personen-Haushalt kann eine Haushaltsentschädigung geltend gemacht werden, wenn ein Kind unter 14 Jahren oder eine anerkannt pflegebedürftige Person nach § 14 SGB XI im Haushalt leben. Mit dieser Regelung können nur noch alleinerziehende und pflegende Rats- und Ausschussmitglieder Haushaltsentschädigung beantragen, nicht jedoch andere Zwei-Personen-Haushalte. Haushaltsführende eines Drei-Personen-Haushalts können hingegen unabhängig von einer Altersgrenze für Kinder eine Haushaltsentschädigung beantragen. Begründet wird die Differenzierung nach der Größe und der Zusammensetzung der Haushalte mit dem Zweck, eine sozialpolitisch sinnvolle Entschädigungszahlung zu gewährleisten und gleichzeitig missbräuchliche Inanspruchnahmen zu verhindern. (LT-Drs. 16/870, S. 5)

Auch für die Zahlung von Haushaltsentschädigung ist durch die Streichung des Wortes „regelmäßig" in Abs. 1 Sätze 1 und 3 nicht mehr auf die regelmäßige Arbeitszeit abzustellen. Begründet wird diese Änderung damit, dass sich Haushaltstätigkeit in einer Familie mit (mehreren) Kindern in der Regel nicht bestimmten Zeitkonten zuordnen lässt. (LT-Drs.16/870, S. 5) Vielmehr ist davon auszugehen, dass Hausarbeit grundsätzlich täglich und jederzeit anfallen kann, so dass stets die Möglichkeit einer Kollision von Mandatsausübung und Haushaltsführung besteht (so bereits OVG NRW vom 26.09.1996, 15 A 2733/93). Die Streichung des Merkmals „regelmäßig" führt dazu, dass die Zahlung von Haushaltsentschädigung nicht mehr auf den von dem Haushaltsführenden angegebenen üblichen Zeitrahmen beschränkt ist, sondern auch außerhalb dieses Zeitrahmens in Betracht kommen kann. Insoweit ist die Entscheidung des OVG vom 05.10.2010 (Az.: 15 A 79/10, NVwZ-RR 2011, 245f.) überholt.

Haushaltsführung bedeutet, dass das betreffende Rats-/Ausschussmitglied die volle Verantwortung für den Haushalt übernommen hat. Werden hingegen nur untergeordnete Hilfstätigkeiten im Haushalt ausgeführt, ist das Merkmal der Haushaltsführung zu verneinen und damit auch keine Haushaltsentschädigung zu gewähren. Vielmehr muss das Rats-/Ausschussmitglied regelmäßig die üblicherweise in einem Haushalt anfallenden Arbeiten nicht nur für sich, sondern auch für die anderen im Haushalt lebenden Familienmitglieder erledigen (OVG NRW, Urteil vom 26.09.1996 – 15 A 2733/93, in NVwZ 1997 S. 617; VG Düsseldorf vom 02.12.2012). Bei einer gleichberechtigten Aufteilung der Haushaltsführung besteht der Anspruch auf Haushaltsentschädigung nicht.

Sofern während der mandatsbedingten Abwesenheit vom Haushalt eine entgeltliche Kinderbetreuung notwendig ist, werden die nachgewiesenen Kosten auf Antrag erstattet. Hiervon sind Zeiträume ausgenommen, für die eine Entschädigung nach § 45 Abs.

2 oder 3 geleistet wird (§ 45 Abs. 4). Die Hauptsatzung kann nähere Einzelheiten regeln.

Die **Berechnung der Verdienstausfallentschädigung** kann folgenderweise geschehen: Der Regelstundensatz wird grundsätzlich ohne weiteren Nachweis und Belege gewährt, es sei denn, das Rats- oder Ausschussmitglied hat ersichtlich keine finanziellen Nachteile. Die Verwaltung muss bei diesem Abrechnungsverfahren keine Nachprüfung im Einzelfall vornehmen, sondern kann sich auf die schlüssig glaubhaft gemachten Angaben des Mandatsträgers verlassen. Allerdings sollte der Betreffende seine berufliche Tätigkeit darlegen bzw. verpflichtet werden, Änderungen im Berufsbild unverzüglich anzuzeigen.

Im Übrigen kann auch der tatsächlich entstandene Verdienstausfall ersetzt werden. In diesen Fällen der individuellen Abrechnung ist der tatsächlich entstandene Verdienstausfall nachzuweisen. Bei Unselbstständigen dürfte dies in der Regel keine Schwierigkeiten bereiten. Selbstständige dagegen können kaum exakte Stundenverdienste angeben. Diese Personengruppe muss durch geeignete Unterlagen, z.B. Bescheinigungen der Berufsverbände, das Einkommen glaubhaft machen. In Ausnahmefällen kann auch die Vorlage des Einkommensteuerbescheides verlangt werden, z.B. dann, wenn an der Richtigkeit der Angaben begründete und auf andere Weise nicht ausräumbare Zweifel bestehen. Soll bei abhängig Erwerbstätigen eine direkte Abrechnung zwischen Gemeinde und Arbeitgeber erfolgen, so können auch indirekte Lohn- und Gehaltsbestandteile ersetzt werden. Danach ist es möglich, dem Arbeitgeber Leistungen, die der Arbeitnehmer neben den laufenden monatlichen Bezügen erhält, in der nachgewiesenen Höhe zu ersetzen. Dies sind etwa das Urlaubsgeld oder das 13. Monatsgehalt. Auch die indirekten Lohn- oder Gehaltsbestandteile, die nicht an den Arbeitnehmer selbst, sondern an Dritte bezahlt werden, können ersetzt werden. Hierunter fallen die Arbeitgeberanteile der Beiträge zur Renten-, Kranken- und Arbeitslosenversicherung und sonstige Beträge, auf die nach dem Tarifvertrag ein Rechtsanspruch besteht. Nicht ersetzt werden können allerdings Beiträge zur gesetzlichen Unfallversicherung und Betriebsausgaben, die zwar kalkulatorisch dem Arbeitsausfall zuzurechnen sind, aber den Arbeitnehmer selbst nicht belasten (z.B. Überstundenkosten für andere Arbeitnehmer).

Nach § 45 Abs. 2 letzter Satz ist in der Entschädigungsverordnung (EntschVO) ein einheitlicher **Höchstbetrag** festzulegen, der bei der Erstattung des stündlichen Verdienstausfalles in keinem Fall überschritten werden darf. Dies gilt auch für die individuelle Abrechnung. Der stündliche Höchstbetrag ist ebenso wie der Regelstundensatz in Euro auszudrücken und darf nicht abstrakt formuliert werden. Durch den Höchstbetrag werden die zu zahlenden Entschädigungsbeträge in ihrer Höhe begrenzt. Die Begrenzung der Verdienstausfallentschädigung trägt dem Charakter des Ratsmandates als eines ohne Bezahlung oder Entgelt zu versehenen Ehrenamtes Rechnung, aus dem sich mittelbar die Forderung ergibt, die gewährte Entschädigung für finanzielle Nachteile auf einen angemessenen Umfang zu beschränken. Insbesondere betroffen werden hiervon Ratsmitglieder, die über ein besonders hohes Einkommen verfügen. Ihnen soll wegen der Höhe ihres Einkommens die Hinnahme finanzieller Einbußen eher zuzumuten sein, als anderen Mitgliedern mit geringem Einkommen. Die Festsetzung des Höchstbetrages obliegt seit 2016 dem Verordnungsgeber der EntschVO.

In der Hauptsatzung können auch Richtlinien über die regelmäßige Arbeitszeit für besondere Berufs- und Personengruppen aufgestellt werden. Zu berücksichtigen ist aber, dass es sich immer nur um Richtlinien handeln darf. Es darf nicht ausgeschlossen werden, dass von einzelnen Mandatsträgern eine andere regelmäßige Arbeitszeit nachgewiesen oder glaubhaft gemacht wird. Bei Selbstständigen wird die regelmäßige Arbeitszeit spätestens um 19.00 Uhr enden. Bei Haushaltstätigkeit ist zu berücksichtigen, dass aufgrund der partnerschaftlichen Zusammenarbeit im Haushalt im Regelfall in den Abendstunden von anderen Haushaltsangehörigen die Aufgaben wahrgenommen werden können. Auch hier ist auf den individuellen Sonderfall abzustellen. Allgemein dürfte aber auch hier die 19.00-Uhr-Regelung Anwendung finden. Kommt es jedoch regelmäßig in den Abendstunden zu keiner Entlastung (z.B. bei Alleinerziehenden), kann die Richtlinie nicht herangezogen werden.

Ansprüche auf Ersatz des Verdienstausfalls verjähren in drei Jahren (§ 195 BGB). Die Reisekostenvergütung ist demgegenüber innerhalb einer Ausschlussfrist von 6 Monaten schriftlich zu beantragen (§ 6 EntschVO iVm § 3 Abs. 6 LRKG).

8.1.4 Aufwandsentschädigung

Neben dem Verdienstausfallersatz steht den Ratsmitgliedern und Mitgliedern der Bezirksvertretung gem. § 45 Abs. 5 eine angemessene Aufwandsentschädigung zu. Sachkundige Bürger und sachkundige Einwohner erhalten für die Teilnahme an Sitzungen ihrer Ausschüsse und Fraktionssitzungen ein Sitzungsgeld. Ein stellvertretendes Ausschussmitglied, das nicht Ratsmitglied ist, erhält unabhängig vom Eintritt des Vertretungsfalles für die Teilnahme an Fraktionssitzungen ein Sitzungsgeld (§ 45 Abs. 5 Ziff. 3). Das für Kommunales zuständige Ministerium bestimmt durch Rechtsverordnung (Entschädigungsverordnung – EntschVO) die Höhe der monatlichen Aufwandsentschädigung sowie die Höhe der Sitzungsgelder, die Fahrkostenerstattung und den Ersatz von Auslagen neben der Aufwandsentschädigung. **Über die in der EntschVO genannten Leistungen hinaus dürfen keine Zahlungen an Rats- und Ausschussmitglieder erfolgen.** Die EntschVO greift nicht unzulässigerweise in die Selbstverwaltungsautonomie des Rates ein und ist auch hinsichtlich der Festlegung, dass nicht mehr als zwei Sitzungsgelder pro Tag gezahlt werden dürfen, zulässig. Die Anzahl der Fraktionssitzungen (hierzu gehören auch Sitzungen von Teilen der Fraktion), für die ein Sitzungsgeld zu zahlen ist, ist durch eine Regelung in der Hauptsatzung zu beschränken. Das Sitzungsgeld wird an das betreffende Ratsmitglied bei tatsächlicher Teilnahme gezahlt. Ist in der Hauptsatzung eine zahlenmäßige Begrenzung sitzungsgeldfähiger Fraktionssitzungen enthalten, kommt es für die Erstattung auf die Zahl der Sitzungen an, an denen das Ratsmitglied tatsächlich teilgenommen hat. Dies bedeutet, dass die Zahlung von Sitzungsgeld personenbezogen und nicht sitzungsbezogen zu sehen ist. Die Unterscheidung wird durch folgendes Beispiel deutlich. Die Hauptsatzung beschränkt die Zahl der Fraktionssitzungen auf 52 pro Jahr. Es haben 58 Fraktionssitzungen stattgefunden. Das Ratsmitglied hat an den Sitzungen 1 bis 46 und 53 bis 57 teilgenommen. Handelt es sich um eine sitzungsbezogene Abrechnung, so könnte das Ratsmitglied nur 46 Sitzungsgelder beanspruchen, da die Teilnahme an den Sitzungen 53 bis 57 aufgrund der Beschränkung nicht berücksichtigt werden kann. Bei der personenbezogenen Abrechnung erhält das Ratsmitglied 52 Sitzungen entschädigt. Lediglich die Teilnahme an der letzten Fraktionssitzung kann ihm nicht erstattet werden. Da die Aufwandsentschädigung den tatsächlich entstandenen Aufwand entschädigen soll, dürfte die personenbezogene Auslegung zutreffend sein.

Im Einzelnen sieht die EntschVO folgende Zahlungen vor:

Ratsmitglieder können eine monatliche Pauschale oder teilweise eine monatliche Pauschale und darüber hinaus ein Sitzungsgeld erhalten. § 1 Abs. 2 EntschVO legt dabei die Summen fest, die bei Ratsmitgliedern ausschließlich als monatliche Pauschale oder als gleichzeitige monatliche Pauschale und Sitzungsgeld gezahlt werden. Seit 1994 gibt es hier keinen kommunalen Entscheidungsspielraum mehr, sondern eine landeseinheitliche Festsetzung. Sachkundige Bürger und sachkundige Einwohner erhalten nach § 2 ein Sitzungsgeld, dessen Höhe ebenfalls festgesetzt ist. § 46 iVm § 3 EntschVO regelt die zusätzliche Aufwandsentschädigung für stellvertretende Bürgermeister, Fraktionsvorsitzende, stellvertretende Fraktionsvorsitzende, Bezirksvorsteher, Stellvertreter des Bezirksvorstehers, Fraktionsvorsitzende in Bezirksvertretungen, Ortsvorsteher sowie Ausschussvorsitzende mit Ausnahme des Wahlprüfungsausschusses. Die zusätzliche Aufwandsentschädigung für Ausschussvorsitzende ist zuletzt durch Artikel 5 des Gesetzes zur Änderung der Kommunalverfassung vom 11.04.2019 (GV.NRW. S. 202) geändert worden. Seitdem erhalten die Vorsitzenden der Ratsausschüsse mit Ausnahme des Wahlprüfungsausschusses eine durch die Entschädigungsverordnung festgesetzte Aufwandsentschädigung. Der Rat kann gemäß § 46 Abs. 2 weitere oder sämtliche Ausschüsse von der Gewährung einer zusätzlichen Aufwandsentschädigung für den Vorsitzenden ausnehmen. Er kann außerdem in der Hauptsatzung regeln, dass die Aufwandsentschädigung für einzelne oder sämtliche Ausschüsse als Sitzungsgeld gezahlt wird. Durch eine solche Regelung ist gewährleistet, dass der tatsächliche Mehraufwand der Ausschussvorsitzenden auch äquivalent abgebildet wird, da die Ausschüsse sehr unterschiedlich häufig tagen. Die genannten Aufwandsentschädigungen können nebeneinander bezogen werden, wenn sie auf mehreren Ämtern beruhen. Stellvertreter des Bürgermeisters, die gleichzeitig Fraktionsvorsitzende oder stellvertretende Fraktionsvorsitzende sind, erhalten nur eine Aufwandsentschädigung (§ 4 Abs. 2 EntschVO). Aufwandsentschädigungen in Form einer monatlichen Pauschale werden nicht mehr unabhängig von Beginn oder Ende der Tätigkeit jeweils für einen ganzen Kalendermonat gewährt. In § 4 Abs. 3 EntschVO ist eine anteilige Kürzung der Aufwandsentschädigung vorgesehen. Die für Sitzungsgelder festgesetzten Höchstsätze gelten für eine Sitzung. Wird eine Sitzungsdauer von insgesamt 6 Stunden überschritten, kann höchstens ein weiteres Sitzungsgeld gewährt werden. Bei mehreren Sitzungen an einem Tag dürfen nicht mehr als zwei Sitzungsgelder gewährt werden.

Weiterhin steht den Rats- und Ausschussmitgliedern sowie Ortsvorstehern ein Fahrkosten-, ein Reisekostenvergütungs- sowie ein Anspruch auf zusätzliche Unfallversicherung zu. Fahrkostenerstattung ist begrenzt auf die Fahrkosten, die durch Fahrten zum Sitzungsort und zurück entstehen, höchstens jedoch in Höhe der Kosten der Fahrten von der Wohnung zum Sitzungsort und zurück. Bei mehreren Wohnungen ist von der Hauptwohnung auszugehen. Für die Fahrkostenerstattung und die Reisekostenentschädigung gelten die Bestimmungen des Landesreisekostengesetzes (LRKG), soweit die Entschädigungsverordnung keine Sonderregelungen enthält. So ist bei Benutzung eines Kraftfahrzeuges eine Entschädigung von bis zu 30 Cent je Kilometer zulässig (§ 6 Abs. 1 LRKG i.V.m. § 5 Abs. 2 EntschVO), bei der Benutzung von Fahrrädern kommt eine Entschädigung in Höhe von 6 Cent je Kilometer in Betracht (§ 6 Abs. 3 LRKG i.V.m. § 5 Abs. 2 EntschVO). Reisekostenvergütung nach § 6 EntschVO kommt nur in Betracht, wenn es sich um eine genehmigte Dienstreise handelt, das Rats- oder Ausschussmitglied also aufgrund entsprechender Beschlüsse für die Gemeinde eine Dienstreise vornimmt. Schließlich kann für Mitglieder kommunaler Vertretungen und Ausschüsse sowie für Ortsvorsteher eine angemessene private Unfallversicherung abgeschlossen werden. Weitergehende Entschädigungszahlungen sind unzulässig.

Zur Aufwandsentschädigung bleibt festzuhalten, dass es den Rats- und Ausschussmitgliedern unbenommen ist, auf die Entschädigungszahlungen zu verzichten. Nicht möglich wird es aber sein, dass Rats- oder Ausschussmitglieder erklären, auf Teilbeträge mit der Maßgabe verzichten zu wollen, dass diese an Dritte z.B. als Spende weitergeleitet werden. Dies kann dann nur von den Rats- und Ausschussmitgliedern selbst gespendet werden. Hierfür sprechen nicht rechtliche Gründe. Vielmehr ist mit einer solchen Spendenpraxis ein nicht unerheblicher Verwaltungsaufwand verbunden, auf den kein Rechtsanspruch besteht. Freiwillige Serviceleistungen der Verwaltung sind bei Beachtung des Gleichbehandlungsgebots (Art. 3 GG) natürlich zulässig. Für die steuerliche Behandlung der an Rats- und Ausschussmitglieder gezahlten Entschädigung gilt der Runderlass des Finanzministers vom 08.11.2013 (S 2337-3-V B 3, sog. „Ratsherrenerlass").

8.1.5 Freistellungsanspruch

Ratsmitglieder, Mitglieder von Bezirksvertretungen und Ausschussmitglieder haben gem. § 44, soweit sie in einem abhängigen Dienst- oder Beschäftigungsverhältnis stehen, gegenüber ihrem Arbeitgeber oder Dienstherrn einen Anspruch auf Freistellung von der Arbeit in dem zur Ausübung ihrer Tätigkeit erforderlichen Umfang. Bei den im öffentlichen Dienst stehenden Mandatsträgern ist der Freistellungsanspruch überdies in den Statusgesetzen (z.B. für Landesbeamte § 72 Abs. 3 Landesbeamtengesetz NW) und über die Tarifverträge des öffentlichen Dienstes für Angestellte und Arbeiter konkretisiert. Für die im Dienst eines privaten Arbeitgebers stehenden Rats-, Bezirksvertretungs- und Ausschussmitgliedern ergibt sich der Freistellungsanspruch ausschließlich aus § 44 Abs. 2 Satz 1.

Durch Gesetz zur Stärkung des Ehrenamtes vom 13.09.2012 (GV. NRW 2012, S. 421ff.) wurden die Rahmenbedingungen für die Wahrnehmung des kommunalen Ehrenamtes verbessert. § 44 Abs. 2 wurde neugefasst. Das Merkmal der Erforderlichkeit wurde gestrichen und der Freistellungsanspruch auf flexible Arbeitszeiten ausgeweitet. Diese Änderung trägt der Verbesserung der Vereinbarkeit von beruflichen Arbeitsverpflichtungen mit der Mandatstätigkeit Rechnung.

Der Freistellungsanspruch besteht für die Zeit der Mandatsausübung. Für diese Zeit entfällt die Arbeitspflicht des Arbeitnehmers ebenso wie die Zahlungspflicht des Arbeitsgebers aus dem Arbeitsverhältnis. Zur Ausübung des Mandats gehören Tätigkeiten, die mit dem Mandat in unmittelbarem Zusammenhang stehen oder auf Veranlassung des Rates, der Bezirksvertretung oder eines Ausschusses erfolgen. Es wird klargestellt, dass auch bei einer Entsendung von Vertretern durch den Rat in Organe und Gremien von juristischen Personen und Vereinigungen des privaten oder öffentlichen Rechts im Sinne § 113 GO der entsandte Vertreter auf Veranlassung des Rates handelt und somit von der Arbeit freizustellen ist.

Im Falle eines flexiblen Arbeitszeitrahmens (Gleitzeit) begründet § 44 Abs. 2 Satz 4 erstmals einen Anspruch auf Freistellung über die eigentliche Kernarbeitszeit hinaus. Fällt die Mandatstätigkeit in den flexiblen Arbeitszeitrahmen des Mandatsträgers, so besteht ein Anspruch auf Freistellung für die Hälfte der versäumten Arbeitszeit. Die Anrechnung erfolgt im Wege einer Zeitgutschrift auf dem Arbeitszeitkonto. Der Freistellungsanspruch besteht für die Zeit der Kollision von Mandatstätigkeit und individuell zu bestimmender konkreter Arbeitsverpflichtung. (LT-Drs. 16/48 S. 30) Daraus folgt, dass er sich nicht automatisch auf den gesamten, dem Mandatsträger zur Verfügung stehenden flexiblen Arbeitszeitrahmen bezieht, sondern nur auf den Teil des Gleitzeitrahmens, den der Mandatsträger grundsätzlich nutzt. Macht der Mandatsträger den Freistellungsanspruch für Zeiten geltend, zu denen er normalerweise nicht arbeitet, so kann von ihm eine Begründung (z.B. Überstunden) dafür verlangt werden.

Für die Zeitgutschrift besteht ein Anspruch auf Verdienstausfallentschädigung (hierzu siehe Erläuterung 8.1.3).

Durch Gesetz zur Stärkung des Ehrenamtes vom 13.09.2013 (GV. NRW 2012, S. 421ff.) wurde in einem neu eingeführten Abs.3 für die Teilnahme an kommunalpolitischen Bildungsveranstaltungen ein Anspruch auf Urlaub an acht Arbeitstagen in jeder Wahlperiode geschaffen. Die Änderung trägt der zunehmenden Komplexität der zu entscheidenden Materien in den kommunalen Gremien Rechnung. Der Anspruch steht allen ehrenamtlichen Mitgliedern des Rates, der Ausschüsse und der Bezirksvertretungen zu und ist gegenüber dem Arbeitgeber geltend zu machen. Der Begriff der kommunalpolitischen Bildungsveranstaltung ist weit zu verstehen. Es geht um Veranstaltungen, die sich mit Inhalten befassen, die Gegenstand einer kommunalen Vertretungskörperschaft sein können. Bildungsveranstaltungen, die von Gemeinden, kommunalen Spitzenverbänden, kommunalpolitischen Vereinigungen oder anerkannten Einrichtungen nach den Bestimmungen des Weiterbildungsgesetzes durchgeführt werden, werden in aller Regel der Ausübung des Mandats förderlich sein. Aber auch andere Veranstalter kommen in Betracht (LT-Drs. 16/48, 32 f.). Der Arbeitgeber darf den Urlaub nur ablehnen, wenn zwingende betriebliche Belange oder Urlaubsanträge anderer Beschäftigter entgegenstehen. Für den öffentlichen Dienst gelten § 72 LBG bzw. § 29 TVöD.

Für die Zeit des kommunalpolitischen Bildungsurlaubs besteht grundsätzlich kein Lohn- und Gehaltsfortzahlungsanspruch gegenüber dem Arbeitgeber. Die Erstattung von Verdienstausfall und Kinderbetreuungskosten erfolgt gemäß § 44 Abs. 3 Satz 3 nach Maßgabe des § 45 Abs. 1 bis 3 durch die Kommune. Die Kosten der Bildungsveranstaltung selbst sind hingegen nicht von der Gemeinde zu tragen

Der Arbeitgeber/Dienstvorgesetzte eines kommunalen Mandatsträgers entscheidet über die Gewährung der Freistellung. Ist ihm die Berechtigung der Freistellung nicht ohne weiteres ersichtlich, kann er vom Mandatsträger verlangen, dass die Erforderlichkeit der Freistellung schlüssig dargelegt und ggf. bewiesen wird (Nachweis, z.B. mit Bescheinigungen und Ratsbeschlüssen). Er sollte von einem solchen Verlangen jedoch zurückhaltend Gebrauch machen. Anlass für das Verlangen eines Nachweises kann der Verdacht einer missbräuchlichen Inanspruchnahme des Rechts durch den Mandatsträger oder die Angabe eines außergewöhnlichen Grundes für die Inanspruchnahme von freier Zeit sein.

Eine Begrenzung der Freistellung/Urlaubsgewährung im Sinne der Festlegung einer **zeitlichen Obergrenze** für den Fall, dass die ehrenamtlich ausgeübte Tätigkeit als Mitglied einer kommunalen Vertretung ein bestimmtes Ausmaß überschreitet, enthält der Begriff „erforderlich" nicht. Es ist jedoch stets zu beachten, dass die Mandatstätigkeit ehrenamtlich ist und nicht dazu führen darf, dass für den regulären Beruf keine Zeit mehr verbleibt.

8.2 Pflichten der Ratsmitglieder

Den Rechten der Ratsmitglieder stehen verschiedene Pflichten gegenüber. Im Wesentlichen sollen im Folgenden die Ungebundenheit des Mandates, die Treuepflicht, das Verschwiegenheitsgebot, die Haftung der Ratsmitglieder im Rahmen des § 43 Abs. 4 sowie das Mitwirkungsverbot erläutert werden:

8.2.1 Freies Mandat

Ratsmitglieder sind gem. § 43 Abs. 1 bei ihrer Tätigkeit an Aufträge nicht gebunden und verpflichtet, ausschließlich nach dem Gesetz und ihrer freien, nur durch Rücksicht auf das öffentliche Wohl bestimmten Überzeugung zu handeln. Damit wird auch im kommunalen Bereich der **Grundsatz** des freien Mandats festgeschrieben. Den hieraus abgeleiteten und oben erläuterten Rechten, in der Mandatsausübung nicht gehindert zu werden, folgt umgekehrt die Pflicht, sich nicht an Aufträge und Weisungen von dritter Seite gebunden zu fühlen. Dies gilt unabhängig davon, wer die Aufträge und Weisungen erteilen will. Wirtschaftliche Vereinigungen fallen hier ebenso darunter wie Interessengruppen oder Parteien. Selbst ein Fraktionszwang ist unzulässig. Die Unzulässigkeit des Fraktionszwanges bedeutet wiederum nicht, dass jegliche Abstimmungen in den Fraktionen zur einheitlichen Beschlussfassung unzulässig wären. Die Fraktionen haben gerade die Aufgabe, verschiedene Meinungen zusammenzuführen, um so die Arbeit des Rates zu erleichtern. Dies darf jedoch nicht zu einer Selbstbindung der Fraktionsmitglieder etwa durch die Androhung von Fraktionsausschluss bei jedem abweichenden Verhalten führen. Grundorientierung eines jeden Fraktionsmitgliedes hat auch vorrangig das Gemeinwohl zu sein. Das aus dem Parlamentarismus abgeleitete freie Mandat der Ratsmitglieder hat allerdings nicht deren Immunität und Indemnität zur Folge.

8.2.2 Treuepflicht

Nach § 43 Abs. 2 gilt § 32 für Ratsmitglieder entsprechend. Danach haben Ratsmitglieder eine besondere Treuepflicht gegenüber der Gemeinde. Sie dürfen Ansprüche anderer gegen die Gemeinde nicht geltend machen, es sei denn, dass sie als gesetzliche Vertreter handeln.

Der § 32 beinhaltet die generelle Verpflichtung der Ratsmitglieder, alles zu unterlassen bzw. nichts zu tun, was der Gemeinde schaden könnte. Hiernach ist nicht nur alles zu unterlassen, was der Gemeinde z.B. finanziellen Schaden zufügen könnte, sondern auch das Ansehen der Gemeinde darf nicht ungerechtfertigter Weise in Misskredit gebracht werden. Hierunter fallen z.B. Leserbriefe in Zeitungen, in denen der Stadt unterstellt wird, den Bürgern „das Fell über die Ohren zu ziehen“. Die Treuepflicht bedeutet aber nicht, dass ein Ratsmitglied gehindert ist, sich generell gegen einen gefassten und ggf. bereits durchgeführten Ratsbeschluss zu wenden. Ratsmitglieder sind nicht verpflichtet, einmal gefasste Beschlüsse, – gegen die sie sich u.U. sogar von Anfang an gewandt haben –nach außen hin auch zu vertreten. Eine sachliche Kritik bleibt unbenommen. § 32 beinhaltet keine Pflicht zur unkritischen Anpassung an Mehrheitsentscheidungen. Das Verhalten der Mandatsträger darf aber nicht dazu führen, dass die Beschlüsse unterlaufen bzw. in der Öffentlichkeit ungerechtfertigt in Misskredit gebracht werden. Ein Verstoß gegen das Treuegebot liegt auch dann vor, wenn ein Ratsmitglied das Wissen über Ratsbeschlüsse zum eigenen Vorteil ausnutzt, z.B. Grundstücke aufkauft, die anschließend von der Stadt ersteigert werden sollen, um daraus Kapital zu schlagen. Anzumerken bleibt allerdings, dass ein Verstoß gegen diese allgemeine Treuepflicht nach § 32 Abs. 1 sanktionslos bleibt, insbesondere der Rat gehindert ist, z.B. im letzteren Fall Schadensersatzanforderungen aus § 32 ableiten zu können. Auch ein Ordnungsgeld kann nicht verhängt werden (allerdings könnte eine Verletzung der Verschwiegenheitspflicht vorliegen). Der Rat ist nicht gehindert, einen Verstoß gegen das Vertretungsverbot förmlich festzustellen; formelle Ordnungsmittel, z.B. eine förmliche Rüge, sind dem Rat mangels Rechtsgrundlage versagt. Zivilrechtliche Schadensersatzansprüche bleiben unberührt.

Die allgemeine Treuepflicht nach § 32 Abs. 1 konkretisiert sich in dem in Satz 2 normierten Vertretungsverbot. So dürfen Ratsmitglieder Ansprüche anderer gegen die Gemeinde nicht geltend machen, es sei denn, dass sie als gesetzliche Vertreter handeln. Gesetzliche Vertreter sind z.B. Eltern, Vormund, Testamentsvollstrecker, aber auch als gesetzliche Vertreter vorgesehene Organe einer juristischen Person. Das Gesetz will verhindern, dass Ratsmitglieder in einen Interessenwiderstreit geraten, persönliche Interessen in den Vordergrund treten und so das Gemeinwohl gefährdet würde. Welche Aufgabe der Gemeinde von diesen Ansprüchen betroffen wird, ist unerheblich, so dass das Treuegebot sowohl bei Selbstverwaltungsaufgaben als auch bei Pflichtaufgaben zur Erfüllung nach Weisung oder Auftragsangelegenheiten gilt. Unter „Ansprüche" fällt die Geltendmachung von öffentlichen oder privaten Rechten Dritter. Folgende Möglichkeiten kommen in Betracht: Gestaltungsrechte (z.B. Kündigungen, Einreden), Gestaltungsklagen (z.B. Anfechtungsklage), Feststellungsklagen, Normenkontrollverfahren, Einwendungen in den förmlichen Verfahren (z.B. Planfeststellungen), Privatklageverfahren, Disziplinarverfahren. Keine Ansprüche werden in Bußgeldangelegenheiten oder in Strafverfahren geltend gemacht; hier fehlt es regelmäßig am typischen Interessenwiderstreit, so dass hier das Treuegebot nicht gilt (Schoch, Das kommunale Vertretungsverbot, S. 163 f.) Nicht nur die Prozessführung, sondern die Rechtsvertretung insgesamt, wird von § 32 Abs. 1 umfasst, so dass z.B. ein Architekt als Ratsmitglied gehindert ist, den Bauantrag für einen Bauherrn zu stellen. **Da nur die Ansprüche anderer nicht geltend gemacht dürfen, darf ein Ratsmitglied jederzeit eigene Belange geltend machen.** In diesem Rahmen ist auch die Vertretung einer Bürgerinitiative zulässig, nämlich dann, wenn die Ansprüche der Bürgerinitiative gleichgerichtet mit denen des Ratsmitgliedes sind. Unter das Vertretungsverbot fallen vor allem Rechtsanwälte, die gleichzeitig kommunale Mandatsträger sind. Sie dürfen Ansprüche ihrer Mandanten gegen die Gemeinde nicht geltend machen. Weiterhin sind von der Vorschrift auch Steuerberater, Steuerbevollmächtigte, Architekten, Grundstücksverwalter, Bauunternehmer etc. betroffen. Nicht erfasst sind die Sozien der Mandatsträger, etwa in Anwaltssozietäten, Rechtsanwaltsbürogemeinschaften etc. Weder der Wortlaut noch Sinn und Zweck des § 32 Abs. 1 geben Anhaltspunkte dafür her, dass auch Personen, die kein kommunales Amt bekleiden, in einem besonderen Treueverhältnis zur Gemeinde stehen und damit dem kommunalrechtlichen Vertretungsverbot unterliegen könnten. Dies gilt auch dann, wenn ein anderer Rechtsanwalt die Ansprüche geltend macht. Die Anwendung des § 31 (Befangenheit) ist in diesen Fällen aber verschärft zu prüfen. Die Abgrenzung, wann Rechtsansprüche geltend gemacht werden, ist dabei nicht immer einfach. Wenn z.B. ein Ratsmitglied sich an den Bürgermeister in einer bestimmten Angelegenheit im Namen des Bürgers wendet und den

Bürgermeister bittet, eine gegen den Bürger getroffene Entscheidung zu überprüfen, so dürfte allein hierin noch kein Geltend machen von Rechtsansprüchen zu sehen sein. Vielmehr dürfte sich hierin die Aufgabenwahrnehmung eines kommunalen Mandatsträgers konkretisieren. Es gehört zu den Handlungsspielräumen kommunaler Mandatsträger, Anliegen gegenüber der Kommunalverwaltung aufzugreifen. Dies schließt ein, sich nach dem Stand der Behandlung einer Angelegenheit zu erkundigen, aber auch für abgeschlossene Fälle eine Überprüfung im Sinne der Bürgerinnen und Bürger anzustreben. Allgemein wird man festhalten können, dass unter die Vorschrift alle diejenigen Mandatsträger fallen, die sich für einen Einzelfall nicht aus Allgemeinwohlverpflichtung engagieren, sondern aus eigenen wirtschaftlichen Interessen tätig werden. Für ein Vertretungsverbot nach § 32 ist es nicht allein ausreichend, dass eine Nachfrage objektiv im Interesse eines oder mehrerer Betroffener liegt, sondern es müssen Anhaltspunkte dafür vorliegen, dass es dem Mandatsträger um die Durchsetzung einer Rechtsposition im ausschließlichen persönlichen Interesse eines Dritten geht, nicht aber um seine Vorstellungen von einem ordnungsgemäßen Verwaltungsvollzug. Lässt sich eine eindeutige Zuordnung nicht finden, verdient die freie Mandatsausübung im Zweifelsfall den Vorrang vor der Durchsetzung des Vertretungsverbotes. Es steht mit § 32 nicht in Einklang, wenn das Ratsmitglied seine „politische Stellung" dazu nutzt, den betreffenden Sachbearbeiter in der Verwaltung zu einer bestimmten Entscheidung für den Bürger zu drängen. Das Ratsmitglied ist auf den Dienstweg über den Bürgermeister angewiesen. Ein Zugriffsrecht auf Mitarbeiter der Verwaltung steht ihm nicht zu. Dabei ist selbstverständlich, dass dem Recht, in bestimmten Angelegenheiten bei der Verwaltung vorstellig zu werden, nicht in jedem Falle ein kommunalverfassungsrechtlicher Anspruch auf Erledigung des Ersuchens gegenübersteht. So kann die Verwaltung jederzeit ein Anliegen des Ratsmitgliedes abschlägig bescheiden bzw. ein Wiederaufgreifen des Falles von vornherein ablehnen.

8.2.3 Verschwiegenheitspflicht

Im Rahmen der Ratstätigkeit erhalten die Mandatsträger Kenntnisse über personenbezogene Daten bzw. über Angelegenheiten, die für die Gemeinde oder Dritte von erheblicher finanzieller Bedeutung oder von sonstigem wirtschaftlichen (Geschäftsgeheimnisse) Interesse sind. Um dem Schutzgedanken dieser Rechtsgüter Rechnung zu tragen, obliegt den Ratsmitgliedern die Verschwiegenheitspflicht gem. § 43 Abs. 2 i.V.m. § 30. Die Ratsmitglieder haben, auch nach Beendigung ihrer Tätigkeit, über die ihnen während der Ratstätigkeit bekannt gewordenen Angelegenheiten, deren Geheimhaltung der Natur nach erforderlich, besonders vorgeschrieben oder vom Rat beschlossen ist, Verschwiegenheit zu wahren. Sie dürfen die Kenntnis vertraulicher Angelegenheiten nicht unbefugt verwerten. Für Ausschussmitglieder gilt dies entsprechend. Diese Vorschrift ist notwendiger Schutz z.B. des informationellen Selbstbestimmungsrechtes von Bürgerinnen und Bürgern bei personenbezogenen Sachentscheidungen des Rates. In der Praxis sollte auf die Einhaltung der Verschwiegenheit besonderes Gewicht gelegt werden. Andererseits dürfen selbstverständlich auch nur die Angelegenheiten in nichtöffentlicher Sitzung beraten werden, für die tatsächlich ein Bedürfnis hierzu besteht.

Nach § 30 Abs. 1 besteht für Rats- und Ausschussmitglieder **die Pflicht zur Verschwiegenheit für Angelegenheiten, deren Geheimhaltung ihrer Natur nach erforderlich, besonders vorgeschrieben oder vom Rat beschlossen worden ist.** Ihrer Natur nach geheim sind Angelegenheiten, deren Mitteilung an andere dem Gemeinwohl oder dem Wohl der Gemeinde oder dem berechtigten Interesse einzelner Personen zuwiderlaufen würde. Dies gilt beispielsweise für Personalangelegenheiten, sowie die Erörterung von Planungsabsichten. Berechtigte Interessen einzelner sind sicherlich auch dann berührt, wenn ein geschäftsinterner Vorgang des Unternehmens Gegenstand von Vorlagen oder Beratungen ist. Das berechtigte Interesse ist grundsätzlich auch immer berührt, wenn das informationelle Selbstbestimmungsrecht einer natürlichen Person betroffen ist, also Datenschutzgründe die Verschwiegenheit fordern. In diesen Fällen greift zusätzlich § 3DSG NRW; die Geheimhaltung ist in diesen Fällen darüber hinaus besonders vorgeschrieben. Vorgeschrieben sind Fälle der Geheimhaltung in § 6 MG NRW (Meldegeheimnis), § 30 AO (Steuergeheimnis), §§ 67 ff. SGB X (Sozialgeheimnis), alle Angelegenheiten, die der Geheimhaltung nach § 6 bedürfen etc. Schließlich sind alle vom Rat beschlossenen Angelegenheiten geheim zu halten. Als „Angelegenheiten, deren Geheimhaltung vom Rat beschlossen worden ist“, gelten nicht nur die Angelegenheiten, für die es einen konkreten Ratsbeschluss gibt, sondern auch diejenigen Angelegenheiten, die ohne ausdrücklichen Ratsbeschluss in nichtöffentlicher Sitzung beraten werden. Entsprechendes gilt für Angelegenheiten, die in einer nichtöffentlichen Ausschusssitzung beraten werden. Die Verschwiegenheit gilt dabei auch für Tagesordnungspunkte, die nicht ordnungsgemäß in den nichtöffentlichen Teil der Sitzung aufgenommen worden sind. Der Formfehler ändert nichts daran, dass tatsächlich eine nichtöffentliche Sitzung durchgeführt worden ist. Der Formverstoß kann deshalb nicht dazu führen, dass die Sitzung in eine öffentliche oder gar in eine Nichtsitzung umgedeutet wird und damit der Schutzgedanke des § 30 Abs. 1 entfällt. Soweit rechtswidriger- weise Angelegenheiten in nichtöffentlicher Sitzung behandelt werden, haben die Ratsmitglieder die Möglichkeit, auf dem Rechtswege die Öffentlichkeit in der Angelegenheit herstellen zu lassen. Die Regelungen der Geschäftsordnung des Rates über diejenigen Gegenstände, die in nichtöffentlicher Sitzung zu behandeln sind, ist wie ein konkreter Ratsbeschluss über die Nichtöffentlichkeit zu verstehen, so dass die Beratung dieser Angelegenheiten in nichtöffentlicher Sitzung ebenfalls unter das Verschwiegenheitsgebot fallen. Die Regeln der Verschwiegenheit korrespondieren insofern mit dem Grundsatz der Sitzungsöffentlichkeit bzw. dem Ausschluss der Öffentlichkeit aus besonderen Gründen. Auf die Ausführungen hierzu wird verwiesen. Das Verschwiegenheitsgebot gilt unabhängig davon, wie die Rats- und Ausschussmitglieder zu den Informationen gelangt sind. Für die Ratsmitglieder bedeutet dies, dass es unerheblich ist, in welcher Weise sie von Angelegenheiten unterrichtet worden sind, die unter die Verschwiegenheit nach § 30 Abs. 1 fallen. Die Verschwiegenheit ist auf jeden Fall zu wahren. Das Beratungsgeheimnis des Rates gilt somit auch für Ausschussmitglieder, die nicht dem Rat angehören aber Kenntnis von Geheimhaltungsangelegenheiten erhalten haben. Die Verschwiegenheit gilt nicht gegenüber Personen, die ebenfalls in befugter Weise Zugang zu den Informationen haben dürfen. Die Verschwiegenheitspflicht gilt demnach nicht gegenüber den zur Verschwiegenheit verpflichteten Rats- und Ausschussmitgliedern. Vorsicht ist in Fraktionssitzungen geboten. Vertrauliche Angelegenheiten dürfen dort nicht beraten werden, wenn Personen anwesend sind, die nicht zur Verschwiegenheit verpflichtet (worden) sind, also nicht befugterweise Zugang zu den vertraulichen Informationen haben (z.B. Parteimitglieder).

Der Geheimhaltungsverpflichtung unterliegen lediglich solche Angelegenheiten nicht, die entweder offenkundig sind oder ihrer Bedeutung nach keiner Geheimhaltung bedürfen. Die Pflicht zur Verschwiegenheit soll nach der Rechtsprechung dann nicht mehr bestehen, wenn über den geheim zu haltenden Ratsbeschluss eine am Ort erscheinende verlässliche Tageszeitung berichtet hat. Das Kriterium „verlässliche Tageszeitung“ ist für die Praxis nicht brauchbar. Vor Ort kann nicht entschieden werden, welche Zeitung diese Kriterien erfüllen soll, unabhängig davon, wie dieses Kriterium überhaupt zu definieren ist. Vielmehr muss auf die Art der Darstellung in der Tageszeitung eingegangen werden. Nicht ausreichend für die Aufhebung der Verschwiegenheitspflicht sind in der Zeitung geäußerte Vermutungen oder Spekulationen. Anderenfalls könnten durch gezielte Fragestellungen das Verschwiegenheitsgebot unterlaufen werden. Im Übrigen sind Tatsachen offenkundig, die jedermann kennt oder doch kennen kann. Letzteres ist in den Fällen gegeben, in denen die angeblich zur Geheimhaltung führenden Tatsachen aus allgemein zugänglichen Quellen entnommen werden können. Über die Offenbarungstatbestände hinaus haben Ratsmitglieder kein Recht, etwa aus übergeordneten Gesichtspunkten heraus eine Offenbarungspflicht für sich zu reklamieren. Dies gilt auch dann nicht, wenn die Ratsmitglieder die Ratsbeschlüsse für rechtswidrig halten. Die Vorschriften der Gemeindeordnung geben dem einzelnen Ratsmitglied kein Recht, eigenständig darüber zu befinden, ob ein Ratsbeschluss rechtswidrig ist oder nicht. Die Befugnis, Ratsbeschlüsse als rechtswidrig zu beanstanden, ist allein dem Bürgermeister bzw. der Kommunalaufsicht oder den Gerichten vorbehalten. Außer der Offenkundigkeit kann ein kommunaler Mandatsträger eine mögliche Bekanntgabe von Daten auch nicht damit begründen, dass die Geheimhaltungsbedürftigkeit entfallen sei. Es ist nicht Aufgabe des einzelnen Ratsmitgliedes darüber zu entscheiden, ob die Geheimhaltungsbedürftigkeit noch fortbesteht. Er kann lediglich die Offenkundigkeit der Daten zum Anlass nehmen, das Verschwiegenheitsgebot nicht mehr zu beachten. Aufgrund einer möglichen Beanstandungspflicht des Bürgermeisters oder der Kommunalaufsicht können Ratsmitglieder die Veröffentlichung geheim zu haltender Angelegenheiten auch nicht damit begründen, sich in einem rechtfertigenden Notstand oder einem entschuldigenden Notstand befunden zu haben, da es unzumutbar sei, zur Vermeidung eines rechtswidrigen Gemeinderatsbeschlusses die hierfür von der Gemeindeordnung vorgesehenen Schritte zu unternehmen. In diesen Fällen haben sich die Ratsmitglieder an die Kommunalaufsicht zu wenden und auf die Dringlichkeit der Angelegenheit hinzuweisen. Soweit es um rechtswidrige nichtöffentliche Sitzungen geht, können sich die Ratsmitglieder darüber hinaus an die Verwaltungsgerichte wenden. Die Veröffentlichung objektiv geheimhaltungsbedürftiger Angelegenheiten kann auch nicht mit Art. 5 Abs. 1 GG begründet werden. Selbst wenn Ratsmitglieder sich auf das Grundrecht auf freie Meinungsäußerung berufen können, so ist die Regelung in § 30 ein allgemeines Gesetz i.S.d. Art. 5 Abs. 2 GG. In diesen Fällen hat das Recht zur Meinungsäußerung zurückzutreten, wenn schutzwürdige Interessen eines anderen von höherem Recht durch die Betätigung der Meinungsfreiheit verletzt würden. In den Fällen des § 30 Abs. 1 ist von einem solchen Vorrang auszugehen, unabhängig von der Tatsache, dass es zweifelhaft ist, inwieweit Ratsmitglieder sich auf Art. 5 Abs. 1 GG berufen können.

Als zusätzlichen Tatbestand regelt § 30 Abs. 1 Satz 3 ein **Verwertungsverbot.** Informationen, die vertraulich behandelt werden müssen, dürfen nicht unbefugt verwertet werden. Diese Bestimmung wird insbesondere bei Grundstücksangelegenheiten bedeutsam, da Ratsmitglieder zum Teil sehr früh über Planungsabsichten Kenntnis erlangen und aus diesem Grund an Grundstücksspekulationen teilnehmen könnten. In diesen Fällen läge eine unbefugte Verwertung vertraulich zu behandelnder Angelegenheiten vor. Ratsmitglieder dürfen aus vertraulich zu behandelnden Angelegenheiten keine geschäftlichen oder persönlichen Vorteile ziehen.

Weiterhin folgt aus der Verschwiegenheitspflicht ein **Aussageverbot** gegenüber Justizbehörden und Gerichten. Ausnahmen sind nur aufgrund einer Aussagegenehmigung möglich, die gegenüber Ratsmitgliedern der Rat, gegenüber Ausschussmitgliedern der Ausschuss erteilt. Ist der Betroffene als Zeuge zur Aussage aufgerufen, so darf die Genehmigung nur versagt werden, wenn die Aussage dem Wohle des Bundes oder eines Landes Nachteile bereiten oder die Erfüllung öffentlicher Aufgaben ernstlich gefährden oder erheblich erschweren würde. Die genannten Versagungsgründe sind unbestimmte Rechtsbegriffe und unterliegen der vollen gerichtlichen Nachprüfbarkeit. Öffentliche Aufgaben i.S.d. § 30 Abs. 3 sind auch gemeindliche Aufgabenerfüllungen. Die Genehmigung, nach § 30 Abs. 3 als Zeuge auszusagen, kann auch versagt werden, wenn die Aussage dem Wohl der Gemeinde Nachteile bereiten würde.

Nach § 30 Abs. 6 kann die Verletzung der Verschwiegenheitspflicht entsprechend § 29 Abs. 3 **sanktioniert** werden. Ein förmliches Rügerecht des Rates besteht indes nicht. Jegliche Konsequenz aus dem Verstoß gegen die Verschwiegenheitspflicht setzt aber voraus, dass dem betreffenden Rats- oder Ausschussmitglied die Verletzung der Verschwiegenheitspflicht im Einzelnen konkret nachgewiesen wird. Eine Verletzung der Verschwiegenheitspflicht kann ausgehend von § 30 Abs. 6 folgende Konsequenzen nach sich ziehen: Dem Rat selbst steht gegenüber dem betreffenden Ratsmitglied ein Ordnungsmittel gem. § 29 Abs. 3 zur Verfügung. Danach kann der Rat den Verstoß mit Ordnungsgeld bis zu 250,– ahnden. Für jeden Wiederholungsfall können bis zu 500,– festgesetzt werden. Ob im Einzelfall diese Ordnungsmaßnahme ergriffen wird, steht grundsätzlich im Ermessen des Rates, d.h., eine Pflicht zur Ahndung begründet das Gesetz nicht. Die Festsetzung erfolgt durch Verwaltungsakt, gegen den der Betroffene Rechtsmittel einlegen kann. Eine Bindung des Rates liegt jedoch insoweit vor, als gem. § 30 Abs. 6 S. 2 zunächst der Ausgang eines Strafverfahrens abzuwarten ist. Bei Verurteilung oder Freispruch ist daneben die Festsetzung eines Ordnungsgeldes unzulässig. Daraus folgt, dass im Einzelfall die Pflichtverletzung strafrechtlich zu würdigen ist. Ratsmitglieder sind grundsätzlich nicht als Amtsträger im Sinne des Strafrechts anzusehen. Nur wenn der Mandatsträger mit konkreten Verwaltungsfunktionen betraut ist (z.B. Entsendung in den Aufsichtsrat eines Versorgungsunternehmens), kommt eine Amtsträgerstellung und damit eine Strafbarkeit nach den §§ 331 StGB in Betracht (BGH NJW 2006, S. 2050ff).

§ 30 Abs. 6 lässt ausdrücklich nur die nachträgliche Sanktionierung von Verstößen gegen die Verschwiegenheitspflicht zu. Präventive Maßnahmen zur Verhinderung der Verstöße gegen die Verschwiegenheitspflicht kennt die Gemeindeordnung nicht. Von daher können Ratsmitglieder unter Hinweis auf mögliche Verstöße gegen das Verschwiegenheitsgebot nicht Informationen vorenthalten werden, da die Ratsmitglieder nach der Gemeindeordnung im Gegenteil einen Anspruch auf diese Informationen haben.

In **haftungsrechtlicher Hinsicht** ist ein Verstoß gegen das Verschwiegenheitsgebot unter Berücksichtigung des § 43 Abs. 4 zu bewerten. Voraussetzung ist ein Vermögensschaden auf Seiten der Gemeinde. Hierfür muss ein Ratsbeschluss ursächlich gewesen sein, an dem das betreffende Ratsmitglied mitgewirkt hat. Aus diesem Grund wird eine Haftung nach § 43 Abs. 4 regelmäßig ausscheiden, denn ein etwaiger Schaden ist in der Regel nicht durch einen Ratsbeschluss verursacht worden. Es verbleiben Schadensersatzansprüche zivilrechtlicher Art. Hinsichtlich des Verfahrens trifft die Gemeindeordnung keine Zuständigkeitsregelung. Es wird aber anzunehmen sein, dass die Geltendmachung eines Schadensersatzspruches nur aufgrund eines entsprechenden Ratsbeschlusses erfolgen kann. Es ist noch einmal darauf hinzuweisen, dass es sich allenfalls um Schadensersatzansprüche zivilrechtlicher Art handelt.

8.2.4 Haftung der Ratsmitglieder

Trotz der Beanstandungspflicht bzw. dem Widerspruchsrecht des Bürgermeisters können durch Beschlüsse des Rates Haftungsfolgen der Gemeinde eintreten. So haftet die Gemeinde im Außenverhältnis, d.h. gegenüber Dritten, z.B. durch § 839 BGB i.V.m. Art. 34 GG (Amtshaftung). **Von der Rechtsprechung werden die Ratsmitglieder als Amtsträger im haftungsrechtlichen Sinne betrachtet.** So haftet die Gemeinde z.B. für ein rechtswidrigerweise versagtes Einvernehmen durch den Gemeinderat oder dann, wenn die Amtsträger einer Gemeinde ihre Amtspflicht bei der Aufstellung von Bebauungsplänen verletzen, Gesundheitsgefährdungen zu verhindern, die dem zukünftigen Bewohnen des Plangebietes aus dessen Bodenbeschaffenheit drohen (Altlastenfälle). § 43 Abs. 4 regelt die Fallgruppen, in denen bei der Haftung der Gemeinde gegenüber Dritten die Ratsmitglieder im Innenverhältnis in Regress genommen werden können. Voraussetzung für die Haftbarmachung eines Ratsmitglieds ist, dass die Gemeinde infolge eines Ratsbeschlusses, an dem das betreffende Ratsmitglied mitgewirkt hat, einen Schaden erlitten hat. **Voraussetzung für die Innenhaftung ist zwingend ein Ratsbeschluss, der verursachend für den Schaden gewesen sein muss. Im übrigen unterscheidet das Gesetz folgende drei Komplexe.**

Nach Abs. 4 Buchst. a tritt eine Haftung der Ratsmitglieder dann ein, wenn sie in vorsätzlicher oder grob fahrlässiger Verletzung ihrer Pflicht zuwider gehandelt haben. Vorsatz ist gegeben, wenn das Ratsmitglied die Schädlichkeit des Beschlusses kennt und die Schädigung auch will; es reicht aus, wenn es die Schadensfolge billigend in Kauf nimmt. Grobe Fahrlässigkeit ist gegeben, wenn das Ratsmitglied die nach § 276 Abs. 1 BGB im Verkehr übliche Sorgfalt bei der Beschlussfassung grob verletzt hat, das Ratsmitglied die im Verkehr üblicherweise erforderliche Sorgfalt also in besonderem schweren Maße außer acht lässt. Haftbar gemacht werden können nur die Ratsmitglieder, die nachweisbar an dem Beschluss mitgewirkt haben, also z.B. für eine bestimmte Angelegenheit gestimmt haben. Der Nachweis kann leicht geführt werden, wenn es sich um einen einstimmigen Beschluss ohne Enthaltungen handelt. Nicht haftbar sind diejenigen Ratsmitglieder, die gegen den schadensverursachenden Beschluss gestimmt oder sich der Stimme enthalten haben. Bei geheimen Abstimmungen, in der nur eine Gegenstimme abgegeben wird, dürfte die Haftung nach Abs. 4 Buchst. a damit ausgeschlossen sein, da in diesem Fall nicht nachweisbar ist, welche Ratsmitglieder für den schädigenden Beschluss gestimmt haben. Hinsichtlich der erforderlichen Sorgfalt der Ratsmitglieder hat die Rechtsprechung in ständiger Spruchpraxis nicht auf laienhafte Kenntnisse, sondern den pflichtgetreuen Durchschnittsbeamten abgestellt, den bei fehlender eigener Sachkenntnis Erkundigungspflichten treffen.

Buchstabe b des Abs. 4 lässt die Haftung in dem Fall eintreten, in dem das Ratsmitglied an dem schadensbegründenden Beschluss mitgewirkt hat, obwohl es nach dem Gesetz wegen Befangenheit (Mitwirkungsverbot) ausgeschlossen und der Ausschlussgrund bekannt war. **Die Kenntnis des persönlichen Ausschließungsgrundes ist damit Tatbestandsvoraussetzung.** Fahrlässige oder grob fahrlässige Unkenntnis führt nicht zur Haftung.

Absatz 4 Buchst. c begründet die Haftung in den Fällen, in denen das Ratsmitglied der Bewilligung von Ausgaben zugestimmt hat, für die das Gesetz oder die Haushaltssatzung eine Ermächtigung nicht vorsieht, wenn nicht gleichzeitig die erforderlichen Deckungsmittel bereitgestellt werden. In diesem Zusammenhang kann auf die §§ 77 ff. verwiesen werden.

Liegen die Tatbestandsvoraussetzungen vor, so haften die Ratsmitglieder als Gesamtschuldner. Die Geltendmachung eines Haftungsanspruches kann nur aufgrund eines entsprechenden Ratsbeschlusses erfolgen. Der Bürgermeister ist allerdings berechtigt und verpflichtet, einen ablehnenden Beschluss zu beanstanden, soweit die Tatbestandsvoraussetzungen gegeben sind. Ebenfalls ist in diesen Fällen ein Einschreiten der Kommunalaufsicht denkbar.

Weitere, insbesondere persönliche zivilrechtliche Schadensersatzansprüche gegen die Ratsmitglieder bleiben von der Vorschrift des § 43 Abs. 4 unberührt.

8.2.5 Mitwirkungsverbot

§§ 31 i.V.m 43 Abs. 2 regelt das Mitwirkungsverbot der Rats- und Ausschussmitglieder. In § 31 findet sich der allgemeine Rechtsgrundsatz, dass niemand in Angelegenheiten tätig werden soll, in denen das öffentliche Interesse an einer Entscheidung mit einem möglicherweise übergeordneten privaten Interesse kollidieren kann. Der in § 31 Abs. 1 niedergelegte Grundsatz der Unbefangenheit hat zum Ziel, die Erfüllung der Pflicht kommunaler Rats- und Ausschussmitglieder zu gewährleisten, in ihrer Tätigkeit ausschließlich nach dem Gesetz und ihrer freien, nur durch Rücksicht auf das öffentliche Wohl bestimmten Überzeugung zu handeln. Somit sollen die auf einem Ausgleich der Individual- und Gemeininteressen beruhenden Rats- und Ausschussentscheidungen von individuellen Sonderinteressen der Rats- bzw. Ausschussmitglieder freigehalten werden. Auf diese Weise soll das Vertrauen in eine unvoreingenommene öffentliche Verwaltung gestärkt werden. § 31 ist eine der zentralen Vorschriften der Gemeindeordnung, zu der zahlreiche Rechtsprechung existiert. Die gesamte Problematik kann hier nicht vertieft werden. Es werden jedoch einige Beispiele gegeben, an denen eine Orientierung erfolgen kann.

Grundsätzlich gilt das Mitwirkungsverbot für Ratsmitglieder bei eigener Interessenkollision. Darüber hinaus kann es auch vorliegen bei Sonderinteressen der verwandtschaftlichen oder gesetzlich begründeten Umgebung, sowie für gewisse in Abs. 2 aufgezählte Tätigkeitsbereiche.

Nach dem Grundtatbestand dürfen Rats- und Ausschussmitglieder weder beratend noch entscheidend mitwirken, wenn die Entscheidung einer Angelegenheit ihnen selbst einen **unmittelbaren Vor- oder Nachteil** bringen kann. Ein unmittelbarer Vor- oder Nachteil ist dann gegeben, wenn ein Rats- oder Ausschussmitglied **aufgrund** (Kausalität) besonderer Beziehung zu dem Gegenstand der Beschlussfassung ein individuelles Sonderinteresse an der Entscheidung hat, das zu einer Interessenkollision führt und die Besorgnis rechtfertigt, dass der Betroffene nicht mehr uneigennützig und zum Wohle der Gemeinde handelt. Da die Frage des Vor- oder Nachteils vor der Beratung und Entscheidung zu beantworten ist, kommt es nicht auf den Inhalt der letztlich getroffenen Entscheidung an, sondern auf die bestehenden **Entscheidungsmöglichkeiten.** Führt auch nur eine dieser Möglichkeiten bei ihrer Realisierung zu einem unmittelbaren Vor- oder Nachteil beim Betroffenen, ist dessen Mitwirkung ausgeschlossen. Darüber hinaus ist es auch nicht erforderlich, dass diese Entscheidung wiederum mit an Sicherheit grenzender Wahrscheinlichkeit den Vor- oder Nachteil herbeiführt. Ausreichend ist vielmehr ein Grad der Wahrscheinlichkeit, der vom Gewicht des Vor- oder Nachteils abhängt. Bei gewichtigeren Vor- oder Nachteilen führt schon eine geringere Wahrscheinlichkeit des Eintritts zum Mitwirkungsverbot als bei weniger gewichtigen Vor- oder Nachteilen. Die Grenze ist dort zu ziehen, wo bei vernünftiger Betrachtung eines objektiven Beobachters die Besorgnis der Befangenheit nicht mehr gegeben ist (OVG NRW StuGR 1980, S. 404). **Unerheblich ist in jedem Fall, ob es sich um einen rechtlichen, wirtschaftlichen oder ideellen Vor- oder Nachteil handelt;** die Begriffe sind weit auszulegen. Bei der Auslegung ist darauf zu achten, dass die Auslegung der Befangenheitsvorschrift nicht dazu führen darf, dass Rats- und Ausschussmitglieder in unzulässiger Weise an der Ausübung ihres Mandates gehindert werden.

Erhebliche Rechtsunsicherheit hat lange Jahre der **Begriff der Unmittelbarkeit** verursacht, die von der Rechtsprechung des OVG NRW (insbesondere im sog. Hausmeisterurteil) noch verstärkt wurde. Der Gesetzgeber hat daher auf Drängen der kommunalen Spitzenverbände den Abs. 1 der Vorschrift um den Satz 2 ergänzt: „Unmittelbar ist der Vorteil oder Nachteil, wenn die Entscheidung eine natürliche oder juristische Person direkt berührt." Die Unmittelbarkeit scheidet demzufolge aus, wenn der Vor- oder Nachteil erst durch ein weiteres Handeln eintreten kann, das der freien Entscheidung einer weiteren Person obliegt. Es fehlt daher immer dann an einem unmittelbaren individuellen Sonderinteresse, wenn zwischen der (möglichen) Entscheidung und dem (möglichen) Eintritt des Vor- oder Nachteils ein Dritter steht, der auf den weiteren Ablauf einen maßgeblichen Einfluss nehmen kann.

Liegt danach ein unmittelbares individuelles Sonderinteresse vor, darf das Rats- oder Ausschussmitglied weder entscheidend noch beratend mitwirken. Vielfach wird die Auffassung vertreten, der Begriff „Beratung" sei weit auszulegen und erfasse jede Art der beratenden Beteiligung im Vorfeld eines Beschlusses, soweit auch nur die (entfernte) Möglichkeit einer Einflussnahme bestehe. Lediglich in Fällen, in denen die Art der Mitwirkung eine Einflussnahme auf die Entscheidung als völlig ausgeschlossen erscheinen lasse, dürfe das Rats- oder Ausschussmitglied teilnehmen. Dies gelte etwa für Einwohnerfragestunden. Hingegen sei die Beratung in Fraktionssitzungen von § 31 Abs. 1 erfasst. Diese Ansicht geht nach Auffassung der Verfasser zu weit. Sie berücksichtigt das Unmittelbarkeitskriterium in unzureichendem Maße. Erfasst man nämlich jede beratende Einflussnahme im Vorfeld einer Entscheidung, wäre ein Rats- oder Ausschussmitglied auch dann von der beratenden Mitwirkung ausgeschlossen, wenn diese in eine Entscheidung mündet, die noch nicht unmittelbar einen Vor- oder Nachteil begründen kann, etwa weil eine dritte Instanz eigenverantwortlich und abschließend entscheidet. Dies ist grundsätzlich nur der Fall, wenn es sich um Beratungen handelt, die unmittelbar einem Beschluss vorausgehen, der (möglicherweise) einen unmittelbaren Vor- oder Nachteil begründet. Dies erfasst zunächst die Beratungen in den Beschlussgremien, aber auch Vorberatungen in beratenden Ausschüssen, wenn sie die zu treffende Entscheidung etwa durch Empfehlungsbeschlüsse zumindest teilweise determinieren. Für Fraktionssitzungen und informelle Vorgespräche gilt dies generell nicht.

Das Mitwirkungsverbot gilt über die Fälle, in denen der mögliche Vor- oder Nachteil selbst beim Rats- oder Ausschussmitglied vorliegt, auch für Fälle, in denen sich der unmittelbare Vor- oder Nachteil auf einen Angehörigen des Rats- oder Ausschussmitgliedes oder eine kraft Gesetz oder Vollmacht vertretende natürliche oder juristische Person bezieht. Wer Angehöriger ist, beurteilt sich ausschließlich nach § 31 Abs. 5. Ist bei einer Person ein Vor- oder Nachteil gegeben, die nicht unter den Angehörigenbegriff fällt, so wird über § 31 Abs. 1 Ziff. 3 kein Mitwirkungsverbot begründet. Zu prüfen bleibt in diesen Fällen aber, ob ein Mitwirkungsverbot nach § 31 Abs. 1 gegeben ist. Hauptfälle der gesetzlichen Vertretung sind elterliche Sorge, Vormundschaft, Pflegschaft etc. Rechtsgeschäftliche Vollmachten haben z.B. Anwälte, Steuerberater etc.

Im Folgenden sollen einige **Beispielsfälle** zur Befangenheit aufgeführt werden, die keinesfalls eine abschließende Aufzählung aller Befangenheitsfälle darstellen können. Eigentümer von im Gebiet eines **Bebauungsplanes** gelegenen Grundstücken sind grundsätzlich wegen Interessenkollisionen von der Mitwirkung an der Beratung und Entscheidung über den Bebauungsplan ausgeschlossen. Ein Ausschließungsgrund kann bei der Aufstellung eines Bebauungsplanes ausnahmsweise auch dann vorliegen, wenn das Ratsmitglied Eigentümer eines zwar außerhalb des Planbereichs liegenden, aber an diesen angrenzenden Grundstückes ist. Das Grundstück des Ratsmitgliedes muss zu denen im Plangebiet dann allerdings in einer derart engen Beziehung stehen, dass sich die qualitative Veränderung der im Plangebiet gelegenen Grundstücke unmittelbar auf die Nutzungsqualität auch der angrenzenden Grundstücke auswirkt. Dies kann insbesondere wirtschaftlicher Natur sein, etwa dass sich Bebauungspläne auf den Wert der Grundstücke auswirken. Auch die Erschließungsfrage durch den neuen Bebauungsplan kann eine Rolle spielen. Weiterhin ist dies anerkannt für Rechte an solchen Grundstücken, die an der Grenze des Bebauungsplanes liegen, insbesondere dann, wenn sie ihrerseits durch im Plan festgesetzte Erschließungsanlagen ihre Zugänglichkeit erhalten. Eine solche unmittelbare Beziehung kann aber in Einzelfällen auch dann gegeben sein, wenn ein Grundstück nicht unmittelbar an der Plangrenze liegt, die Ausnutzbarkeit des Bebauungsplanes aber Auswirkungen auf das Eigentum des Ratsmitgliedes hat. Wird z.B. ein Gewerbegebiet geplant, so können Immissionen des Gewerbegebietes durchaus Auswirkungen auf Wohneigentum haben, das in einem gewissen Abstand zum Plangebiet liegt und von den Immissionen noch erreicht wird. Sind Eigentümer im Bebauungsplangebiet grundsätzlich befangen, so sind Mieter und Pächter grundsätzlich nicht befangen. Hier liegt nur ausnahmsweise ein Mitwirkungsverbot vor. Zwar mag Grundeigentum eher als Mietbesitz geeignet sein, die Besorgnis der Befangenheit zu begründen, Interessenkollisionen können sich aber ebenso aufgrund der Mieter- oder Pächterstellung ergeben. Letzteres ist dann der Fall, wenn der Bebauungsplan die Ausnutzbarkeit des Miet- oder Pachtobjektes maßgeblich beeinflusst, also das wirtschaftliche Risiko der Mieter oder Pächter betroffen wird. Dies kann z.B. der Fall sein, wenn bei langfristigen Miet- oder Pachtverträgen durch einen Bebauungsplan Geschäftslokale nicht mehr im ursprünglichen Sinne genutzt werden können, etwa weil der Durchgangsverkehr gesperrt wird etc. Liegt in diesen Fällen eine Befangenheit vor, so ist darauf zu achten, dass auch die Mitwirkung in vorberatenden Ausschüssen eine Verletzung des § 31 Abs. 1 darstellt.

Bei **Flächennutzungsplänen** ist hinsichtlich des Mitwirkungsverbots darauf abzustellen, ob vom Flächennutzungsplan unmittelbare Vor oder Nachteile ausgehen. Dies wird in den Fällen angenommen werden können, in denen ein bereits aufgestellter Flächennutzungsplan in Teilbereichen geändert werden soll. Führt dies zu Auswirkungen auf die Nutzbarkeit von Grundstücken, so sind alle Ratsmitglieder als Grundstückseigentümer oder dinglich Berechtigte von der Mitwirkung ausgeschlossen.

Im Hinblick auf **Erschließungsbeitragssatzungen** soll keine Befangenheit gegeben sein, da der Erlass einer Erschließungsbeitragssatzung im Vorfeld der Erhebung stehe und die unmittelbaren Auswirkungen erst durch die Erhebung der Beiträge im Einzelfall eintrete (OVG NRW StuGR 1980, S. 404). Bei Gebühren- und Beitragssatzungen sollte man aber immer darauf abstellen, ob aufgrund der Satzung die Gemeinde verpflichtet ist, die Gebühr oder den Beitrag zu erheben. Ist dies der Fall, so ist eine Befangenheit anzunehmen, wenn nicht § 31 Abs. 3 Ziff. 1 einschlägig ist, also die Satzung für das gesamte Gemeindegebiet gilt. Bei Straßenausbaubeiträgen, die straßenmäßig abgerechnet werden, ist aus diesem Grund eine Befangenheit der Eigentümer an der Straße gegeben, im Gegensatz zur Hundesteuersatzung, da hiervon theoretisch jeder Einwohner betroffen sein kann.

Außer den Planverfahren spielt die Befangenheit häufig bei **Lehrern** und **Schulleitern** eine Rolle. Hier sollte wie folgt unterschieden werden: Bei Ratsbeschlüssen, die im Zusammenhang mit der Errichtung einer Schule anfallen, sind die Lehrer befangen, die sich bereits bei der Schulaufsichtsbehörde für die Tätigkeit an einer Schule der zu errichtenden Schulform beworben haben. Hat sich das Interesse an einer möglichen Verwendung noch nicht manifestiert (etwa durch Bewerbung) führt die Chance der Verwendung noch nicht zu einem Sonderinteresse. Der Lehrer als

Mitglied einer bestimmten Berufsgruppe unterfällt dann keinem Mitwirkungsverbot. Hat die Neuerrichtung einer Schule die Auflösung der eigenen Schule zur Folge, ist für das Mitwirkungsverbot entscheidend, ob die Auflösung der eigenen Schule die zwingende Konsequenz der Neueinrichtung ist. Gibt es noch alternative Entscheidungsmöglichkeiten, so ist ein Mitwirkungsverbot nicht gegeben. Der Auflösungsbeschluss im Einzelfall führt zur Befangenheit des Schulleiters, des stellvertretenden Schulleiters aber wohl auch aller Lehrer an dieser Schule. Die Auflösung einer anderen Schule führt grundsätzlich nicht zur Befangenheit, da das Verhalten der Schüler an der aufgelösten Schule noch nicht absehbar ist. Entscheidungen über Fragen des Schulbetriebs und der Schulorganisation führen zur Befangenheit der Schulleiter, der stellvertretenden Schulleiter und der Lehrer. Dies gilt etwa für die Einführung des Ganztagesbetriebes. Bei der Verabschiedung der kommunalen Haushalte kommt es auf den Einzelfall an, nämlich, ob aufgrund der Haushaltsstelle schon unmittelbare Rechtswirkungen für die eine oder andere Schule entstehen. Ansonsten ist keine Befangenheit gegeben. Wirken an den Entscheidungen des Rates oder der Ausschüsse Angehörige mit, so gilt das oben Gesagte entsprechend.

Das sog. Schulhausmeister-Urteil hat zu der Frage geführt, inwieweit Ratsmitglieder bei Wahlentscheidungen in Bezug auf die Beigeordneten als befangen zu gelten haben. Im Ergebnis ist hier auf den Einzelfall abzustellen, nämlich auf die Stellung der Angehörigen in der Hierarchie der Verwaltung und in Bezug auf die konkrete Wahlstelle. Ein genereller Ausschluss der Ratsmitglieder, die Angehörige in der Verwaltung haben, ist nicht gerechtfertigt. Vielmehr ist im Zweifel der Ausübung des Mandats Vorrang zu geben. In diesen Zweifelsfällen ist aber anzuraten, eine Entscheidung des Rates über die Befangenheit herbeizuführen, in diesen Fällen also festzustellen, dass die Betroffenen nicht befangen sind. Diese Ratsentscheidungen sind immer auf den konkreten Einzelfall abzustellen, mit der Folge, dass in den Fällen, wo z.B. über die Befangenheit von drei Ratsmitgliedern abzustimmen ist, je gesondert über jedes Ratsmitglied abgestimmt werden muss und die jeweils anderen Ratsmitglieder an der Abstimmung teilnehmen können.

Von der Rechtsprechung ist eine Befangenheit auch in dem nachfolgenden Fall bejaht worden. Ein Ratsmitglied ist Senior einer von ihm mit anderen Rechtsanwälten zusammen betriebenen Anwaltssozietät. Als Vorsitzender des Rechtsausschusses des Rates hat er einen Tagesordnungspunkt über Bauarbeiten in einer bestimmten Straße aufgenommen, in deren Zusammenhang die Stadt gegen einen Bauunternehmer klagte, der wiederum von dem Sozius des Ratsmitgliedes vertreten wurde. Das Gericht begründete das Mitwirkungsverbot damit, dass ein Sonderinteresse nicht nur aus wirtschaftlichen, sondern auch aus anderen materiellen oder immateriellen Vorteilen oder Nachteilen herzuleiten sei, sofern diese individualisierbar und hinreichend wahrscheinlich sind. So können namentlich auch immaterielle Erwägungen, wie Ansehen, Einfluss und Betätigungsfeld der Anwaltssozietät eine Rolle spielen. Das Mitwirkungsverbot wird bereits durch die Möglichkeit solcher Vor- oder Nachteile ausgelöst, damit entsprechend dem Zweck der Vorschrift gewährleistet ist, dass bereits der böse Schein einer Interessenkollision vermieden werde. Hiernach dürfte zwar nicht bei jedem gegen eine Gemeinde betriebenen Verfahren, in dem ein in der Sozietät tätiger Rechtsanwalt beauftragt ist, gerechtfertigt sein, dessen gleichzeitig als Ratsmitglied tätigen Sozius von der Mitwirkung an Entscheidungen zu dieser Angelegenheit im Rat auszuschließen. Anzunehmen sei das aber in den Fällen, in denen das betreffende Verfahren nach seinem Umfang und Inhalt sowie nach dem Zuschnitt der betreffenden Anwaltsozietät für das Ansehen dieser Sozietät besondere Bedeutung zukommen kann.

§ 31 Abs. 2 erweitert das Mitwirkungsverbot auf berufliche Gründe. Nach Nr. 1 des § 31 Abs. 2 sind Rats- und Ausschussmitglieder von der Mitwirkung ausgeschlossen, wenn sie bei einer natürlichen Person, einer juristischen Person oder einer Vereinigung, der die Entscheidung einen unmittelbaren Vor- oder Nachteil bringen kann, gegen Entgelt beschäftigt sind und nach den tatsächlichen Umständen, insbesondere der Art der Beschäftigung, ein Interessenwiderstreit anzunehmen ist. Grundvoraussetzungen sind also ein entgeltliches Beschäftigungsverhältnis und eine Entscheidung, die dem Arbeitgeber einen unmittelbaren Vor- oder Nachteil bringen muss. Allerdings ist nicht jede entgeltliche Beschäftigung für die Annahme eines Mitwirkungsverbotes ausreichend. Vielmehr muss nach den tatsächlichen Umständen, insbesondere nach der Art der Beschäftigung, ein Interessenwiderstreit anzunehmen sein. **Entscheidende Kriterien sind die Stellung des Rats- und Ausschussmitgliedes im Betrieb oder in der Behörde, die es ermöglichen muss, auf die im Zusammenhang mit der Entscheidung des Rates stehenden betrieblichen Dispositionen oder behördlichen Entscheidungen Einfluss zu nehmen.** Desto „höher" die Stellung des Betroffenen im Betrieb, desto wahrscheinlicher ist ein Mitwirkungsverbot nach § 31 Abs. 2 Nr. 1. Die Ziff. 2 des Abs. 2 erweitert das Mitwirkungsverbot auf Mitglieder des Vorstandes, Aufsichtsrates oder eines gleichartigen Organs einer juristischen Person oder Vereinigung für die Fälle, in denen die Entscheidung der Vereinigung einen unmittelbaren Vor- oder Nachteil bringen kann. Eine Ausnahme gilt nur für die Fälle, in denen der Betroffene als Vertreter oder auf Vorschlag des Rates dem Organ angehört. Diese Ausnahme ist einsichtig, da nach § 113 Abs. 1 ein Weisungsrecht gegenüber den Ratsmitgliedern besteht, und damit eine geringere Gefahrenlage gegeben ist.

Schließlich ist ein Mitwirkungsverbot nach § 31 Abs. 2 Ziff. 3 gegeben, wenn der Betreffende in anderer als öffentlicher Eigenschaft in der Angelegenheit ein **Gutachten** abgegeben hat oder sonst tätig geworden ist. Als Gutachten wird dabei jede Äußerung verstanden, die kraft besonderer Sachkunde in der zur Entscheidung anstehenden Angelegenheit abgegeben worden ist, gleichgültig, ob aus rechtlicher, wirtschaftlicher, gesellschaftlicher oder anderer Sicht. **Das Ratsmitglied muss dabei in anderer als öffentlicher Eigenschaft gehandelt haben.** Ist das Ratsmitglied in öffentlicher Eigenschaft tätig geworden, so greift das Mitwirkungsverbot nicht ein. Dies gilt etwa für Richter oder Notare. Wer als Ratsmitglied bei einer Ratsentscheidung Anregungen und Bedenken geltend macht, weil er an einer Bürgerinitiative beteiligt ist, repräsentiert ebenfalls ein allgemeines Interesse und ist auch als Vorsitzender der Bürgerinitiative nicht von der Mitwirkung im Gemeinderat ausgeschlossen. Dies gilt auch für die Beteiligung bei Bürgerbegehren. Die Beteiligung erfolgt in der Regel in Ausübung des Mandats und ist damit in öffentlicher Eigenschaft erfolgt. Das Mitwirkungsverbot lebt nur dann auf, wenn über die Mitgliedschaft in der Bürgerinitiative das Ratsmitglied noch ein weiteres Sonderinteresse hat, etwa Grundeigentum im Bebauungsplanverfahren. Ansonsten können z.B. Architekten oder Ingenieure unter diese Regelung fallen, soweit sie bereits vorher in der Angelegenheit tätig geworden sind. Bei öffentlich bestellten Vermessungsingenieuren ist aber wieder darauf abzustellen, ob diese in öffentlicher Eigenschaft gehandelt hatten. Im letzteren Fall scheidet eine Befangenheit aus.

Der § 31 Abs. 3 nennt Fälle, in denen die Mitwirkungsverbote nicht gelten. Dies ist einmaldann gegeben, wenn der Vor- oder Nachteil nur darauf beruht, dass jemand einer Berufs- oder Bevölkerungsgruppe angehört, deren gemeinsame Interessen durch die Angelegenheit berührt werden. Berufsgruppen sind z.B., die Gewerbetreibenden in ihrer Gesamtheit (z.B. bei der Festlegung der Gewerbesteuer-Hebesätze) oder Marktbenutzer. Bevölkerungsgruppen können die Grundeigentümer (Grundsteuerpflicht), Hundehalter (Hundesteuerpflicht) sowie Benutzer gemeindlicher Einrichtungen sein. In diesen Fällen ist keine Befangenheit gegeben, es sei denn, das Sonderinteresse konkretisiert sich gerade in einer Person. So darf ein Ratsmitglied an den Beratungen und Entscheidungen über einen Bebauungsplan, in dem ein sonstiges Sondergebiet mit der Zweckbestimmung „Baumarkt" festgesetzt ist, nicht mitwirken, wenn das Ratsmitglied Geschäftsführer der Komplementärin und die Ehefrau Kommanditistin eines Unternehmens sind, das bisher den einzigen Baumarkt im Gebiet der Gemeinde betreibt. Andererseits kann nicht z.B. jeder Architekt, der die Durchführung einzelner Baumaßnahmen übernehmen will, jeder Makler, der den Verkauf vermitteln möchte, nur weil sie die Chance auf Auftragserteilung haben, von der Mitwirkung ausgeschlossen werden. Dies ist immer nur dann gegeben, wenn aufgrund äußerlich erkennbarer Einzelumstände sich diese Chance zu der Wahrscheinlichkeit der Auftragserteilung konkretisiert hat. Im Übrigen ist kein Mitwirkungsverbot gegeben bei Wahlen zu einer ehrenamtlichen Tätigkeit oder in ein Ehrenamt und für die Abberufung aus solchen Tätigkeiten, bei Beschlüssen eines Kollegialorgans, durch die jemand als Vertreter der Gemeinde in Organe der in Abs. 2 Nr. 2 genannten Art entsandt oder aus ihnen abberufen wird, sowie bei gleichzeitiger Mitgliedschaft in der Vertretung einer anderen Gebietskörperschaft oder deren Ausschüssen, wenn ihr durch die Entscheidung ein Vor- oder Nachteil erwachsen kann. Die letztere Ausnahmeregelung ist für Ratsmitglieder geschaffen worden, die gleichzeitig dem Kreistag angehören. In diesen Fällen war unzutreffenderweise eine Befangenheit bei Beratungen angenommen worden, in denen Angelegenheiten der Gemeinde im Kreistag behandelt wurden. Diese Auffassung war nicht zutreffend, da in beiden Fällen das Rats- bzw. das Kreistagsmitglied in öffentlicher Eigenschaft tätig geworden ist. Durch die Ausnahmevorschrift in § 31 Abs. 3 Ziff. 5 ist die Frage nun aber endgültig geklärt.

Bei der Wahl, Wiederwahl und Abberufung von Beigeordneten gelten die Mitwirkungsverbote ebenfalls nicht (§ 31 Abs. 3 Ziff 3), es sei denn, der Betreffende steht selbst zur Wahl.

Wer annehmen muss, unter das Mitwirkungsverbot zu fallen, ist grundsätzlich dazu aufgerufen, den Ausschließungsgrund unaufgefordert dem Bürgermeister gegenüber anzuzeigen und den Sitzungsraum zu verlassen **(Offenbarungspflicht § 31 Abs. 4).** Bei öffentlicher Sitzung muss das Ratsmitglied sich in den Zuhörerraum begeben, weil erst durch eine solche räumliche Entfernung von dem Ratssitz die sonst mögliche Einflussnahme hinreichend beseitigt ist. Ein Abrücken des Stuhles reicht grundsätzlich nicht aus, um den Erfordernissen des Mitwirkungsverbots zu genügen. Verlässt ein Mitglied des Gemeinderats die Sitzung in der irrigen Annahme, befangen zu sein, so führt dies nicht zur Rechtswidrigkeit des in Abwesenheit des Ratsmitglieds gefassten Beschlusses. Rechtswidrig ist der Beschluss nur, wenn das Ratsmitglied zu Unrecht an der Beschlussfassung mitgewirkt hatte bzw. zu Unrecht aufgrund eines Ratsbeschlusses den Saal verlassen hätte. Verlässt das Ratsmitglied freiwillig den Sitzungssaal, so braucht auch nicht im nach hinein ein Ratsbeschluss über die Befangenheit herbeigeführt zu werden. Im Protokoll muss allerdings vermerkt werden, dass das Ratsmitglied wegen Befangenheit oder aus sonstigen Gründen an der Beratung und Beschlussfassung in der Angelegenheit nicht teilgenommen hat. Selbstverständlich ist, dass bei nichtöffentlichen Sitzungen das Ratsmitglied den Sitzungsraum insgesamt zu verlassen hat. Weigert sich das Ratsmitglied, trotz bestehender Befangenheit den Sitzungsraum zu verlassen bzw. im Zuhörerraum Platz zu nehmen, so muss ein Ratsbeschluss über die Befangenheit und den Ausschluss des Ratsmitgliedes herbeigeführt werden. Der Bürgermeister ist nicht berechtigt, das Mitwirkungsverbot auszusprechen. Er kann allenfalls um Rat gefragt werden, ob rechtlich ein Mitwirkungsverbot gegeben ist oder nicht. Kommt er zu dem Ergebnis, ein Mitwirkungsverbot liegt vor und verlässt daraufhin das Ratsmitglied freiwillig den Sitzungssaal, so ist eine u.U. gegebene falsche Auskunft des Bürgermeisters unschädlich für die Rechtmäßigkeit des Beschlusses, da das Ratsmitglied freiwillig den Sitzungssaal verlassen hat. Führt die Auskunft dagegen zu einem Ratsbeschluss und dieser zum Ausschluss des Ratsmitgliedes, so kann sich das betroffene Ratsmitglied gegen den Ausschlussbeschluss im Kommunalverfassungsstreitverfahren zur Wehr setzen. Ist der Ausschluss zu Unrecht erfolgt, sind die Beschlüsse unwirksam. Im Übrigen sollte nach der Rechtsprechung des OVG NW nunmehr in allen Zweifelsfällen ein Beschluss auch über die Nichtbefangenheit gefasst werden. Zwar gibt die Gemeindeordnung für diese Rechtsauffassung des Oberverwaltungsgerichts nichts her; um möglichen Beanstandungen vorzubeugen, ist die Beschlussfassung jedoch ratsam.

Unterbleibt der Ausschluss eines befangenen Ratsmitgliedes, so können sich andere Ratsmitglieder hiergegen nicht mit dem Kommunalverfassungsstreitverfahren zur Wehr setzen, da ihnen die Klagebefugnis in dieser Frage fehlt. Sie werden nicht durch die Anwesenheit in eigenen Mitgliedschaftsrechten verletzt und auch die Teilnahme an Abstimmungen führt nicht zu einer Rechtsverletzung, da der Stimmenwert nicht Ausfluss der Rechte eines Ratsmitgliedes ist. Nach Beendigung der Abstimmung kann die Mitwirkung eines wegen Befangenheit Betroffenen nur geltend gemacht werden, wenn sie für das Abstimmungsergebnis entscheidend war (§ 31 Abs. 6).

Im Übrigen darf einem wegen Interessenkollision bei der Beratung und Entscheidung von der Mitwirkung auszuschließenden Ratsmitglied die Sitzungsteilnahme im Rahmen der Beantwortung von Anfragen nicht verwehrt werden. Immer in den Fällen, in denen es nicht um die konkrete Beratung und Beschlussfassung in der Angelegenheit geht, in der das Mitwirkungsverbot gegeben ist, findet die Befangenheitsvorschrift keine Anwendung. Anders verhält es sich demnach, wenn das befangene Ratsmitglied als Sachverständiger in dieser Angelegenheit angehört werden soll. Die Anhörung als Sachverständiger dient dem Zweck der objektiven Unterrichtung und damit der Beratung i.S.d. § 31 Abs. 1. Diese objektive Beratung ist aber in den Fällen ausgeschlossen, in denen das Ratsmitglied als Sachverständiger einer Interessenkollision unterfällt.

Grundsätzlich sind die Betroffenen selbst verpflichtet, den Grund der Befangenheit anzugeben und eine Entscheidung über die Interessenkollision im Rat herbeizuführen. Da dies aber nicht immer eingehalten wird und der Rat die Möglichkeit haben soll, Interessenkollisionen einzelner zu erkennen und zu beurteilen, sieht die Gemeindeordnung in § 43 Abs. 3 vor, dass die Mitglieder des Rates, der Bezirksvertretung und der Ausschüsse gegenüber dem Bürgermeister Auskunft über ihre wirtschaftlichen und persönlichen Verhältnisse zu geben haben, soweit dies für die Ausübung ihrer Tätigkeit von Bedeutung sein kann.

Das Korruptionsbekämpfungsgesetz vom 16.04.2004 konkretisiert die Veröffentlichungspflichten gegenüber dem Hauptverwaltungsbeamten in § 17 abs. 1. Hierzu gehören Veröffentlichungen über Beruf und Beraterverträge, Mitgliedschaften in Aufsichtsräten und anderen Kontrollorganen, in Organen privatrechtlicher Unternehmen oder öffentlich-rechtlicher Behörden und Einrichtungen bis hin zu Funktionen in Vereinen oder vergleichbaren Gremien. Für den Fall der Verweigerung der Auskunft sieht das Gesetz keine Sanktionsmöglichkeiten vor.

8.2.6 Auskunftspflicht

Gemäß § 43 Abs. 3 Satz 1 müssen die Rats- und Ausschussmitglieder gegenüber dem Bürgermeister, die Mitglieder einer Bezirksvertretung gegenüber dem Bezirksvorsteher Auskunft über ihre wirtschaftlichen und persönlichen Verhältnisse geben, soweit das für die Ausübung ihrer Tätigkeit von Bedeutung sein kann. Die näheren Einzelheiten regelt der Rat. Die Auskünfte sind vertraulich zu behandeln. Diese Vorschriften verpflichten nunmehr den Rat, eine sog. **Ehrenordnung** zu erlassen, in deren Rahmen Rats- und Ausschussmitglieder sowie die Mitglieder von Bezirksvertretungen verpflichtet werden, gegenüber dem Bürgermeister bestimmte Angaben über ihre persönlichen und wirtschaftlichen Verhältnisse zu machen. Die Pflicht zur Auskunftserteilung bezieht sich auf die persönlichen und wirtschaftlichen Verhältnisse der Mandatsträger. Unter persönliche Verhältnisse fallen insbesondere die Angaben zur Person. Zu den wirtschaftlichen Verhältnissen werden Angaben über den jeweils ausgeübten Beruf, über das Grundvermögen innerhalb des Gemeindegebietes, über Beteiligungen an Unternehmen mit Sitz oder Tätigkeitsschwerpunkt in der Gemeinde oder über Mitgliedschaften im Vorstand, Aufsichtsrat oder eines gleichartigen Organs einer juristischen Person oder Vereinigung mit Sitz oder Tätigkeitsschwerpunkt in der Gemeinde verstanden. Konkrete Einkommensverhältnisse dürfen nicht erfragt werden.

Hintergrund ist, dass mögliche Interessenkollisionen aufgrund der von den Mandatsträgern gemachten Angaben rechtzeitig erkannt werden können, so dass die Gefahr einer gesetzeswidrigen Mitwirkung des Betroffenen verringert werden kann. Die Verpflichtung für die Rats- und Ausschussmitglieder sowie für die Mitglieder der Bezirksvertretungen beruht unmittelbar auf dem Gesetz. Der Rat ist lediglich verpflichtet, die „näheren Einzelheiten“ über die Auskunftserteilung zu regeln. Eine besondere Form für die Regelung schreibt das Gesetz nicht vor. Es ist also insbesondere nicht notwendig, die Regelungen im Rahmen der Hautsatzung oder der Geschäftsordnung zu treffen. Unter persönlichen Verhältnissen sind insbesondere Angaben zur Person (Name, Vorname, Anschrift) und zum Familienstand zu verstehen. Zu den wirtschaftlichen Verhältnissen sind Angaben über den jeweils ausgeübten Beruf, bei mehreren ausgeübten Berufen die Angabe des Schwerpunktes der beruflichen Tätigkeit, über das Grundvermögen innerhalb des Gemeindegebietes, über Beteiligungen an Unternehmen mit Sitz zum Tätigkeitsschwerpunkt in der Gemeinde und über Mitgliedschaften im Vorstand, Aufsichtsrat oder einem gleichartigen Organ einer juristischen Person oder Vereinigung mit Sitz oder Tätigkeitsschwerpunkt in der Gemeinde zu verstehen. Die Auskunftspflicht wird beschränkt dadurch, dass nur solche Angaben verlangt werden können, die für die Ausübung der Tätigkeit als Rats- oder Ausschussmitglied bzw. als Mitglied der Bezirksvertretung von Bedeutung sein können (§ 43 Abs. 3 Satz 1). Damit scheiden Angaben über die Höhe des Einkommens, den Wert des Vermögens in seiner Gesamtheit etc. aus.

9. Fraktionen

Fraktionen sind freiwillige Vereinigungen von Ratsmitgliedern oder von Mitgliedern einer Bezirksvertretung, die sich auf der Grundlage grundsätzlicher politischer Übereinstimmung zu möglichst gleichgerichtetem Wirken zusammengeschlossen haben (§ 56 Abs. 1 Satz 1). Mit dieser durch das GO-Reformgesetz eingeführten erweiterten Definition der Fraktion wird vermieden, dass Ratsmitglieder oder Mitglieder in einer Vertretung sich nur aus finanziellen Erwägungen zu einer Fraktion zusammenschließen. Die Definition ist inhaltlich auch auf Gruppen anwendbar (§ 56 Abs. 1 Satz 3). Während früher sich die Mindestgröße einer Fraktion nach der Anzahl der Ratsmitglieder im Rat richtete, legt § 56 Abs. 1 Satz 2 nunmehr fest, dass in kreisangehörigen Gemeinden eine Fraktion aus mindestens zwei Mitgliedern bestehen muss; im Rat einer kreisfreien Stadt aus mindestens drei Mitgliedern sowie in einer Bezirksvertretung aus mindestens zwei Mitgliedern. Für eine Gruppe im Rat oder in einer Bezirksvertretung gilt die Mindestzahl von zwei Mitgliedern. Die sich zu einer Fraktion zusammenschließenden Ratsmitglieder müssen nicht zwingend derselben Partei oder Wählergruppe angehören (OVG NRW, Beschluss vom 24.01.2005 - 15 B 2713/04). Da Partei und Fraktionsmitgliedschaft rechtlich nicht unbedingt deckungsgleich sein müssen, hat ein Ausschluss aus der Partei im Fall der Divergenz nicht automatisch den Fraktionsausschluss zur Folge. Hospitanten sind Ratsmitglieder, die an den Sitzungen einer Fraktion als Gast teilnehmen, ohne der Fraktion als Mitglied anzugehören. Sie zählen bei der Feststellung der Mindeststärke der Fraktion nicht mit (§ 56 Abs. 4 Satz 4). Nach § 56 Abs. 4 können auch hauptamtliche Beschäftigte der Fraktion Mitglied im Rat sein Damit wollte der Gesetzgeber Zweifel ausräumen, ob solche Beschäftigungsverhältnisse mit dem Prinzip der Ehrenamtlichkeit vereinbar seien.

Da es sich bei den Fraktionen um einen Zusammenschluss von Ratsmitgliedern handelt, sind sie grundsätzlich nur auf die Dauer der Wahlzeit des Rates angelegt. Mit dem Ablauf der Wahlperiode des Vertretungsorgans endet die Existenz einer Fraktion. Die erneute Konstituierung einer gleichnamigen Fraktion nach der Kommunalwahl beruht auf einem eigenständigen Errichtungsakt der neuen Mitglieder und ist nicht mit der alten Fraktion identisch. Im Übrigen ist das Recht zur Bildung von Fraktionen zeitlich in keiner Weise fixiert. Es besteht während der gesamten Wahlzeit des Rates. Ebenso ist die Auflösung bestehender Fraktionen jederzeit möglich. Allerdings ist eine Fraktion nach ihrer Auflösung mit dem Ziel vollständiger Beendigung abzuwickeln; insofern besteht sie in eingeschränktem Umfang fort (OVG NRW, Urteil vom 12.11.1991).

In § 56 Abs. 2 sind einige wesentliche Regelungen zu den Aufgaben und der inneren Ordnung der Ratsfraktion getroffen, so dass einige Facetten der stets umstrittenen Rechtsstellung der Fraktion herausgebildet sind. Danach wirken die Fraktionen bei der Willensbildung und Entscheidungsfindung in der Vertretung mit; zudem ist ihnen nunmehr ausdrücklich gestattet, ihre Auffassung öffentlich darzustellen. Hierzu und zur Wahrnehmung der in der GO an verschiedenen Stellen geregelten besonderen Rechte der Fraktionen schließen sich die Ratsmitglieder (bzw. Mitglieder von Bezirksvertretungen) zusammen. Da die innerorganisatorischen Aufgaben und Rechte der Fraktionen dem Öffentlichen Recht zuzurechnen sind, sind Fraktionen nach richtiger Ansicht öffentlich-rechtliche Vereinigungen (OVG NRW, NWVBL 1989, S. 130; Ehlers, NWVBl 1990, S. 44/45 m.w.N.). Dies ist für die Wahl des richtigen Rechtswegs bei Streitigkeiten um die Fraktionsmitgliedschaft (z.B. bei einem Ausschluss aus der Fraktion) von Bedeutung. Für die innere Ordnung der Fraktionen stellt die GO nun die Bindung an das Rechtsstaats- und das Demokratieprinzip fest und verpflichtet die Fraktionen, sich ein Statut zu geben. In diesem Statut sind zumindest das Abstimmungsverfahren, die Aufnahme und der Ausschluss aus der Fraktion zu regeln (zum Ausschluss aus der Fraktion siehe weiter unten). Im Rahmen dieser Regelung sind die aus der Gemeindeordnung resultierenden Rechte der Ratsmitglieder zu beachten (z.B. das Rederecht im Rat). Auch darf die Freiheit des Mandats nicht durch die Einführung eines Fraktionszwangs bei Abstimmungen und Wahlen beeinträchtigt werden. Eine Sanktion für den Fall eines den Vorschriften nicht genügenden Statuts fehlt in der GO. Für die Annahme, etwa bei Fehlen eines Statuts verliere die Gruppierung ihren Fraktionsstatus, gibt der Gesetzeswortlaut nichts her. Der Rat hat jedoch nach § 56 Abs. 4 Satz 2 nach wie vor die Möglichkeit, in der Geschäftsordnung des Rates die Rechte und Pflichten der Fraktionen festzuschreiben. In einer solchen Geschäftsordnungsregelung kann den Fraktionen beispielsweise aufgegeben werden, ihr Statut dem Rat zur Überprüfung vorzulegen, der zugleich die Befugnis erhält, der Gruppierung den Fraktionsstatus abzuerkennen, wenn das Statut den Vorgaben nicht genügt.

Aus dieser Bestimmung kann zweierlei abgelesen werden. Zum einen sind nur Ratsmitglieder berechtigt, sich zu einer Fraktion zusammenzuschließen. Allerdings können Hospitanten, also Ratsmitglieder, die in einer Fraktion mitarbeiten, ohne Mitglied zu werden, aufgenommen werden. Diese Hospitanten können dann nicht gleichzeitig einer anderen Fraktion angehören. Sachkundige Bürger oder sachkundige Einwohner können nicht Mitglied einer Fraktion werden. Aus der Gesamtschau der gemeindeordnungsrechtlichen Bestimmungen wird man aber das Recht der sachkundigen Bürger und/oder sachkundigen Einwohner ableiten können, an den Fraktionsbesprechungen teilzunehmen. Die Frage der Fraktionsmitgliedschaft ist dabei nicht nur von theoretischer Bedeutung. Die Teilnahme von Nichtfraktionsmitgliedern ist dann bedeutsam, wenn nichtöffentliche Tagesordnungspunkte vorberaten werden. In diesen Fällen haben alle nicht zur Verschwiegenheit verpflichteten Personen den Fraktionssitzungsraum zu verlassen. Dies gilt sowohl für Vertreter der Partei einschl. der Parteivorsitzenden, wie auch für sonstige „Gäste“ der Fraktion (Sachverständige, Referenten, nicht verpflichtete Fraktionsmitglieder etc.). Öffentliche Fraktionssitzungen über nichtöffentliche Tagesordnungspunkte stellen einen Verstoß gegen die Verschwiegenheitspflicht (§ 30) dar. Da der Fraktionsvorsitzende die Verantwortung für den Ablauf der Fraktionssitzung trägt, sind Sanktionen nach § 30 Abs. 6 gegen ihn zu richten. Die Fraktion besteht grds. bis zum Ablauf des kommunalen Mandats ihrer Mitglieder, d.h bis zum Zusammentritt des neugewählten Rates; davon unabhängig ist die Konstituierung einer Fraktion (gleichen Namens) nach der Kommunalwahl durch die neuen Mitglieder (OVG NRW, Urt. V. 12.11.1991 – 15 A 1046/90 – NWVBL 1992, S. 163).

Nähere Einzelheiten über die Bildung, Rechte und Pflichten der Fraktionen überlässt die Gemeindeordnung, von Ausnahmen abgesehen, der Geschäftsordnung des Rates. Insofern bleiben die wesentlichen Regelungen dieser Fragen der Geschäftsordnungsautonomie des Rates und dem Gestaltungsrecht der Fraktionen überlassen. So geben sich die Fraktionen eigene Geschäftsordnungen. Die Bildung der Ratsfraktion ist dem Bürgermeister vom Fraktionsvorsitzenden schriftlich mitzuteilen. Die Mitteilung sollte insbesondere folgendes enthalten:

- genaue Bezeichnung der Fraktion,
- Namen des Fraktionsvorsitzenden und seiner Stellvertreter,
- Namen aller Fraktionsmitglieder (ggf. auch der Hospitanten),
- Name des Fraktionsgeschäftsführers,
- Anschrift der Fraktionsgeschäftsstelle (soweit vorhanden).

Darüber hinaus sollte angegeben werden, wer berechtigt ist, für die Fraktion Anträge zu stellen oder sonstige Erklärungen abzugeben. Diese Bestimmung ist wichtig, damit der Bürgermeister einen Antrag als einen Fraktionsantrag erkennen kann. Unterschriftsberechtigt können dabei auch Fraktionsgeschäftsführer nach entsprechender Erklärung werden. Es gibt keine Bestimmung dahingehend, dass nur Ratsmitglieder den Fraktionsantrag stellen können. Andererseits ist es auch nicht ausgeschlossen, etwa durch die Geschäftsordnung das Antragsrecht auf fraktionsangehörige Ratsmitglieder zu beschränken. Die Grenze der Geschäftsordnungsautonomie wird dort zu ziehen sein, wo das Antragsrecht der Fraktionen unverhältnismäßig beschränkt wird, z.B. wenn nur ein bestimmtes Ratsmitglied für antragsberechtigt erklärt wird.

Hinsichtlich der **Rechte der Fraktionen** muss zwischen den in § 56 genannten und den sonstigen Rechten nach der Gemeindeordnung unterschieden werden. Die wichtigsten Rechte nach der Gemeindeordnung sind die Möglichkeit der Einberufung des Rates (§ 47 Abs. 1), das Antragsrecht zur Tagesordnung (§ 48 Abs. 1), die Aufstellung von Wahlvorschlägen (§ 50 Abs. 3), Akteneinsicht (§ 55 Abs. 4), das Entsendungsrecht von beratenden Ausschussmitglieder (§ 58 Abs. 1 Satz 7–10) und das Einigungsrecht über die Ausschussvorsitzenden (§ 58 Abs. 5). Dagegen besteht kein Anspruch der Fraktionen, zur Vorbereitung der Ratssitzungen für die Fraktionsarbeit Sitzungs- und Verwaltungsunterlagen vom Hauptverwaltungsbeamten zur Verfügung gestellt zu bekommen (OVG NRW, Urt. V. 29.04.1988 – 15 A 2207/85 – DVBl. 1989, S. 28). Dies schließt die Berechtigung des Hauptverwaltungsbeamten zur Übersendung von Vorlagen nicht aus. Bedenken gegen eine solche Berechtigung könnten sich allenfalls im Hinblick auf Sitzungsunterlagen ergeben, die für nichtöffentliche Sitzungen erstellt worden sind oder die personenbezogene Daten erhalten, deren Weitergabe nach den Datenschutzgesetzen unzulässig ist. In diesem Zusammenhang ist jedoch zu berücksichtigen, dass die Gemeindeordnung den Ratsmitgliedern und Mitgliedern von Bezirksvertretungen ausdrücklich das Recht einräumt, sich zu Fraktionen zusammenzuschließen. Aus den gemeindeordnungsrechtlichen Regelungen ist zu schließen, dass es nach der Gemeindeordnung Aufgabe der Fraktionen ist, die Willensbildung in den Kommunalvertretungen mit vorzubereiten und im Ergebnis teilweise dadurch zu erleichtern, dass schon vorab eine abgestimmte Willensbildung in der Fraktion selbst erfolgt. Soweit daher dem Rat Unterlagen zur Erfüllung seiner Aufgaben zur Verfügung gestellt werden dürfen, bestehen auch unter Datenschutzgesichtspunkten keine Bedenken gegen eine Weiterleitung dieser Unterlagen an die Fraktionen. Allerdings setzt die Überlassung solcher Unterlagen an Fraktionsmitarbeiter, die nicht selbst Ratsmitglieder sind, eine Verpflichtung dieser Mitarbeiter nach dem Verpflichtungsgesetz voraus (vgl. dazu unten). Fraktionsvorsitzende haben kein eigenständiges, kraft ihrer Funktion zustehendes Akteneinsichtsrecht nach § 55. Fraktionsvorsitzende können nur im Einzelfall auf Beschluss des Rates oder auf Verlangen eines Fünftels der Ratsmitglieder oder der Fraktion ein Akteneinsichtsrecht geltend machen (§ 55 Abs. 4). Im Unterschied zum Akteneinsichtsrecht eines einzelnen Ratsmitgliedes gem. § 55 Abs. 5, ist das auf Antrag einer Fraktion zu gewährende Akteneinsichtsrecht nicht auf Akten zur Vorbereitung oder Kontrolle von Beschlüssen des Rates oder des Ausschusses, der er angehört, beschränkt.

Nach § 56 Abs. 3 Satz 1 gewährt die Gemeinde den Fraktionen und Gruppen **Zuwendungen** aus Haushaltsmitteln für die Geschäftsführung. Eine Gruppe erhält mindestens eine proportionale

Ausstattung, die 2/3 der Zuwendungen entspricht, die die kleinste Fraktion nach Abs. 1 Satz 2 erhält oder erhalten würde. Während früher das Gesetz dem Rat der Gemeinde die Entscheidung überließ, ob überhaupt den Ratsfraktionen Zuwendungen gezahlt werden sollen oder nicht, verpflichtet das Gesetz die Gemeinde jetzt grundsätzlich dazu. Die Höhe der gewährten Zuwendungen unterliegt weiterhin dem autonomen und pflichtgemäßen Ermessen des Rates. Obwohl § 56 Abs. 3 die Gemeinden verpflichtet, den Fraktionen und Gruppen aus Haushaltsmitteln Zuwendungen zu den sächlichen und personellen Aufwendungen für die Geschäftsführung zu gewähren, besteht kein Anspruch auf eine Vollkostenerstattung (VG Gelsenkirchen, Urteil vom 16.02.2007 – 15 K 1356/06). Diese Zuwendungen dürfen weder der verdeckten Parteien- oder Wahlkampffinanzierung dienen, noch die Aufwendungen der einzelnen Mandatsträger nach § 45 Abs. 4 ersetzen. Das Bundesverfassungsgericht hat es ausdrücklich als einen die Verfassung verletzenden Missbrauch bezeichnet, wenn ein Parlament seinen Fraktionen Mittel in einer Höhe bewilligt, die den Bedarf der Fraktionen infolge ihrer Parlamentstätigkeit überstiegen und zu einer verschleierten Parteienfinanzierung führten. Ebenso wäre es verfassungswidrig, wenn ein Gemeinderat seinen Fraktionen aus dem Gemeindehaushalt Zuschüsse gewährte, die eine Finanzierung der jeweiligen Partei oder Wählervereinigung enthielten. Zu den aus öffentlichen Mitteln erstattungsfähigen Aufwendungen zählen vielmehr allein solche Kosten, die mit der Vorbereitung der Arbeit des Gemeinderates und seiner Ausschüsse in unmittelbarem Zusammenhang stehen und die typischerweise nur den Fraktionen, nicht einzelnen fraktionslosen Ratsmitgliedern, erwachsen.

Durch die Sachleistungsgewährung ist die Freistellung von Gemeindebediensteten als **Fraktionsassistenten** nicht umfasst. Das Verwaltungsgericht Aachen hat (VG Aachen, Urt. V. 29.01.1988 – 4 K 951/87 –) dies zutreffend festgestellt: „Die Überstellung von Gemeindebediensteten, sei es Beamten, sei es Angestellten, unter Freistellung von ihren Dienstverpflichtungen gegenüber der Gemeinde als Fraktionsassistenten kann jedoch nicht mehr unter das Tatbestandsmerkmal der Zuwendungen aus Haushaltsmitteln subsumiert werden. Der Umstand, dass in der Praxis eine solche Überstellung von Fraktionsassistenten verbreitet ist, vermag die Rechtmäßigkeit dieses Vorgangs nicht zu begründen, da sie den Gesetzeswortlaut gegen sich hat" (ebenso Wansleben, in: Held, KoVerfR NW § 56 Anm. 1).

Im Übrigen ist strittig, welche Aufwendungen seitens der Fraktionen geltend gemacht werden können.

Anerkannt ist, dass die Fraktionszuwendungen aus Haushaltsmitteln für die **Anmietung von Räumen** für die Fraktionsgeschäftsstelle (soweit notwendig) und von Räumen zur bedarfsweisen oder dauernden Durchführung von Fraktionssitzungen verwendet werden dürfen. Die letztere Ausgabenstelle entfällt dann, wenn die Gemeinde unentgeltlich Räumlichkeiten, z.B. im Rathaus, zu Fraktionssitzungen zur Verfügung stellt. Auch die **Geschäftsbedürfnisse** für die laufende Fraktionsarbeit, wie die Anschaffung von Büromöbeln und -maschinen sowie Büromaterialien ist zulässig (sachliche und personelle Ausstattung der Geschäftsstelle). Die Beschaffung einer Grundausstattung an **Fachliteratur und Fachzeitschriften** ist ebenfalls zuzulassen, wobei ausschlaggebend ist, dass es sich nur um eine Grundausstattung handeln darf. Es besteht kein Bedürfnis dafür, dass Fraktionen eine Art „Zweitbibliothek" zur Verwaltungsbibliothek unterhalten. Im Übrigen ist es auch den Fraktionen zumutbar, die öffentlichen und Verwaltungsbibliotheken zu benutzen. Darüber hinaus dürfen Zuwendungen zu **Beiträgen an die kommunalpolitischen Vereinigungen** gezahlt werden.

Die Zahlung von Aufwendungsersatz für die Durchführung von **Fraktionssitzungen an anderen Orten** als dem Sitz der Vertretung verstoßen grundsätzlich gegen den Grundsatz der Wirtschaftlichkeit und Sparsamkeit. Die Entscheidung, ob solche Veranstaltungen stattfinden können, sollte vom Rat in allgemeinen Regelungen getroffen werden. Ausgehend vom Grundsatz der Wirtschaftlichkeit und Sparsamkeit, dürften auswärtige Fraktionssitzungen grundsätzlich scheitern. Eine Ausnahme könnten allenfalls Informationsreisen zur Vorbereitung von Initiativen der Fraktionen in der Vertretung sein. **Fortbildungsreisen** und allgemeine Bildungsreisen fallen jedenfalls nicht unter § 56 Abs. 3 Satz 1. Bildung und Fortbildung ist eine individuelle Aufgabe eines jeden Ratsmitgliedes bzw. eine Parteiaufgabe. Von daher sind diese Kosten entweder durch die allgemeine Aufwandsentschädigung abgedeckt oder von den Parteien zu tragen.

Auch ein einzelnes Ratsmitglied, das weder einer Fraktion noch einer Gruppe angehört, hat Anspruch auf Sachmittel und Kommunikationsmittel zum Zwecke seiner Vorbereitung auf die Ratssitzung in einem angemessenen Umfang (Abs. 3 Satz 5). Alternativ hierzu kann der Rat beschließen, dem einzelnen Ratsmitglied aus Haushaltsmitteln finanzielle Zuwendungen zukommen zu lassen. Diese dürfen jedoch die Hälfte des Betrages nicht übersteigen, die eine Gruppe mit zwei Mitgliedern erhält. Die Entscheidung über die Gewährung von Zuwendungen darf typisiert und pauschaliert erfolgen. Sie muss sich nicht an den Rahmenbedingungen der individuellen Ratsarbeit ausrichten. Insofern besteht kein Anspruch auf Zuwendung und Bereitstellung bestimmter Mittel und Ressourcen (OVG, Urteil vom 10.02.2012 – 15 B 212/12). Anders als in staatlichen Parlamenten dürfen auf kommunaler Ebene keine Rücklagen durch Fraktionen gebildet werden (Meyer, Recht der Ratsfraktionen, Anm. 6.2.5). Erhält das einzelne Ratsmitglied Haushaltsmittel, so ist über die Verwendung ein Nachweis in einfacher Form zu führen, der unmittelbar dem Bürgermeister zuzuleiten ist. Die Zuwendungen sind ebenfalls Bestandteil der Anlage zum Haushaltsplan, wie dies für die Zuwendungen an die Fraktionen und Gruppen gefordert ist.

Unstreitig ist die Frage, wie die Zuwendungen zu gewähren sind. Zunächst ist es erforderlich, den **Bedarf** zu ermitteln und festzulegen, in welchem Umfang er abgedeckt werden soll. Dies bedeutet, dass man sich zunächst darüber Gedanken machen muss, ob die geltend gemachten Aufwendungen für die Geschäftsführung der Fraktion zulässig sind oder nicht. Liegt der Umfang fest, so ist zu entscheiden, welche durch Sachleistung oder Personalgestellung der Körperschaft abgedeckt und welche in Geld zugewendet werden sollen. Einzelne Fraktionen, auch Kleinstfraktionen, dürfen dabei nicht von den Zuwendungen ausgeschlossen werden. Die Höhe der Zuwendungen darf jedoch ohne Verletzung des Gleichheitsgrundsatzes nach der Zahl der Fraktionsmitglieder differenziert werden, wobei die Fraktionsstärke nicht allein ausschlaggebend sein darf. Ein **Grundbedarf** ist allen im Rat vertretenen Fraktionen gleichmäßig zuzubilligen. Darüber hinaus ist es zulässig, eine **Pauschale** nach Fraktionsstärke, also nach der Kopfzahl der Fraktionsmitglieder zu gewähren. Diese Zuwendungen sind in einer besonderen Anlage zum Haushaltsplan darzustellen (§56 Abs. 3 Satz 2). Die Anlage muss sämtliche Zuwendungen transparent machen; dies gilt auch für die Sach- und Personalleistungen. Einzelheiten ergeben sich aus der Neufassung der Verwaltungsvorschriften über die Gliederung der Haushaltspläne der Gemeinden und Gemeindeverbände sowie aus den Mustern zu den Bestimmungen der Gemeindeordnung und der Kommunalhaushaltsverordnung.

Die Fraktionen und Gruppen haben nach § 56 Abs. 3 Satz 3 über die Verwendung der ihnen gewährten Mittel einen Nachweis in einfacher Form zu führen. Dieser **Verwendungsnachweis** soll summarisch die wesentlichen Ausgabearten mit den darauf entfallenden Beträgen darstellen. Weiter erforderlich ist die Versicherung der Fraktions- bzw. Gruppenvorsitzenden, dass die Haushaltsmittel und Sachleistungen bestimmungsgemäß verwendet worden sind. Örtliche Kontrollinstanz ist der Bürgermeister. Ihm ist der Verwendungsnachweis am Ende des Haushaltsjahres von den Fraktionen unmittelbar zuzuleiten. Der Bürgermeister prüft den Verwendungsnachweis bzw. lässt diesen durch Mitarbeiter prüfen, die allerdings nicht der örtlichen Rechnungsprüfung angehören sollen. Gegenstand der Prüfung ist die Frage, ob die zur Verfügung gestellten Haushaltsmittel bestimmungsgemäß verwendet wurden.

Wie bereits erwähnt, kann statt der Geldzuwendung zur Anmietung von Räumlichkeiten, die Gemeinde den Fraktionen auch Fraktionsräume z.B. im Verwaltungsgebäude im Rathaus zuweisen. **Hausrecht und Ordnungsgewalt** werden in diesen Räumen vom Bürgermeister ausgeübt (OVG NRW, NWVBL 1990, S. 296). In diesem Fall stellt sich die Frage, ob dann der „Hausherr" berechtigt ist, Fraktionssitzungen in diesen Räumlichkeiten mit einem Hausverbot zu untersagen. Zunächst ist anzumerken, dass ein Anspruch nur zur Durchführung von Fraktionssitzungen, nicht aber zu Parteiveranstaltungen gegeben ist. Eine Abgrenzung im Einzelfall ist zwar schwer zu ziehen; um Fraktionssitzungen handelt es sich jedenfalls dann nicht mehr, wenn mehr Parteimitglieder als Fraktionsmitglieder anwesend sind, oder aber es sich um eine reine Bürgeranhörung handelt. „Die Sitzung muss dem Bild einer Fraktionssitzung entsprechen und nicht dem einer Parteiveranstaltung" (OVG Lüneburg, Beschl. vom 18.08.1987, – IV GD 52/87 –, S. 7). Wird der Fraktionsraum sachgerecht genutzt, so kann ein Hausverbot nicht ausgesprochen werden. Nutzen die Fraktionsmitglieder sowie Ratsmitglieder, die mit der Fraktion zusammenarbeiten (Hospitanten), oder Besucher, die der Fraktion zugewiesenen Räumlichkeiten dergestalt, dass es zur Störung des allgemeinen Dienstbetriebes oder anderer in dem Dienstgebäude untergebrachter Institutionen kommt, so kann von dem Hausverbot Gebrauch gemacht werden. Dies gilt z.B. dann, wenn der Fraktionsraum zweckentfremdet (z.B. als Schlafplatz) genutzt wird, und dadurch der Dienstbetrieb gestört wird. Dies gilt selbstverständlich nur für die Fälle, in denen seitens der Gemeinde eigene Räumlichkeiten den Fraktionen zur Nutzung überlassen worden sind. Hat die Fraktion Räumlichkeiten außerhalb des Verwaltungsgebäudes angemietet, so scheidet das Hausrecht der Gemeinde von vornherein aus.

Schließlich stellt sich die Frage, unter welchen Voraussetzungen der **Ausschluss aus einer Ratsfraktion** möglich ist. Fehlt es an Gründen, die nach dem Fraktionsstatut den Fraktionsausschluss rechtfertigen, bedarf es eines sonstigen wichtigen Grundes (OVG NRW, NWVBL 1989, S. 130). Der liegt vor, wenn das ausgeschlossene Ratsmitglied das Vertrauensverhältnis innerhalb der Fraktion nachhaltig und derartig stört, dass eine weitere Zusammenarbeit den übrigen Fraktionsmitgliedern nicht zugemutet werden kann. Umgekehrt rechtfertigt nicht jedes abweichende Verhalten den Entzug der Teilhabemöglichkeiten, die die Fraktionsmitgliedschaft gewährleistet. Ein Ausschluss wäre demnach möglich, wenn das betreffende Fraktionsmitglied in Kernfragen bzw. in zentralen Punkten der gemeinsamen Fraktionsabsprache abweicht bzw. z.B. durch Äußerungen in der Öffentlichkeit über die Fraktionsarbeit eine grobe Schädigung der Fraktion verursacht. Die Fraktion ist dabei an den Verhältnismäßigkeitsgrundsatz gebunden. Vor dem Fraktionsausschluss ist eine Anhörung des Betroffenen unter Eröffnung der Ausschlussgründe erforderlich. Die Frage, ob der Ausschluss von der Mehrheit der Fraktionsmitglieder beschlossen werden kann oder eine einstimmige Entscheidung aller in der Fraktion verbleibenden Mitglieder erforderlich ist, sollte im Fraktionsstatut geregelt werden. Gegen den Ausschlussbeschluss der Fraktion ist für das betroffene Ratsmitglied der Verwaltungsrechtsweg eröffnet. Der Ausschluss aus einer Fraktion ist kein Verwaltungsakt.

§ 46 Satz 1 normiert u.a., dass Fraktionsvorsitzende eine vom für Kommunales zuständigen Ministerium festzusetzende Aufwandsentschädigung erhalten. Diese Festlegung wird in der Entschädigungsverordnung für die Gemeinden verbindlich getroffen. Ein Entscheidungsspielraum besteht nicht mehr. Seit 1994 ist in der GO die gesonderte Entschädigung für stellvertretende Fraktionsvorsitzende enthalten: in Fraktionen ab 10 Fraktionsmitgliedern erhält ein Stellvertreter, in Fraktionen ab 20 Mitgliedern erhalten zwei Stellvertreter, ab 30 Mitgliedern drei Stellvertreter die Entschädigung. Sie entfällt, wenn es sich um einen hauptamtlichen Fraktionsmitarbeiter handelt.

10. Ausschüsse des Rates

Der Rat wäre überfordert, müsste er alle Angelegenheiten, die nicht vom Bürgermeister erledigt werden können, selbst beraten und entscheiden. Aus diesem Grund kann der Rat nach § 57 Abs. 1 Ausschüsse bilden. Die Ausschüsse sollen im Wesentlichen zwei Funktionen ausüben. Sie sollen die Ratsentscheidungen vorberaten, indem sie Empfehlungen zur Beschlussfassung aussprechen. Sie sollen aber auch eigenständig über Angelegenheiten entscheiden, für die sie kraft Gesetzes entscheidungsbefugt sind, oder die ihnen nach § 41 Abs. 2 S. 1 zur Entscheidung übertragen worden sind.

Ob und welche Ausschüsse der Rat bilden will, liegt zunächst grundsätzlich in seiner freien Entscheidung. Allerdings sieht die Gemeindeordnung sog. Pflichtausschüsse vor. Darüber hinaus gibt es Ausschüsse, die aufgrund von anderen Gesetzen gebildet werden müssen. Insgesamt kann man die Ausschüsse in folgende Gruppen aufteilen:

- Pflichtausschüsse nach GO:

  Gemäß § 57 Abs. 2 müssen in jeder Gemeinde ein Hauptausschuss, ein Finanzausschuss und ein Rechnungsprüfungsausschuss gebildet werden. Die Aufgaben des Finanzausschusses können nach entsprechendem Ratsbeschluss auch vom Hauptausschuss mit wahrgenommen werden. Die Verpflichtung zur Bildung eines Ausschusses für Angelegenheiten der zivilen Verteidigung besteht seit dem 17.10.1994 nicht mehr.

- Pflichtausschüsse nach Sondergesetzen:

  Zahlreiche Spezialgesetze sehen die Bildung von Ausschüssen vor. Voraussetzung der Bildung, der Festlegung des Aufgabenbereiches und der Zusammensetzung dieser Ausschüsse sind weitgehend in den sondergesetzlichen Regelungen normiert. Auf diese kann hier im Einzelnen nicht eingegangen werden. Beispielhaft sollen genannt sein: der Krankenhausausschuss, der Betriebsausschuss nach der Eigenbetriebsverordnung, der Umlegungsausschuss nach Baugesetzbuch, der Gutachterausschuss, der Denkmalausschuss, der Wahlausschuss, der Verwaltungsrat der Sparkasse, der Jugendhilfeausschuss etc.

- Freiwillige Ausschüsse:

  Wie viele Ausschüsse der Rat neben den Pflichtausschüssen bildet, steht ihm frei. Erfahrungen haben jedoch gezeigt, dass eine große Zahl von Ausschüssen der Qualität der Aufgabenerledigung eher abträglich ist. Schon aus diesem Grunde sollte genau erwogen werden, welche Ausschüsse tatsächlich die Arbeit des Rats erleichtern können.

10.1 Bildung und Besetzung der Ausschüsse

Nach der Konstituierung des Rates sind so bald wie möglich Ausschüsse zu bilden und zu besetzen. Die Gemeindeordnung schreibt einen Zeitpunkt für die Bildung der Ausschüsse nicht vor. Eine Ausnahme gilt nur für den Wahlprüfungsausschuss (§ 40 Abs. 1 KWahlG). Dieser müsste in der ersten Sitzung der neugewählten Vertretung bestellt werden, da der neue Rat nach Vorprüfung durch den Wahlprüfungsausschuss unverzüglich über Einsprüche und die Gültigkeit der Wahl zu entscheiden hat. Unverzüglich bedeutet, dass auch der Ausschuss ohne schuldhaftes Zögern installiert werden muss. In der Praxis lässt sich diese Vorgabe jedoch kaum verwirklichen. Aufgrund des Wahlverfahrens stellt sich der Vorgang der Ausschussbesetzung einschl. der Verteilung der Ausschussvorsitze als Einheit dar. Es ist kaum möglich, einzelne Ausschüsse herauszugreifen und vorab zu besetzen. Von daher wird die Bildung und Besetzung auch des Wahlprüfungsausschusses in der Regel erst in der zweiten Ratssitzung im Zusammenhang mit den anderen Ausschüssen erfolgen können.

Die Konstituierung der Ausschüsse, die in der zweiten Sitzung des Rates erfolgen sollte, hat sich in mehreren Schritten zu vollziehen: Zunächst muss der Rat festlegen, **welche Ausschüsse** er neben den Pflichtausschüssen bilden will. Ein Mehrheitsbeschluss ist ausreichend. Obwohl hinsichtlich der Pflichtausschüsse der Mehrheitsbeschluss nur deklaratorische Bedeutung hat, empfiehlt es sich, im Ratsbeschluss alle zu bildenden Ausschüsse aufzuführen. In diesem Zusammenhang ist auch zu entscheiden, welche Aufgaben die Ausschüsse übertragen bekommen. Hinsichtlich der Pflichtausschüsse sind die sondergesetzlichen Vorgaben zu beachten.

Soweit Anzahl, Bezeichnung und Aufgabenfeld der Ausschüsse in der Hauptsatzung oder als Anlage zur Hauptsatzung (Zuständigkeitsordnung) festgelegt worden sind, gelten diese über den Ablauf der Wahlzeit des Rates, der sie erlassen hat, fort. Der neugewählte Rat ist an diese Festlegungen der Hauptsatzung gebunden. Will er Veränderungen vornehmen, so muss er zunächst über die Änderung der Hauptsatzung beschließen und diese Änderung wirksam öffentlich bekanntmachen. Die Konstituierung der Ausschüsse wäre dann erst in einer weiteren Ratssitzung nach der öffentlichen Bekanntmachung der Hauptsatzungsänderung möglich. Unter Umständen kommt eine rückwirkende Änderung in Betracht. Aus Gründen der Flexibilität ist zu empfehlen, von entsprechenden Regelungen in der Hauptsatzung abzusehen.

Im zweiten Schritt hat der Rat die **Zahl der Ausschussmitglieder** festzulegen. Diese Entscheidung trifft der Rat nach freiem Ermessen; gesetzliche Sondervorschriften sind zu beachten (z.B. §§ 4, 5 AGKJHG, § 114 Abs. 3). Die Zahl der Ausschussmitglieder kann demnach sowohl gerade als auch ungerade sein, auch kann die Zahl der Ausschussmitglieder von Ausschuss zu Ausschuss differieren. Im Regelfall empfiehlt es sich, die Zahl der Ausschussmitglieder einheitlich durch ungerade Zahlen festzulegen. Der Hauptausschuss ist hiervon ausgenommen, da der Bürgermeister den Vorsitz führt und Stimmrecht hat (§ 57 Abs. 3). Die Regelungsbefugnis des Rates bei der Festlegung der Ausschussgröße erfährt auch keine Einschränkung dergestalt, dass sämtliche Fraktionen in den Ausschüssen mit beschließender Stimme vertreten sein müssen. Der Minderheitenschutz zwingt den Rat nicht zu einer entsprechenden Festlegung (vgl BVerwG, NVwZ-RR 1993, S. 209). Denn zunächst haben alle Fraktionen, die nicht mit einem stimmberechtigten Mitglied im Ausschuss vertreten sind, das Recht, nach § 58 Abs. 1 Satz 7 beratende Ausschussmitglieder zu benennen. Zudem sind nach § 41 die wesentlichen Entscheidungen dem Gemeinderat vorbehalten. Alle Ratsmitglieder können an diesen Entscheidungen mitwirken, auch wenn sie, ihre Gruppe oder Fraktion nicht stimmberechtigt im Ausschuss vertreten sind.

Im nächsten Schritt hat der Rat darüber zu entscheiden, wie die Ausschüsse im Einzelnen zusammengesetzt sein sollen. Es geht letztendlich um die **Festlegung des Anteils der sachkundigen Bürger und der sachkundigen Einwohner.** Zu beachten ist § 58 Abs. 3 Satz 3, wonach die Zahl der sachkundigen Bürger die der Ratsmitglieder in den einzelnen Ausschüssen nicht erreichen darf. Dies bedeutet, dass z.B. bei einer Ausschussbesetzung von 13 Personen nicht mehr als 6 sachkundige Bürger dem Ausschuss angehören dürfen. Zudem sind Ausschüsse nur dann beschlussfähig, wenn die Zahl der anwesenden Ratsmitglieder die Zahl der anwesenden sachkundigen Bürger übersteigt. Aus diesen Gründen empfiehlt es sich, die Zahl der sachkundigen Bürger deutlich geringer festzulegen. In dem o.g. Beispiel also z.B. nur drei sachkundige Bürger zuzulassen.

Zu stimmberechtigten **sachkundigen Bürgern** können alle Bürger der Gemeinde gewählt werden, die dem Rat angehören können, Sie müssen also nach § 12 Kommunalwahlgesetz zum Rat wählbar sein und nicht als Beamte oder Bedienstete von der gleichzeitigen Mitgliedschaft in der Vertretung nach § 13 Kommunalwahlgesetz (Inkompatibilität) ausgeschlossen sein. Den in § 59 genannten Pflichtausschüssen dürfen keine sachkundigen Bürger angehören (§ 58 Abs. 3 Satz 1).

Sachkundige Einwohner sind alle volljährigen Einwohner der Gemeinde. Der Gesetzgeber wollte ursprünglich mit dieser Vorschrift die Mitwirkung von Ausländern mit beratender Stimme in den Ausschüssen ermöglichen. Eindeutiger gesetzgeberischer Wille war es damit nicht, allen zum Rat wählbaren Personen die zusätzliche

Möglichkeit eines Mitberatungsrechtes zuzubilligen. Allerdings beschränkt der Wortlaut des Gesetzes den Begriff des „sachkundigen Einwohners“ nicht auf diejenigen, die mangels Wählbarkeit nicht sachkundige Bürger sein können und dürfen. Damit ist rechtlich wohl eine allgemeine Zulassung von beratenden Mitgliedern in den Ausschüssen unter dem Deckmantel des „sachkundigen Einwohners“ zulässig.

In der Praxis wurden denn auch erheblich mehr Bürger zum sachkundigen Einwohner gewählt, als ausländische Einwohner. Der Gesetzentwurf der Landesregierung zur Änderung der Gemeindeordnung (LT-Drs. 11/ 4983) sah zur Klarstellung des ursprünglichen gesetzgeberischen Willens eine Beschränkung auf Nichtdeutsche vor. Diese Beschränkung wurde im Laufe des Gesetzgebungsverfahrens fallengelassen, so dass nunmehr davon ausgegangen werden muss, dass es vom Willen des Gesetzgebers erfasst ist, auch Deutsche zu sachkundigen Einwohnern zu wählen. Durch den 1994 neu eingefügten Verweis in § 58 Abs. 4 Satz 2 wird insbesondere klargestellt, dass § 13 Kommunalwahlgesetz (Inkompatibilität) uneingeschränkt für alle sachkundigen Einwohner gilt. Eine zahlenmäßige Beschränkung der Zahl der sachkundigen Einwohner in einem Ausschuss besteht nicht; sie haben jedoch auch **kein Stimmrecht.** Über den genannten Personenkreis hinaus dürfen dem Ausschuss keine Mitglieder angehören. Dies gilt insbesondere für die Anwesenheit von sog. **Fachberatern.** Damit ist es etwa unzulässig, wenn Personalratsvorsitzende ständig an den Sitzungen des Personalausschusses teilnehmen; ebenso ist es nicht statthaft, wenn z.B. der Vorsitzende des Stadtsportverbandes einen Beraterstatus im Sportausschuss bekommt. Einen Ausweg bildet die Wahl dieser Personen zu sachkundigen Einwohnern. § 58 enthält eine abschließende Regelung über die Zusammensetzung der Ausschüsse. Für eigene Organisationsentscheidungen des Rates bleibt insofern kein Platz. Eine beratende Mitgliedschaft im Ausschuss ist lediglich in den vom Gesetzgeber ausdrücklich zugelassenen Ausnahmefällen möglich. Dies gilt zunächst für die beratenden Ausschussmitglieder nach § 58 Abs. 1 Satz 7 bis 10, für Ratsmitglieder, deren Antrag in einer Ausschusssitzung beraten wird, sie aber selbst dem Ausschuss nicht angehören, für sachkundige Einwohner sowie Sachverständige und Einwohner, die zur Beratung **einzelner** Punkte der Tagesordnung hinzugezogen werden können.

Nach den vorangegangenen Grundsatzentscheidungen beginnt die eigentliche **Besetzung der Ausschüsse.** Der Gesetzgeber gibt dabei den Fraktionen die Möglichkeit, sich zunächst über die Besetzung der Ausschüsse zu einigen. Gemäß § 50 Abs. 3 Satz 1 kann dann durch den einstimmigen Beschluss der Ratsmitglieder – der Bürgermeister darf in diesem Fall nicht mitstimmen (§ 40 Abs.

2 Satz 6) – die Besetzung erfolgen. Der einstimmige Beschluss der Ratsmitglieder hat den Vorteil, dass z.B. kleineren Fraktionen durchaus ein Ausschusssitz eingeräumt werden kann, der im Falle einer Wahl dieser Fraktion nicht zustehen würde. Der einheitliche Wahlvorschlag kommt zustande, solange keine Gegenstimme abgegeben wird. Stimmenthaltung und ungültige Stimmen hindern den einstimmigen Beschluss nicht. Eine Gegenstimme reicht allerdings aus, den einheitlichen Wahlvorschlag zum Scheitern zu bringen.

Kommt ein einstimmiger Beschluss nicht zustande, ist nach den Grundsätzen der Verhältniswahl über die Wahlvorschläge der einzelnen Fraktionen und Gruppen abzustimmen. Für das Abstimmungsverfahren gilt § 50 Abs. 3 Satz 2 und 3. Das Verhältniswahlverfahren richtet sich nach der Kommunalwahl 2009 wieder nach dem Zählverfahren Haré/Niemeyer. Die Sitzverteilung nach Haré/ Niemeyer sei an dem nachfolgenden Beispiel veranschaulicht:

Die Wahlstellen sind auf die Wahlvorschläge der Fraktionen und Gruppen zu verteilen. Die Ausschusssitze sind nach dem Verhältnis der auf die einzelnen Listen abgegebenen Stimmen zu verteilen. Zu besetzen ist ein Ausschuss mit 12 Sitzen. Abgegeben wurden 20 gültige Stimmen, davon 8 für die Liste A, 7 für die Liste B und 5 für die Liste C. Danach ergibt sich die Sitzverteilung wie folgt: Die Stimmen der Parteien werden durch eine Wahlzahl dividiert. Die Wahlzeit erhält man durch Division der abgegebenen Stimmen (hier: 20) durch die Zahl der Mandate (hier: 12), 20 geteilt durch 12 ergibt eine Wahlzahl von 1,66. Liste A hat 8 Stimmen erhalten; 8 dividiert durch 1,66 ergibt 4,81. Liste B hat 7 Stimmen erhalten; 7 geteilt durch 1,66 ergibt 4,21. Liste C hat 5 Stimmen erhalten; 5 geteilt durch 1,66 ergibt 3,01. In ganzen Zahlen erhält Liste A 4 Sitze, Liste B ebenfalls 4 Sitze und Liste C 3 Sitze. Der noch offengebliebene 12. Sitz wird der Liste A zugeteilt, da sie den größten Zahlenbruchteil nach dem Komma erreicht hat. Das Endergebnis lautet somit: Liste A 5 Sitze, Liste B 4 Sitze, Liste C 3 Sitze.

Den Fraktionen und Gruppen steht es frei, wie sie die Liste gestalten. Es können Fraktionsmitglieder in die Liste aufgenommen werden, aber auch sachkundige Bürger und sachkundige Einwohner.

Sofern gemeinsame Wahlvorschläge eingereicht werden, ergeben sich Grenzen aus dem Grundsatz der Spiegelbildlichkeit von Rat und Ausschüssen. Nach der Rechtsprechung des Bundesverfassungsgerichtes für die Ausschüsse des Bundestages muss grundsätzlich jeder Ausschuss ein verkleinertes Abbild des Plenums sein und in seiner Zusammensetzung die Zusammensetzung des Plenums in seiner politischen Gewichtung widerspiegeln (BVGE 80/188 (122); BVerfG, Urt. vom 08. 11. 04 – 2 BvE 3/02,

DVBl 05, S. 185 (186)). Die Repräsentation des Volkes vollziehe sich nicht nur im Plenum, sondern auch in den Ausschüssen. Da die Prinzipien der Volkssouveränität und der Demokratie (Artikel 20 I/II GG) über Artikel 28 Abs. 1 I/II GG auch für die Länder und die Kommunen gelten, ist die bundesverfassungsgerichtliche Rechtsprechung insoweit auch für die kommunale Ebene zu übernehmen (BVerwG, Urt. vom 10. 12. 03 – 8 C 18.03, NWVBl 04, S. 184 (185); OVG NRW, Urt. vom 26. 11. 02 – 15 A 662/02, NWVBl 03, S. 267 (268)). Das OVG NRW vertrat im letztgenannten Urteil allerdings die Auffassung, dass die bundesverfassungsrechtlichen Vorgaben keine Spiegelbildlichkeit nach Fraktionen gebieten. Ausreichend sei ein Spiegelbild der Mehrheitsverhältnisse im Rat nach Wahlvorschlägen, und damit auch über fraktionsübergreifende Wahlvorschläge (OVG NRW, a.a.O.). Dieser Argumentation folgte das Bundesverwaltungsgericht in Auslegung des Bundesrechtes nicht. Das Wahlergebnis gebe im Fall gemeinsamer Wahlvorschläge nicht mehr die Zusammensetzung des Plenums und das darin wirksame politische Meinungs- und Kräftespektrum wider. Zählgemeinschaften würden weder vom Volk gewählt, noch verfolgten sie gemeinsame politische Ziele. Der Minderheitenschutz werde missachtet, wenn über Zählgemeinschaften die Zusammensetzung der Ausschüsse zu Lasten einer Minderheit geändert würden (BVerwG, Urt. vom 10. 12. 03, NWVBl 04, S. 184 (186)).

Das Bundesverwaltungsgericht hat seine Rechtsprechung zum Gebot der spiegelbildlichen Abbildung der Mehrheitsverhältnisse bei der Besetzung der Ausschüsse mit Urteil vom 09.12.2009 (8 C 17/08, NVwZ 2010, 834 ff.) fortgeführt. Nach Auffassung des Bundesverwaltungsgerichtes sind gemeinsame Vorschläge von Fraktionen auch dann unzulässig, sofern sie auf Koalitionsvereinbarungen zurückzuführen sind. Die Zulassung gemeinsamer Wahlvorschläge von Fraktionen in der Gemeindevertretung eröffnet die Möglichkeiten anderer Fraktionen, die entsprechend dem Spiegelbildlichkeitsgrundsatz bei der Ausschussbesetzung berücksichtigt werden müssten, hiervon auszuschließen. Darin liege eine Beeinträchtigung der im Grundsatz gleicher Repräsentation zum Ausdruck kommenden Erfolgswertgleichheit der kommunalen Wählerstimmen. Unerheblich sei dabei, ob solche Möglichkeiten im Einzelfall manipulativ genutzt würden oder ob sich das Verdrängen der anderen Fraktion als unbeabsichtigte Nebenfolge der Zulassung des gemeinsamen Wahlvorschlages ergebe. Jede Fraktion müsse aufgrund der einzelnen Wahlvorschläge die gleiche Chance haben, entsprechend ihrer Stärke im Plenum, in die Ausschüsse gewählt zu werden. Dass Mitglieder einer Fraktion Wahlvorschläge einer anderen Fraktion wählen könnten mit der Folge, dass sich die Fraktionsstärken im Plenum nicht in den Ausschüssen widerspiegelten, sei eine mit der Wahl naturgemäß einhergehende Unwägbarkeit. Dies entbinde die Beteiligten nicht bei der Gestaltung des Wahlverfahrens, die Grundentscheidung der Verfassung für die Prinzipien der Volkssouveränität und der Demokratie auch auf der Ebene der Gemeinden zu respektieren.

Über die Besetzung der einzelnen Ausschüsse ist in einem Wahlgang abzustimmen. Dies gilt auch, wenn der Ausschuss aus unterschiedlichen Mitgliedern (Ratsmitglieder, sachkundige Bürger, sachkundige Einwohner) besteht.

Hat der Rat bei der ursprünglichen Ausschussbildung zu Beginn der Wahlperiode des Rates keine sachkundigen Einwohner in die Ausschüsse gewählt, ist er nicht gehindert, eine spätere **Nachwahl der sachkundigen Einwohner** vorzunehmen. Er kann dann ohne Auflösung und Neubildung eines oder aller Ausschüsse die sachkundigen Einwohner gem. § 50 Abs. 5 hinzu wählen. Sind bereits sachkundige Einwohner gewählt und soll ihre Zahl erhöht werden, ist dies aus Gründen des Minderheitenschutzes nur einvernehmlich oder im Wege der Abberufung und Neuwahl nur der sachkundigen Einwohner möglich (Mitt. NWStGB v. 20.04.1993, lfd Nr. 186).

Gemäß § 58 Abs. 1 Satz 7 bis 10 steht den Fraktionen, die in einem Ausschuss nicht vertreten sind, das Recht zu, für diesen Ausschuss ein Ratsmitglied oder einen sachkundigen Bürger, der dem Rat angehören kann, zu benennen. Das benannte Mitglied wird dann vom Rat zum Mitglied des Ausschusses, allerdings mit beratender Stimme, bestellt. Das Mitglied zählt bei der Zusammensetzung und der Berechnung der Beschlussfähigkeit des Ausschusses nicht mit. Die beratenden Mitglieder können dabei nicht nur für die freiwillig gebildeten Ausschüsse benannt werden, sondern auch für die Pflichtausschüsse einschl. der Ausschüsse kraft sondergesetzlicher Regelung (z.B. Jugendhilfeausschuss, Schulausschuss, Wahlprüfungsausschuss). Nicht bestellt werden können beratende Mitglieder z.B. für den Gutachterausschuss, den Umlegungsausschuss, den Wahlausschuss, den Polizeibeirat (§§ 15 ff Polizeiorganisationsgesetz), den Verwaltungsrat der Sparkasse. Voraussetzung für ein Entsendungsrecht ist, dass die Fraktion in dem Ausschuss nicht mit einem stimmberechtigten Mitglied vertreten ist. Fraglich ist, ob dies auch dann gilt, wenn die Fraktion sich an einer Listenverbindung beteiligt hat, aber keinen Sitz erhalten hat oder auf den ihr zustehenden Sitz verzichtet hat. Im Ergebnis dürfte diese Frage zu bejahen sein, da das Gesetz die Benennung nicht von speziellen Voraussetzungen abhängig macht. Bilden sich während der Wahlzeit des Rates neue Fraktionen, etwa durch Abspaltung von bestehenden, so steht auch diesen Fraktionen ein Entsendungsrecht zu. Lösen sich Fraktionen während der Wahlzeit auf und bilden diese keine neuen Fraktionen, so erlischt das Benennungsrecht. Der gegenteiligen Auffassung, dass durch die Benennung und Bestellung durch den Rat die beratende Mitgliedschaft bis zum Ende der Wahlzeit andauert, kann nicht gefolgt werden, da sie im Gegensatz zur insoweit eindeutigen Gesetzeslage steht. Das Gesetz stellt erkennbar auf die Tatbestandsvoraussetzung ab, dass eine Fraktion nicht im Ausschuss vertreten ist. Entscheidend ist somit das Nichtvertretensein einer Fraktion. Existiert keine Fraktion, so ist die Grundvoraussetzung für das Entsendungsrecht entfallen. Dies kann auch nachträglich geschehen, mit der Folge, dass die Grundvoraussetzung für die Entsendung entfallen ist. Im Übrigen steht dem Rat kein Auswahlrecht bei den benannten Mitgliedern zu. Er kann allenfalls im Einzelfall ein von den Fraktionen benanntes Mitglied zurückweisen, wobei dies vornehmlich bei sachkundigen Bürgern in Betracht kommen könnte, bei denen der Rat etwa begründete Zweifel an der Einhaltung der Verschwiegenheitspflicht des Betroffenen hat. Eine Zurückweisung kann aber nur in insoweit eindeutigen Einzelfallsituationen möglich sein.

Das Gesetz (§ 58 Abs. 1 Satz 3) legt weiterhin fest, dass der Bürgermeister mit beratender Stimme das Recht hat, an den Sitzungen der Ausschüsse teilzunehmen. Ihm ist auf Verlangen jederzeit das Wort zu erteilen. In gewisser Weise handelt es sich hierbei um eine Doppelregelung, da auch § 69 Abs. 2 dem Bürgermeister Teilnahme- und Rederecht verschafft. Ratsmitglieder, die einem Ausschuss nicht angehören, können an den nichtöffentlichen Sitzungen des Ausschusses als Zuhörer teilnehmen. Sachkundige Bürger, die zu stellvertretenden Ausschussmitgliedern gewählt worden sind, haben einen gesetzlichen Zuhöreranspruch an den nichtöffentlichen Sitzungen ihres Ausschusses. An nichtöffentlichen Sitzungen anderer Ausschüsse können sie teilnehmen, wenn dies die Geschäftsordnung vorsieht und der Aufgabenbereich ihres Ausschusses durch den Beratungsgegenstand berührt ist; insofern ist das Teilnahmerecht durch die Neuregelung in § 58 Abs. 1 Satz 4 beschränkt worden. Die Teilnahme als Zuhörer begründet kein Recht, sich an den Beratungen zu beteiligen. Im Gegenteil, eine Beratung ist ausgeschlossen. Eine Ausnahme gilt nur in den Fällen, in denen ein Antrag beraten wird, den ein Ratsmitglied gestellt hat, das dem Ausschuss nicht angehört. Hiermit ist der eng begrenzte Fall gemeint, dass der Sachantrag eines Ratsmitgliedes aufgrund sachlicher Zuständigkeit an einen Ausschuss verwiesen worden ist, dem dieses Ratsmitglied nicht angehört. Handelt es sich um einen Fraktionsantrag, so kann diese Vorschrift von vornherein keine Anwendung finden, da die Fraktionen, zumindest durch ein beratendes Mitglied, immer in den Ausschüssen vertreten sind. Die Teilnahme als Zuhörer begründet keinen Anspruch auf Ersatz des Verdienstausfalles und auf Zahlung von Sitzungsgeld. Bei einer Mitberatungsbefugnis gelten dagegen die Entschädigungsregelungen.

Die **Stellvertretung der Ausschussmitglieder** wird seit der Reform 1994 in § 58 Abs. 1 Satz 2 ausdrücklich erwähnt. Auch die stellvertretenden Ausschussmitglieder werden vom Rat gewählt. Statt der Verhältniswahl kann dabei auch folgendes Verfahren gewählt werden, wenn die Fraktionen wünschen, dass jedes Ratsmitglied, das einem Ausschuss nicht angehört, jedes Ausschussmitglied zu einer Fraktion vertreten soll. Alle Ratsmitglieder werden in diesem Fall in die Wahlvorschläge aufgenommen und der Rat einigt sich darauf, dass alle nicht als Mitglied eines Ausschusses gewählten Ratsmitglieder in einer bestimmten Reihenfolge als stellvertretende Ausschussmitglieder tätig werden können. Die Stellvertretung muss dann aber auf jeden Fall so geregelt sein, dass der jeweilige Stellvertreter eindeutig bestimmbar ist. Keinesfalls ist es zulässig, es den Fraktionen zu überlassen, wen sie als Stellvertreter zu den einzelnen Sitzungen schicken wollen. Auch eine Kombination dergestalt, dass zunächst der gewählte persönliche Stellvertreter, bei dessen Verhinderung die nach den o.g. Kriterien aufgestellte Liste greift, ist möglich. Im Übrigen ist auch die Bestellung von Vertretern für die in einen Ausschuss gewählten sachkundigen Bürger zulässig. Dabei ist aber auf § 58 Abs. 3 Satz 3 Rücksicht zu nehmen. So kann es bei der Vertretung von Ratsmitgliedern durch sachkundige Bürger dazu kommen, dass die Zahl der sachkundigen Bürger die der Ratsmitglieder überschreitet. Von daher sollten entweder nur Ratsmitglieder zu stellvertretenden Ausschussmitgliedern gewählt werden, oder aber sachkundige Bürger die sachkundigen Bürger und Ratsmitglieder die Ratsmitglieder vertreten, nicht aber sachkundige Bürger zu Stellvertretern von Ratsmitgliedern gewählt werden. Stellvertretende Ausschussmitglieder sind zur Teilnahme an den Sitzungen nur dann berechtigt, wenn das von ihnen vertretende Ausschussmitglied an der Teilnahme verhindert ist. Eine Verhinderung kann sowohl aus tatsächlichen als auch aus rechtlichen Gründen bestehen. Beispiele für eine tatsächliche Verhinderung sind Ortsabwesenheit oder Erkrankung, ein Beispiel für die rechtliche Verhinderung ist ein vorliegender Befangenheitsgrund des § 31. Gerade das letzte Beispiel zeigt, dass der Vertretungsfall während der Sitzung eintreten und auch wieder beendet sein kann, also z.B. nur für einen einzelnen Tagesordnungspunkt gegeben ist. Es würde den Grundsätzen der Gemeindeordnung widersprechen, wenn man dem ordentlichen Ausschussmitglied nach Beendigung der rechtlichen Verhinderung nicht wieder gestatten würde, an der Ausschusssitzung teilzunehmen. Umgekehrt kann ein ordentliches Ausschussmitglied nicht dem stellvertretenden Ausschussmitglied die Beratung und Abstimmung überlassen, z.B. weil dieses etwa die bessere Sachkompetenz in einem Tagesordnungspunkt besitzt. Dies ist kein Fall der Verhinderung, welche eine Stellvertretung voraussetzt. Weiterhin ist auch keine Verhinderung gegeben, wenn das ordentliche Ausschussmitglied auf der

Zuhörerbank Platz nimmt und seinem Stellvertreter die Möglichkeit einräumt, an der Beratung und Abstimmung teilzunehmen. Ein Fall der Verhinderung würde nur in den Fällen vorliegen, in denen das ordentliche Ausschussmitglied etwa wegen plötzlichen Unwohlseins nicht mehr in der Lage ist, der Sitzung ordnungsgemäß zu folgen. Gerade dieses Beispiel macht aber deutlich, dass einzelne Fälle der tatsächlichen Verhinderung vom Vorsitzenden nur schwer nachprüfbar sind. Ergibt sich aus der Beurteilung des Einzelfalles, dass das ordentliche Ausschussmitglied seinem Stellvertreter ohne sachlichen Verhinderungsgrund das Recht einräumen wollte, an der Beratung und Abstimmung teilzunehmen, so liegt kein Fall der Verhinderung vor, so dass der Ausschussvorsitzende die Teilnahme des stellvertretenden Ausschussmitgliedes unterbinden muss. Keinesfalls ist es zulässig, dass das ordentliche Ausschussmitglied und sein Stellvertreter „nebeneinander" am Beratungstisch sitzen und etwa gemeinsam zu einem Tagesordnungspunkt Stellung nehmen.

10.2 Ersetzen von Ausschussmitgliedern

Während der Wahlzeit des Rates kann es vorkommen, dass Ausschussmitglieder, aus welchen Gründen auch immer (z.B. Mandatsniederlegung, Tod, Niederlegung des Ausschusssitzes etc.), aus dem Ausschuss ausscheiden. In diesen Fällen wird der Ausschusssitz kurzfristig vakant, so dass in Ermangelung eines ordentlichen Ausschussmitgliedes auch **kein Fall der Stellvertretung** vorliegt. Die Teilnahme des Stellvertreters scheidet daher – streng rechtlich gesehen – aus. Um das politische Gleichgewicht im Ausschuss jedoch kurzfristig zu erhalten, wird es zugelassen, dass der Vertreter des ausgeschiedenen Ausschussmitgliedes in entsprechender Anwendung des Verhinderungsfalles bis zur Ersetzung des ordentlichen Ausschussmitgliedes an den Sitzungen teilnimmt. Diese Ausnahmeregelung ist jedoch nur für einen kurzen Zeitraum zulässig. Keinesfalls darf das stellvertretende Ausschussmitglied etwa bis Ende der Wahlzeit als Stellvertreter an den Ausschusssitzungen teilnehmen. Es muss jedoch bedacht werden, dass diesem Vorgehen ein hohes rechtliches Risiko anhaftet.

Der Rat hat in den Fällen des Ausscheidens eines Ausschussmitgliedes zu versuchen, den freigewordenen Ausschusssitz neu zu besetzen. Dies konnte früher grundsätzlich nur durch einstimmigen Ratsbeschluss über die Ersetzung des ausgeschiedenen Ausschussmitgliedes geschehen. Kam dieser einstimmige Ratsbeschluss nicht zustande, blieb nur die Möglichkeit, den freigewordenen Sitz unbesetzt zu lassen oder aber den Ausschuss durch Mehrheitsbeschluss aufzulösen und nach § 50 Abs. 3 neu zu besetzen. Diese unbefriedigende Rechtslage hat der Gesetzgeber bei der Reform 1994 geändert. Nunmehr lässt es § 50 Abs. 3 Satz 5 zu, im Wege der Mehrheitswahl einen Nachfolger für das ausgeschiedene Ausschussmitglied zu wählen. Vorschlagsberechtigt ist allein die Fraktion oder Gruppe, der das ausgeschiedene Mitglied **im Zeitpunkt seiner Wahl** angehörte.

Verlässt ein gewähltes Ausschussmitglied seine Fraktion oder gibt es aus anderen Gründen Differenzen im Ausschuss, so kann der Rat die gewählten Ausschussmitglieder nicht durch Mehrheitsbeschluss abberufen und durch andere Mitglieder ersetzen. Die Ersetzung dürfte nur durch einstimmigen Ratsbeschluss zulässig sein. Fraglich ist, ob der Rat in diesen Fällen die Ausschüsse auch auflösen kann. Das Gesetz schweigt sowohl in § 50 wie in § 58 über die Frage, inwieweit Neubesetzungen, etwa infolge Austritts aus der Fraktion, vorzunehmen sind. Grundsätzlich kann festgestellt werden, dass der Austritt aus der Fraktion, über deren Liste das Ausschussmitglied den Sitz erhalten hat, keine Auswirkungen auf den Ausschusssitz selbst hat. Andererseits verbietet die Gemeindeordnung auch den Fraktionen nicht, andere Mittel auszuschöpfen, um die der Ausschussbesetzung zugrundeliegenden Fraktionszugehörigkeitsverhältnisse aufrechtzuerhalten. Mangels entgegenstehender Vorschriften ist demnach die **Auflösung des Ausschusses zwecks Neubesetzung** durch einfachen Mehrheitsbeschluss möglich. Fraglich bleibt, ob dieses Ergebnis auch dann gilt, wenn die Ausschüsse nicht nach den Grundsätzen der Verhältniswahl, sondern durch einstimmigen Ratsbeschluss besetzt worden sind. Hier könnte man die Auffassung vertreten, die Auflösung eines einzelnen Ausschusses sei ausgeschlossen, da dadurch der Minderheitenschutz verletzt werden könnte. Es käme insofern dann nur die Auflösung aller Ausschüsse in Betracht. Hiergegen spricht allerdings, dass die Gemeindeordnung in den Folgewirkungen keinerlei Unterschiede zwischen den durch Verhältniswahl oder durch einstimmigen Ratsbeschluss besetzten Ausschüssen macht. Auch durch die Einstimmigkeit kann ein in den Ausschuss entsandtes Ratsmitglied kein unentziehbares Recht auf Ausschussmitgliedschaft geltend machen. Mit der Auflösung einzelner Ausschüsse hätte dann die Mehrheit durchaus die Möglichkeit, die mit weniger Mitgliedern im Rat vertretenen Fraktionen in der Ausschussbesetzung nachträglich zu benachteiligen. Diese Benachteiligungen werden aber durch die Verhältniswahl bei der Neubesetzung einerseits und das Recht zur Entsendung beratender Ausschussmitglieder andererseits in Grenzen gehalten. Darüber hinaus kann den §§ 58, 50 nicht entnommen werden, dass bei einstimmiger Besetzung der Ausschüsse ein verstärkter Minderheitenschutz aufleben soll. Vielmehr handelt es sich um politische Vorgänge, die sich einer rechtlich umfassenden Normierung entziehen. Daraus folgt, dass keine eindeutige Rechtswidrigkeit zu erkennen ist, wenn der Rat per Mehrheitsbeschluss Ausschüsse zur Neubesetzung auflöst.

Schließlich ist die in der Praxis nicht seltene Fallkonstellation zu behandeln, in der ein im Ausschuss tätiger sachkundiger Bürger als Nachrücker aufgrund des Ausscheidens eines Ratsmitgliedes selbst zum Ratsmitglied wird. Da Ratsmitglieder in einem Ausschuss nicht als sachkundige Bürger Mitglied sein dürfen (s.o. 10.1), verliert das neugewählte Ratsmitglied seinen Sitz im Ausschuss als sachkundiger Bürger. Dem Rat bleibt es aber unbenommen, durch Beschluss (soweit erforderlich) das Verhältnis zwischen Ratsmitgliedern und sachkundigen Bürgern zu ändern, so dass ein weiteres Ratsmitglied dem Ausschuss angehören kann, um dann den Ausgeschiedenen im Wege der Ersetzung wieder zum Ausschussmitglied zu machen.

10.3 Ausschussvorsitzende

Nachfolgend zur Besetzung der Ausschüsse erfolgt die Verteilung der Ausschussvorsitzenden und der Stellvertreter. Die Vorsitzenden und Stellvertreter werden von Ausnahmen abgesehen nicht aus der Mitte des Ausschusses gewählt. Vielmehr gilt das in § 58 Abs. 5 abschließend normierte Verfahren. Die Fraktionen einigen sich über die Verteilung aller Ausschussvorsitze. Dieser Einigung darf nicht von einem Fünftel der Ratsmitglieder widersprochen werden. Ist dies nicht der Fall, so ist das Verfahren der Vorsitzbestimmung abgeschlossen. Kommt eine Übereinkunft nicht zustande oder widerspricht ein Fünftel der Ratsmitglieder, so normiert § 58 Abs. 5 die Verteilung der Vorsitze bzw. stellvertretenden Vorsitze nach dem sog. Zugreifverfahren. Die Fraktionen greifen auf die Ausschussvorsitze in der Reihenfolge der Höchstzahlen zu (d`Hondt). Die Höchstzahlen werden durch Teilung der Mitgliederzahlen der Fraktionen durch 1, 2, 3 usw. ermittelt. Das Zugriffsrecht steht ausschließlich den Fraktionen zu, die sich allerdings zusammenschließen können. Einzelnen Ratsmitgliedern oder Gruppen von Ratsmitgliedern ohne Fraktionsstatus steht ein Zugriffsrecht nicht zu. Bei gleichen Höchstzahlen entscheidet das Los. Zu beachten ist, dass nicht auf alle vom Rat zu bildenden Ausschüsse das Zugreifverfahren Anwendung findet (z.B. Wahlausschuss, Umlegungsausschuss, Gutachterausschuss). Ausgenommen ist auch der Hauptausschuss, in dem der Bürgermeister kraft Gesetzes Vorsitzender ist. Da der Bürgermeister keiner Gruppe angehört, wird er auf keinen Wahlvorschlag angerechnet. Der Hauptausschuss wählt aus seiner Mitte einen oder mehrere Vertreter des Vorsitzenden.

Zum Vorsitzenden können nur Ratsmitglieder bestellt werden. Fraglich war lange, ob nur stimmberechtigte Ratsmitglieder zum Ausschussvorsitzenden bestimmt werden können, da die Gemeindeordnung hierzu schwieg. § 58 Abs. 5 Satz 1 enthält nun die nötige Klarstellung, dass nur stimmberechtigte Ausschussmitglieder zum Vorsitzenden des Ausschusses bestimmt werden können.

Soweit ein Ausschussvorsitzender oder ein stellvertretender Ausschussvorsitzender aus dem Ausschuss durch Mandatsverzicht oder durch Tod ausscheidet, ist § 58 Abs. 5 Satz 5 und 6 zu beachten. Dies gilt auch dann, wenn er aus anderen Gründen den Ausschussvorsitz niederlegt. Danach bestimmt die Fraktion, der er angehört, ein Ratsmitglied zum Nachfolger. Die Gesetzesformulierung legt den Gedanken nahe, das Bestimmungsrecht stehe der Fraktion zu, der der Ausschussvorsitzende im Zeitpunkt seines Ausscheidens angehörte. Nach dem Sinn des Verfahrens muss das Ersatzbestimmungsrecht der Fraktion zustehen, die die Erstbestimmung vorgenommen hat.

Das Verfahren gilt entsprechend für stellvertretende Vorsitzende. Ein Nachwahlverfahren findet nicht statt. Durch den **Austritt aus einer Fraktion** wird der Ausschussvorsitz allerdings nicht berührt, es sei denn, der Ausschussvorsitz wird ausdrücklich ebenfalls niedergelegt. Bleibt aber das betroffene Ratsmitglied im Ausschuss und legt den Vorsitz nicht nieder, so führt allein der Austritt aus der Fraktion noch nicht zu einem Ersatzbestimmungsrecht. In der Praxis kommt es gelegentlich zu der Situation, dass eine Fraktion sich weigert, das ihr zustehende Ersatzbestimmungsrecht auszuüben. In der Gemeindeordnung ist ein Verzicht auf die Ausübung des Ersatzbenennungsrechts zwar nicht vorgesehen, aber auch nicht ausgeschlossen. Ein Verzicht ist daher als zulässig anzusehen. Damit stellt sich die Frage des weiteren Vorgehens. Es bieten sich zwei mögliche Lösungen an: Das Zugreifverfahren könnte für alle Ausschüsse wiederholt werden oder aber das Zugreifverfahren bei der Bildung der Ausschüsse wird fortgesetzt, also der nachträgliche Verzicht auf den Ausschussvorsitz dem ursprünglichen Verzicht gleichgestellt; dies hätte zur Folge, dass das Benennungsrecht der Fraktion zufiele, die bei der Bildung der Ausschüsse als erste Fraktion nicht mehr zum Zuge kam. Sinn und Zweck des Zugreifverfahrens sowie Praktikabilitätserwägungen lassen den letztgenannten Lösungsweg vorzugswürdig erscheinen. Waren die Vorsitze aber im Wege des Einigungsverfahrens vergeben worden, scheidet diese Lösung aus. Hier bleiben dann nur eine erneute Einigung über die Ausübung des Zugriffsrechts auf den vakanten Ausschusssitz oder die Neudurchführung des Vorsitzverteilungsverfahrens.

Nach § 58 Abs. 6 ist das Verfahren zur Besetzung der Ausschussvorsitzenden nach § 58 Abs. 5 im Übrigen zu wiederholen, wenn Ausschüsse während der Wahlzeit neu gebildet, aufgelöst oder ihre Aufgaben wesentlich verändert werden. Dies bezieht sich natürlich nur auf Ausschüsse, auf die das Zugreifverfahren anzuwenden ist (s.o.). Durch diese gesetzlichen Vorschriften wird klargestellt, dass das Verfahren zur Besetzung der Ausschussvorsitze immer wiederholt werden muss, wenn während der Wahlzeit des

Rates Änderungen vorgenommen werden, die sich auf die Zahl und die Besetzung der Ausschüsse sowie ihren Aufgabenbestand auswirken. Der Gesetzgeber ist dabei davon ausgegangen, dass die im Rat vertretenen Fraktionen beim Zugreifverfahren auf die Ausschussvorsitze oder bei der einstimmigen Bestellung von Ausschussvorsitzenden von der zu dieser Zeit bestehenden Struktur der Ausschüsse ausgehen. Diese Struktur bildet gewissermaßen die Geschäftsgrundlage für den Zugriff auf die einzelnen Ausschussvorsitze. Kommt es zu nachträglichen Änderungen, so ändert sich diese Geschäftsgrundlage und die Voraussetzungen des § 58 Abs. 5 sind zu diesem Zeitpunkt entfallen, so dass bei nachträglicher Änderung eine erneute Einigung der Fraktionen über die Verteilung angestrebt werden muss. Unstreitig ist dabei, dass eine Neuverteilung der Ausschussvorsitze dann vorzunehmen ist, wenn während der Wahlzeit des Rates Ausschüsse wegfallen, also insgesamt aufgelöst werden, Ausschüsse hinzutreten, also neu gebildet werden, oder die Aufgabenzuständigkeit von bestehenden Ausschüssen wesentlich verändert wird, etwa Beschlusszuständigkeiten von einem Ausschuss auf einen anderen übertragen werden.

Fraglich ist, ob unter die Auflösung von Ausschüssen auch der Fall zu verstehen ist, dass der Ausschuss zwecks Ersetzung eines Ausschussmitgliedes aufgelöst und neu besetzt wird **(Auflösung zur Neubesetzung).** Der Wortlaut des § 58 Abs. 6 spricht nur vom „Auflösen" des Ausschusses. Des Weiteren kann auch nicht ausgeschlossen werden, dass die personelle Besetzung u.U. im Einzelfall Grundlage für das Zugreifverfahren oder die Einigung gewesen ist. Andererseits hat der Gesetzgeber die Vorschrift eingeführt, um bei Strukturveränderungen der Ausschüsse das Bestimmungsverfahren der Ausschussvorsitzenden wiederholen zu lassen. Zur Struktur der Ausschüsse gehört aber nach außen erkennbar grundsätzlich nicht die personelle Besetzung. Von daher führt eine vom Sinn und Zweck des § 58 Abs. 6 ausgehende Auslegung zu dem Ergebnis, dass die Auflösung des Ausschusses zur personellen Neubesetzung nicht unter die Vorschrift des § 58 Abs. 6 subsumiert werden kann (s. auch VG Gelsenkirchen, Urt. V. 16.07.1993 – 15 K 1554/92 – auszugsweise wiedergegeben in: Mitt. NWStGB 1993, lfd. Nr. 606). Diese Auslegung entspricht im Übrigen auch praktischen Gegebenheiten.

In der Praxis hat sich herausgestellt, dass häufig der Ausschussvorsitzende und sein Stellvertreter tatsächlich oder rechtlich an der Teilnahme der Sitzung verhindert sind. Die Bestellung eines **„Adhoc-Vorsitzenden"** oder Behelfsvorsitzenden entweder durch Mehrheitswahl oder durch die Fraktion, die den Vorsitzenden stellt, ist unzulässig. Die Unzulässigkeit folgt daraus, dass eine Einigung über den zweiten stellvertretenden Vorsitzenden nicht vorliegt bzw. das Zugreifverfahren sich nicht auf diesen erstreckt. In der Regel müssen die Sitzungen ausfallen, da ohne Vorsitzenden die Handlungsunfähigkeit des Ausschusses gegeben ist. Um diesem vorzubeugen, kann durchaus ein zweiter stellvertretender Vorsitzender auch für die Ausschüsse bestellt werden. Für dieses Verfahren gilt die Einigung der Fraktionen bzw. das Zugreifverfahren ebenfalls. Die Einigung kann nicht durch einen Dringlichkeitsbeschluss des Bürgermeisters mit einem Ratsmitglied (§ 60 Abs. 1 Satz 2) herbeigeführt werden, da die Minderheitenrechte verkürzt würden. Eine Nachwahl scheidet aus.

10.4 Verfahren in den Ausschüssen

Gemäß § 58 Abs. 2 finden auf die Ausschussmitglieder und das Verfahren in den Ausschüssen die für den Rat geltenden Vorschriften entsprechende Anwendung. Deshalb kann auf die entsprechenden Kapitel (Verfahren im Rat, Rechte und Pflichten der Ratsmitglieder) verwiesen werden. Für die **Ankündigung der Sitzung** in der Öffentlichkeit gilt allerdings die Voraussetzung der öffentlichen Bekanntmachung nicht. Vielmehr soll der Bürgermeister die Öffentlichkeit über Zeit und Ort der Ausschusssitzungen sowie die Tagesordnung in geeigneter Weise unterrichten. Die Vorschrift entbindet den Bürgermeister nur von der besonderen Formstrenge der öffentlichen Bekanntmachung. Sie entbindet ihn nicht davon, die Öffentlichkeit in geeigneter Weise vorher zu unterrichten. Im Allgemeinen geschieht dies durch Pressemitteilungen, in der Zeit und Ort der Sitzung und die wesentlichen Verhandlungsgegenstände mitgeteilt werden. Die Nichtöffentlichkeit von Sitzungen aus Gründen des Geheimhaltungsinteresses führt dabei nicht automatisch dazu, dass die Öffentlichkeit über diese Sitzungen überhaupt nicht mehr informiert wird. Vielmehr sollte auch in diesen Fällen eine entsprechende Pressemitteilung erfolgen, aus der sich allerdings nicht die genaue Bezeichnung des Tagesordnungspunktes ergeben darf, sofern die Geheimhaltungsinteressen entgegenstehen.

Im Übrigen ergeben sich aus der entsprechenden Anwendung der Verfahrensregeln des Rates verschiedene Probleme. Gemäß § 58 Abs. 2 Satz setzt der Ausschussvorsitzende im Benehmen mit dem Bürgermeister die Tagesordnung fest. Dadurch soll gewährleistet werden, dass die Verwaltung die Sitzung ordnungsgemäß vorbereiten (§ 62 Abs. 2 Satz 1) und begleiten kann. „Im Benehmen" bedeutet nicht, dass der Vorsitzende des Ausschusses an eine Zustimmung des Bürgermeisters gebunden wäre. Er muss aber mit dem Bürgermeister alle Punkte der Tagesordnung besprechen, damit dieser seiner Aufgabe ordnungsgemäß nachkommen und so auch eine ordnungsgemäße Arbeit des Ausschusses ermöglichen kann. Auf Verlangen des Bürgermeisters ist der Ausschussvorsitzende verpflichtet, einen Gegenstand in die Tagesordnung aufzunehmen. Dies gilt auch für Anträge der Fraktionen (§ 58 Abs. 2 Satz 3 und 4).

In diesem Zusammenhang stellt sich auch die Frage, ob und inwieweit stellvertretenden bzw. beratenden Ausschussmitgliedern **Antragsrechte** nach der GO zustehen. Aus der Mitgliedschaft im Ausschuss folgt grundsätzlich das Recht auf aktive Teilnahme an den Sitzungen einschl. eines Antragsrechtes. Stellvertretenden Ausschussmitgliedern steht das Antragsrecht außerhalb des Vertretungsfalles niemals zu. Im Vertretungsfalle haben sie allerdings sämtliche Rechte der ordentlichen Ausschussmitglieder. Beratende Mitglieder haben das Recht, an allen Beratungen des Ausschusses, sei es in öffentlicher, sei es in nichtöffentlicher Sitzung, teilzunehmen. Lediglich die Ausübung des Stimmrechts ist ihnen verwehrt und zwar nicht nur bei Sachentscheidungen des Ausschusses, sondern auch bei bloßen Beschlussempfehlungen. In diesem Zusammenhang stellt sich die Frage, ob und inwieweit beratenden und sachkundigen Einwohnern Antragsrechte nach der GO zustehen. Zu beachten ist hierbei, dass der Antragstellung sowohl in Sachfragen als auch in Geschäftsordnungsfragen ein relevantes vorentscheidendes Element zukommt. Da nur beratend mitwirkenden Ausschussmitgliedern ein solcher entscheidungslenkender Einfluss nicht zukommen darf, scheidet ein Antragsrecht zumindest in den Fällen aus, in denen mit der Antragstellung unmittelbare Rechtswirkungen verbunden sind, z.B. Antragstellung auf Ausschluss der Öffentlichkeit, Quorumbeschlüsse, Antrag auf geheime Abstimmung etc.

In einigen Städten und Gemeinden Nordrhein-Westfalens hat sich die Praxis eingebürgert, Ausschüsse gemeinsam tagen zu lassen. Dem Grunde nach ist eine solche gemeinsame Beratung rechtlich zulässig. Es ist jedoch unbestreitbar, dass hierbei zum Teil nicht unerhebliche rechtliche Probleme auftreten. Voraussetzung für eine **gemeinsame Ausschusssitzung** ist, dass die betreffenden Ausschüsse irgendwie mit der zur Entscheidung anstehenden Sache befasst sind. Ist dies der Fall, müssen die betreffenden Ausschüsse jeweils getrennt von ihrem Vorsitzenden zu der Sitzung eingeladen werden. Es handelt sich dann um Sitzungen der betreffenden Ausschüsse, wobei aus Zweckmäßigkeitsgründen die Beratungen gemeinsam durchgeführt werden. Somit nehmen die Ausschussmitglieder auch nicht als Zuhörer teil, sondern als Mitglied in ihrem jeweiligen Ausschuss. Da es sich strenggenommen um Sitzungen der jeweiligen Ausschüsse handelt, sollte für jeden Ausschuss eine Niederschrift gefertigt werden. Rechtliche Probleme können auch bei der Frage auftreten, wer bei einer solchen gemeinsamen Beratung den Vorsitz führt. Eine rechtlich einwandfreie Lösung kann nicht angeboten werden. Es ist allerdings zu berücksichtigen, dass eine solche gemeinsame Ausschusssitzung nur im beratenden und vorentscheidenden Stadium erfolgen kann. Beschlüsse darf ein solcher gemeinsam tagender Ausschuss in seiner Gesamtheit nicht fassen. Von daher hätte eine fehlerhafte

Bestimmung des Vorsitzenden im Rahmen der gemeinsamen Vorberatung wohl auch keine rechtlichen Konsequenzen. Sollen Beschlüsse (dies gilt für jedwede Beschlüsse, insbesondere für Beschlussempfehlungen an den Rat) gefasst werden, so kann die Abstimmung nur in dem jeweiligen Ausschuss stattfinden. Die gemeinsame Ausschusssitzung ist also zuvor zu beenden und es haben die jeweiligen Ausschüsse in ihren Fachgebieten getrennte Abstimmungen vorzunehmen.

§ 58 Abs. 3 Satz 6 eröffnet die Möglichkeit, Sachverständige und Einwohner in den Ausschüssen hinzuzuziehen. Damit sind die Mitwirkungsmöglichkeiten der Einwohner erweitert. Der **Hinzuziehung zur Beratung** muss ein entsprechender Beschluss des Ausschusses vorhergehen. Keinesfalls darf der Ausschussvorsitzende allein darüber bestimmen. Ein Grund für einen der Hinzuziehung vorausgehenden Ausschussbeschluss liegt darin, den betreffenden Personen eine angemessene Vorbereitung zu ermöglichen. Letztlich würde die alleinige Bestimmung durch den Ausschussvorsitzenden auch demokratischen Grundprinzipien zuwiderlaufen. Gründe der Praktikabilität müssen dabei zurückstehen. Der demokratische Grundsatz würde auch ad absurdum geführt, wenn der Ausschussvorsitzende Sachverständige im Voraus einlädt und dann in dem Ausschuss über die Hinzuziehung zur Beratung abstimmen lässt. Durch den Vorsitzenden würde damit ein faktischer Zustand geschaffen, dem sich der Ausschuss nicht mehr entziehen kann. Eine solche Verfahrensweise steht mit § 58 Abs. 3 nicht in Einklang. Nur ausnahmsweise wird man es zulassen können, dass bei zufällig anwesenden Sachverständigen der Ausschuss eine sofortige Hinzuziehung zur Beratung beschließt. Diese Möglichkeit darf aber auch vom Vorsitzenden zur Herstellung der „zufälligen Anwesenheit" nicht missbraucht werden. Der Grund für die vorherige Beschlussfassung liegt in der Möglichkeit des gesamten Ausschusses, sich auf die Beratung und auf die hinzugezogene Person vorzubereiten, ggf. andere Sachverständige zu benennen.

In der Praxis kommt es immer wieder vor, dass die Räte „Beiräte" oder „Kommissionen" bzw. „Unterausschüsse" bilden. Für diese **Untergremien** gibt es keine Rechtsgrundlage, da die Gemeindeordnung nur die Aufgabenverteilung auf Rat, Ausschuss und Bürgermeister kennt. Von daher können grundsätzlich keine Entscheidungsbefugnisse nach § 41 Abs. 2 auf diese von der Gemeindeordnung nicht vorgesehenen Gremien übertragen werden. Weiterhin finden auch nicht die Vorschriften über den Rat oder die Ausschüsse entsprechende Anwendung. Grundsätzlich gilt für die Mitglieder dieser Gremien, soweit sie nicht Ratsmitglieder, sachkundige Bürger oder sachkundige Einwohner sind, nicht die Verschwiegenheitspflicht, mit der Folge, dass Beratungspunkte aus nichtöffentlicher Sitzung dort nicht diskutiert werden dürfen. Aus dem Schweigen des Gesetzes zu den Unterausschüssen kann weiterhin nicht gefolgert werden, dass die Einrichtung grundsätzlich unzulässig ist. Vielmehr zeigt gerade das Beispiel des „Ausländerbeirats", der als ein derartiges Untergremium entstanden ist und nun in § 27 eine gesetzliche Grundlage gefunden hat, ein gewisses Bedürfnis für die Errichtung. Andererseits dürfen solche Unterausschüsse oder Beiräte aber nicht dazu führen, dass der Willensbildungsprozess an den eigentlichen in der Gemeindeordnung vorgesehenen Gremien vorbeiläuft. Dies gilt auch für die Vorberatung, da für die Unterausschüsse selbstverständlich generell die Nichtöffentlichkeit vorgesehen werden kann. Überwiegend wird die Tätigkeit in derartigen Untergremien als ehrenamtlich iSd § 28 Abs. 1 angesehen. Die Mitglieder in Untergremien sind also u.a. zur Verschwiegenheit verpflichtet; sie haben gem. § 33 einen Anspruch auf Auslagenersatz und Verdienstausfall.

11. Bezirksverfassung

Die 1975 abgeschlossene kommunale Gebietsreform verringerte nicht nur die Zahl der selbstständigen Gemeinden in Nordrhein-Westfalen, sondern bedeutete auch einen Verlust an Ratsmitgliedern. Die Neugliederung brachte neben allen positiven Aspekten damit einen Verlust an Ortsnähe, eine Vergrößerung der Distanz zum kommunalen Entscheidungsträger. Dem Verlust der bürgerschaftlichen Mitwirkung begegnete der Gesetzgeber durch die Einführung der Bezirksverfassung. Dabei wird zwischen kreisfreien und kreisangehörigen Städten und Gemeinden unterschieden.

11.1 Bezirksverfassung im kreisangehörigen Bereich

Die Einteilung des Gemeindegebietes in Bezirke (Ortschaften) ist nach § 39 Abs. 1 in das freie Ermessen des Rates kreisangehöriger Gemeinden gestellt. Soweit eine Gemeinde beabsichtigt, vom § 39 Abs. 1 Gebrauch zu machen, ist sie darüber hinaus nicht verpflichtet, das gesamte Gemeindegebiet in Bezirke einzuteilen. Das Gesetz legt weder eine Mindest-, noch eine Höchstzahl der Gemeindebezirke fest. Der Rat ist aber nicht nur in seiner Entscheidung darüber frei, ob er überhaupt das Gemeindegebiet in Bezirke einteilen will, sondern auch in der Ausgestaltung der Bezirksverfassung. So kann der Rat entscheiden, ob für alle Gemeindebezirke je ein Bezirksausschuss gebildet werden soll oder für alle Gemeindebezirke je ein Ortsvorsteher gewählt werden soll oder für einen Teil der Gemeindebezirke je ein Bezirksausschuss gebildet, für die anderen Teile der Gemeindebezirke je ein Ortsvorsteher gewählt werden soll. Der Rat ist nur gehalten, sich für eine dieser Möglichkeiten zu entscheiden. Es kann in einem Bezirk nicht auf den Bezirksausschuss und den Ortsvorsteher verzichtet werden. Unzulässig ist umgekehrt die Errichtung eines Bezirksausschusses und eines Ortsvorstehers in einem Gemeindebezirk. Soweit in Gemeindebezirken Bezirksausschüsse bestehen, können außerdem Bezirksverwaltungsstellen eingerichtet werden. Die im Rahmen der Bezirkseinteilung erforderlichen Vorschriften trifft der Rat gem. § 39 Abs. 8 in der Hauptsatzung.

11.1.1 Bezirksausschüsse

Trotz der in § 39 Abs. 4 normierten Besonderheiten sind Bezirksausschüsse (Ortsausschüsse) Ausschüsse des Rates nach § 57 Abs. 1. Vorschriften über das Verfahren in den Ausschüssen finden demnach unmittelbar auch auf die Bezirksausschüsse und das Verfahren in den Bezirksausschüssen Anwendung einschl. der über § 58 Abs. 2 Satz 1 entsprechend geltenden Vorschriften über das Verfahren im Rat. Zu beachten sind jedoch die Besonderheiten in § 39 Abs. 4. So muss bei der Bestellung der Mitglieder der Bezirksausschüsse das bei der Wahl des Rates im jeweiligen Gemeindebezirk erzielte Stimmenverhältnis zugrunde gelegt werden. § 50 Abs. 3 findet demnach keine Anwendung. Weiterhin dürfen einem Bezirksausschuss mehr sachkundige Bürger als Ratsmitglieder angehören. § 58 Abs. 3 Satz 3 gilt nicht. Für die Beschlussfähigkeit gilt § 49 uneingeschränkt. Das Recht, beratende

Mitglieder nach § 58 Abs. 1 Satz 7 bis 10 zu benennen, steht den Parteien und Wählergruppen zu, die im Rat vertreten sind. Verdienstausfall und Aufwandsentschädigung erhalten die Mitglieder der Bezirksausschüsse nach den gleichen Vorschriften wie Ausschussmitglieder.

Der Rat legt vor der **Bestellung der Bezirksausschussmitglieder** die Zahl der Sitze und den Anteil der sachkundigen Bürger fest. Dann wird anhand des Wahlergebnisses für jeden Bezirk die auf die einzelnen Parteien und Wählergruppen entfallene Zahl der Sitze errechnet und zugeteilt, und zwar in der Reihenfolge, in der sie auf den Vorschlagslisten aufgeführt sind. Bei der Abgrenzung der Wahlbezirke soll nach Möglichkeit deshalb die Bezirkseinteilung eingehalten werden. Sollte die Einwohnerzahl dünner besiedelter Gemeindebezirke unterhalb der Toleranzgrenze des § 4 Abs. 2 Satz 3 Kommunalwahlgesetz (Abweichung max. 25% nach oben oder unten, nach der Rechtsprechung des Verfassungsgerichtshofes für das Land Nordrhein-Westfalen vom 20.12.2019 erfordert bereits eine Abweichung von mehr als 15 % eine besondere Rechtfertigung. Die volle Ausschöpfung der Abweichungstoleranz von 25 % bringe hingegen einen nicht unerheblichen Eingriff in die Wahlrechts- und die Chancengleichheit mit sich und müsse deshalb im Einzelfall durch die jeweilige Kommune verfassungsrechtlich gerechtfertigt werden) liegen, darf vom Grundsatz der Deckungsgleichheit zwischen Gemeindebezirk und Wahlbezirk abgewichen werden, sofern der betreffende Gemeindebezirk zumindest einen Stimmbezirk bildet. Dabei muss allerdings sichergestellt werden, dass die auf den Stimmbezirk entfallenen Briefwählerstimmen mitgezählt werden, da anderenfalls nur ein unvollständig ermitteltes Gemeindebezirksergebnis vorliegt.

Die **Vorsitzenden** der Bezirksausschüsse und ihre Stellvertreter werden aus dem Kreis der dem Bezirksausschuss angehörenden Ratsmitglieder gewählt. Das Wahlverfahren richtet sich nach § 67 Abs. 2. Das Zugreifverfahren findet keine Anwendung. Das Gesetz schreibt eine bestimmte Amtsbezeichnung nicht vor. Es ist aber unzulässig, zur Verwechslung Anlass gebende Bezeichnungen zu verwenden wie etwa Ortsvorsteher oder Bezirksvorsteher.

Gemäß § 39 Abs. 3 sollen den Bezirksausschüssen im Rahmen des § 41 Abs. 2 **Aufgaben** zur Entscheidung übertragen werden, die sich ohne Beeinträchtigung der einheitlichen Entwicklung der gesamten Gemeinde innerhalb eines Gemeindebezirks erledigen lassen. Schon aus dem Wortlaut der Norm wird deutlich, dass der Rat bei der Entscheidung, welche Aufgaben im Einzelnen den Bezirksausschüssen übertragen werden sollen, nicht völlig frei ist. So ist er keinesfalls berechtigt, den Bezirksausschüssen nur Anhörungs- und Initiativrechte einzuräumen oder gar ganz von der Übertragung von Aufgaben abzusehen. Sinn und Zweck der Vorschrift würde es nicht entsprechen, wenn der Rat den Bezirksausschüssen willkürlich Aufgaben vorenthält, die zur Erledigung auf Bezirksebene geeignet sind. Zu den übertragbaren Aufgaben rechnen grundsätzlich nur solche Aufgaben, die die Bezirksausschüsse für ihren Bereich sinnvoll eigenständig erledigen können. Es dürfen keine Kollisionen mit Entscheidungen und Entscheidungsbefugnissen des Rates oder der Ausschüsse auf Gemeindeebene entstehen. Der Aufgabenkatalog für die Bezirksvertretungen in den kreisfreien Städten (§ 37 Abs. 1) enthält insoweit praktische Beispiele. Dieser Katalog kann auch für die kreisangehörigen Gemeinden als Beispiel dienen, nicht jedoch für eine generelle Übernahme, da der Aufgabenkatalog speziell für kreisfreie Städte zugeschnitten ist. Ausgeschlossen bleiben solche Aufgaben, die aus tatsächlichen oder rechtlichen Gründen nur einheitlich für die Gemeinde in ihrer Gesamtheit getroffen werden können, also insbesondere Maßnahmen der Stadtentwicklungsplanung, Festsetzung von Abgaben, Erlass von Ortssatzungen etc. Ebenso ist eine Übertragung von Aufgaben unzulässig, die im Rahmen des § 41 Abs. 1 S. 2 in die ausschließliche Zuständigkeit des Rates fallen. Von daher kann man Bezirksausschüssen sicherlich die Pflege des Ortsbildes und Ausgestaltung der Park- und Grünanlagen, die Prioritätsfestlegungen für Umbau, Ausbau, Unterhaltung und Instandsetzung von Straßen, Wegen und Plätzen sowie der Straßenbeleuchtung, die Pflege des Brauchtums im Ortsteil sowie das Erstellen von Ortschroniken und Tätigkeiten des Ortsheimatpflegers übertragen.

11.1.2 Ortsvorsteher

Gemäß § 39 Abs. 6 kann der Rat statt Bezirksausschüsse zu bilden, in den Bezirken Ortsvorsteher wählen. Die Bezeichnung „Ortsvorsteher“ ist bindend, da sie kraft Gesetzes vorgeschrieben ist. Die Bezeichnung in weiblicher Form ist zulässig. § 39 Abs. 2 eröffnet dem Rat die Möglichkeit, dem Ortsvorsteher die Bezeichnung „Ortsbürgermeister“ zu verleihen. Das Gesetz sieht die Wahl von stellvertretenden Ortsvorstehern nicht vor. Sie ist daher unzulässig. Der Ortsvorsteher wird vom Rat gewählt. Es handelt sich um eine ausschließliche Zuständigkeit des Rates, die dieser nicht auf Ausschüsse übertragen darf. Die Wahlzeit des Ortsvorstehers deckt sich mit der des Rates. Wählbar ist jeder vorgeschlagene Kandidat, der die Voraussetzungen des § 39 Abs. 6 Satz 2 erfüllt. Danach muss der Kandidat in dem zur Wahl anstehenden Gemeindebezirk wohnen. Weiterhin muss er Ratsmitglied sein oder aber dem Rat angehören können. Für das **Wahlverfahren** ist § 39 Abs. 6 maßgeblich. Danach wählt der Rat Ortsvorsteher unter Berücksichtigung des bei seiner eigenen Wahl im jeweiligen Gemeindebezirk erzielten Stimmenverhältnisses. Die Formulierung „wählen“ bzw. „wählt“ in § 39 Abs. 2 Satz 1 und Abs. 6 Satz 1 bringt zum Ausdruck, dass dem Rat grundsätzlich eine Auswahl unter den Bewerbern für das Amt des Ortsvorstehers aufgrund freier

Meinungs- und Willensbildung eingeräumt ist. Es ist letztlich unerheblich, ob dieser Entscheidungsspielraum des Rates als Ermessen bezeichnet werden kann. Charakteristisch für ihn ist jedenfalls, dass mehrere Wahlergebnisse möglich und rechtlich zu respektieren sind. Der Rat ist nicht – wie bei der Bestellung der Mitglieder der Bezirksausschüsse – verpflichtet, den Ortsvorsteher entsprechend dem im jeweiligen Gemeindebezirk erzielten Stimmenverhältnisses zu wählen; er hat das Stimmenverhältnis lediglich zu berücksichtigen. Die daraus resultierende Beschränkung seiner Entscheidungsbefugnis ist gering. Den Anforderungen des § 39 Abs. 6 Satz 1 ist demnach Genüge getan, wenn der Rat Kandidaten der Partei wählt, die in den Gemeindebezirken jeweils die meisten Wählerstimmen erhalten haben. Hierfür genügt bereits eine einfache (relative) Mehrheit. Die Partei mit der relativen Mehrheit der Stimmen im Bezirk ist die vergleichsweise stärkste politische Kraft im Gemeindebezirk. Die Entscheidungen der Wähler der übrigen Parteien gegen die Partei mit der späteren relativen Mehrheit stimmen lediglich in der Verneinung überein. Hieraus kann nicht geschlossen werden, dass die übrigen Parteien zusammengefasst das politische Vertrauen der Mehrheit der Wähler gefunden hätten. Im Übrigen ist die relative Mehrheit auch ein ausreichendes Kriterium, um der Zweckbestimmung des § 39 Abs. 6 zu genügen. Der Ortsvorsteher ist Bindeglied zwischen Rat und Bevölkerung im Bezirk. Er soll die Belange seines Bezirks gegenüber dem Rat wahrnehmen. Von daher hat er die Partei zu repräsentieren, die sich auf das Vertrauen der Wähler des Bezirks stützen kann. Die mit der Unterstützung durch die politische „Minderheit" im Bezirk zu befürchtenden unerwünschten Folgen können nur dann verhindert werden, wenn der Ortsvorsteher von der Partei gestellt wird, die im Gemeindebezirk die Mehrheit der Stimmen, wenn auch nur im relativen Verhältnis zu den Mitbewerbern erzielt hat. Vereinbarungen der Ratsfraktionen, die erst nach der Kommunalwahl zur Wahl der Ortsvorsteher getroffen werden, sind kein geeignetes Kriterium für das Stimmenverhältnis in den Gemeindebezirken. Von daher kann festgehalten werden, dass grundsätzlich jeder Kandidat im Gemeindebezirk wählbar ist, dessen Partei die relative Mehrheit erzielt hat.

Scheidet der Ortsvorsteher, aus welchem Grund auch immer, vorzeitig aus seinem Amt aus, so hat der Rat unverzüglich einen neuen Ortsvorsteher für den Rest der Wahlzeit zu wählen. Die vorzeitige Abberufung des Ortsvorstehers ist möglich. Dies hat in entsprechender Anwendung der Vorschriften über die Abberufung des stellvertretenden Bürgermeisters (§ 67 Abs. 4) zu erfolgen (s. dort). Einer Begründung für die Abwahl bedarf es nicht.

Zu den **Aufgaben** des Ortsvorstehers gehört es zunächst, sich in Angelegenheiten des Gemeindebezirks mit Anregungen und Empfehlungen an den Rat, an Ausschüsse oder an den Bürgermeister zu wenden. Durch Hauptsatzung kann ihm ein Anhörungsrecht in den Sitzungen des Rates oder der Ausschüsse zugebilligt werden. Ein Mitberatungs- oder Mitentscheidungsrecht kommt für den Ortsvorsteher, wenn er nicht Rats- oder Ausschussmitglied ist, nicht in Betracht. Mitgliedschaftsrechte im Rat und in den Ausschüssen werden durch die Eigenschaft als Ortsvorsteher nicht beschränkt. Weiterhin kann der Ortsvorsteher für das Gebiet seiner Ortschaft mit der Erledigung bestimmter Geschäfte der laufenden Verwaltung beauftragt wenden. Damit kann man der Tatsache Rechnung tragen, dass die Einrichtung von Bezirksverwaltungsstellen in den Gemeindebezirken, in denen ein Ortsvorsteher gewählt worden ist, nicht zulässig ist. Insbesondere können einem Ortsvorsteher folgende Geschäfte der laufenden Verwaltung übertragen werden: Ausstellung von Lebensbescheinigungen, Überprüfung von gemeindlichen Einrichtungen und Straßen und Wegen auf ihre Verkehrs- und Funktionstüchtigkeit, Überprüfung von Straßenbeleuchtungen. Wird der Ortsvorsteher mit der Erledigung von Verwaltungsaufgaben betraut, so muss er zum Ehrenbeamten ernannt werden, einschl. der Aushändigung der erforderlichen Urkunde.

Ortsvorsteher erhalten eine Verdienstausfallentschädigung nach § 45. Ihnen kann zudem eine Aufwandsentschädigung gewährt werden, deren Höhe in § 3 Abs. 2 der Entschädigungsverordnung festgelegt ist. Anders als bei sonstigen Aufwandsentschädigungen kann für Ortsvorsteher durch Regelung in der Hauptsatzung eine nach Einwohnerzahlen der Bezirke gestufte Entschädigung gewährt werden.

11.1.3 Bezirksverwaltungsstellen

Nach § 39 Abs. 2 können in kreisangehörigen Gemeinden Bezirksverwaltungsstellen eingerichtet werden. Eine Pflicht hierzu gibt es nicht. Die Einrichtung ist nur in den Gemeindebezirken zulässig, in denen ein Bezirksausschuss eingerichtet worden ist. Bezirksverwaltungsstellen sind Teil der hauptamtlichen Verwaltung. Häufig werden den Bezirksverwaltungsstellen unentgeltlich tätige Bezirksverwaltungsstellenleiter vorgestellt (Ehrenbeamte). Nach Ansicht des Innenministeriums (Erlass vom 14.12.1995) ist die Koppelung der Position des Bezirksausschussvorsitzenden mit der des Bezirksverwaltungsstellenleiters unzulässig, da § 39 Abs. 7 Satz 3 die Zuweisung bestimmter Geschäfte der laufenden Verwaltung nur im Verhältnis zu den Ortsvorstehern zulasse.

Während für die Bildung der Bezirksverwaltungsstellen der Rat zuständig ist, entscheidet allein der Bürgermeister über deren sachliche Ausstattung und die von ihnen zu bewältigenden Verwaltungsaufgaben. Die Entscheidung über die Besetzung der Stelle des Bezirksverwaltungsstellenleiters ist eine Personalangelegenheit. Bei der Entscheidung über die Besetzung einer Bezirksverwaltungsstelle ist eine Ausleseentscheidung zu treffen, die sich an Eignung, Befähigung und fachlicher Leistung zu orientieren hat.

11.2 Bezirksverfassung in den kreisfreien Städten

Die kreisfreien Städte sind nach § 35 Abs. 1 zur lückenlosen Einteilung des Stadtgebietes in Bezirke verpflichtet. Die Einzelheiten und die Zahl der Bezirke müssen in der Hauptsatzung geregelt werden, einschl. der genauen Grenzziehung. Das Stadtgebiet ist in mindestens drei, höchstens jedoch zehn Stadtbezirke einzuteilen. Die bestehenden Stadtbezirksgrenzen können nur zum Ende der Wahlzeit des Rates geändert werden. Im Einzelfall kann die Aufsichtsbehörde zulassen, dass das Stadtgebiet in mehr als zehn Bezirke aufgeteilt wird.

Die materiellen **Abgrenzungskriterien** für die Einteilung der Stadtbezirke normiert § 35 Abs. 2. Es ist auf die Siedlungsstruktur, Bevölkerungsverteilung und die Ziele der Stadtentwicklung Rücksicht zu nehmen. Die Bevölkerungsverteilung soll insofern eine Rolle spielen, als die Einwohnerzahl der einzelnen Stadtbezirke ausgewogen sein soll. Die Gleichmäßigkeit der Voraussetzungen bei der Einteilung der Stadtbezirke wird auch dadurch deutlich, dass das Gesetz eine gleichmäßige Beteiligung aller Stadtbezirke bei der gemeindlichen Aufgabenerfüllung vorschreibt. Die Stadtbezirke sollen demnach auch ungefähr eine gleiche Leistungskraft haben. Mit der Rücksichtnahme auf die Siedlungsstruktur wird verlangt, dass nicht einfach alte Gemeindegrenzen zur Bildung der Stadtbezirke herangezogen werden sollen, sondern der Siedlungszusammenhang insgesamt maßgebend ist. Soweit nach dem Gesetz die Ziele der Stadtentwicklung zu berücksichtigen sind, wird damit nur klargestellt, dass auch die zukünftige Entwicklung des Stadtgebietes bei der Einteilung nicht unberücksichtigt bleiben darf. Schließlich soll der Kernbereich der Stadt nicht auf mehrere Bezirke verteilt werden.

Die Festlegung des Kernbereichs trifft der Rat, wobei es durchaus möglich ist, bei „mehrpoligen" Städten mehrere Kernbereiche auszuweisen. Die Abgrenzungskriterien sind Soll-Vorschriften, so dass den Räten ein Entscheidungsspielraum verbleibt. Die Entscheidung steht allerdings nicht in völlig freiem Ermessen des Rates, sondern die zu beachtenden Kriterien sind sorgfältig gegeneinander abzuwägen.

11.2.1 Bezirksvertretung

Für jeden Stadtbezirk ist eine Bezirksvertretung nach § 36 Abs. 1 zu bilden. Es werden nach näherer Bestimmung der Hauptsatzung zwischen 11 und 19 Bezirksvertreter in analoger Anwendung der für die Wahl des Rates geltenden Vorschriften des Kommunalwahlgesetzes für die Dauer von 5 Jahren gewählt. Die Wahl erfolgt zwar im Zuge der Kommunalwahl, aber getrennt von der Wahl des Stadtrates mit eigenen Stimmzetteln. Wahlberechtigt ist, wer im betreffenden Stadtbezirk für die Wahl des Rates wahlberechtigt ist. Wählbar sind alle Wahlberechtigten, aber auch die für diesen Bezirk aufgestellten Ratskandidaten. Die Sitzverteilung erfolgt nach dem für die Ratswahl geltenden Verhältniswahlsystem. Die Gesamtzahl der Mitglieder einer jeden Bezirksvertretung muss stets ungerade sein, selbst dann, wenn es zu einer Aufstockung bei der Berechnung des Verhältnisausgleichs kommen sollte. Im Übrigen ist es aufgrund der näheren Ausgestaltung in der Hauptsatzung durchaus zulässig, innerhalb einer Stadt unterschiedlich große Bezirksvertretungen zu bilden. Es empfiehlt sich aber, soweit auch die Stadtbezirke vergleichbar sind, für die Bezirksvertretungen gleiche Mitgliederzahlen innerhalb der Stadt festzulegen.

Gemäß § 36 Abs. 5 Satz 2 finden auf die Stellung der Bezirksvertreter und das Verfahren in der Bezirksvertretung im Wesentlichen die für den Rat geltenden Bestimmungen, einschl. der Geschäftsordnung des Rates, entsprechende Anwendung. Dies gilt etwa für das Fraktionsbildungsrecht, den Öffentlichkeitsgrundsatz, die Beschlussfähigkeit sowie die Regelungen über die Abstimmungen etc. Verdienstausfall und Aufwandsentschädigung der Mitglieder der Bezirksvertretungen sind jetzt mit dem Verdienstausfall und der Aufwandsentschädigung der Ratsmitglieder in § 45 geregelt. Die Aufwandsentschädigung wird als monatliche Pauschale § 1 Abs. 2 Nr. 3 EntschVO gewährt. Der Bezirksvorsteher kann neben den Entschädigungen, die ihm als Mitglied der Bezirksvertretung zustehen, eine in der Hauptsatzung festzusetzende Aufwandsentschädigung erhalten. Entsprechende Regelungen können in der Hauptsatzung auch für den Stellvertreter des Bezirksvorstehers sowie für die Fraktionsvorsitzenden getroffen werden. Die Höhe ist in der Entschädigungsverordnung festgelegt (§ 3 Abs. 1 Buchst. f EntschVO). Das **Akteneinsichtsrecht** nach § 55 Abs. 2 bemisst sich nach den örtlich und sachlich beschränkten Aufgaben der Bezirksvertretung. Im Übrigen dürfen die Bezirksvertretungen keine Ausschüsse bilden. In Fällen äußerster Dringlichkeit entscheidet der Bezirksvorsteher mit einem Mitglied der Bezirksvertretung in Angelegenheiten des Bezirks; § 60 Abs. 1 Satz 1 findet keine Anwendung. Zeit und Ort der Sitzungen der Bezirksvertretungen (Ankündigung der Sitzung) sind nicht öffentlich bekanntzumachen. Der Oberbürgermeister soll die Öffentlichkeit hierüber vorher in geeigneter Weise unterrichten. Auf die Ausführungen zu der entsprechenden Bestimmung zu den Ausschüssen wird verwiesen. Dies gilt auch für die Möglichkeit der Bezirksvertretungen, zu einzelnen Punkten der Tagesordnung Sachverständige und Einwohner zu hören.

Den Vorsitz in der Bezirksvertretung führt der Bezirksvorsteher. Er wird in der ersten Sitzung, die auf Einladung des bisherigen Bezirksvorstehers spätestens sechs Wochen nach der Neuwahl stattzufinden hat, zusammen mit einem oder mehreren Stellvertretern nach den Grundsätzen der Verhältniswahl in einem Wahlgang gewählt. Die Abstimmung erfolgt in geheimer Wahl. Die Leitung der Wahl hat der Altersvorsitzende. Auf die Ausführungen zur Wahl des stellvertretenden Bürgermeisters zu diesen Punkten wird verwiesen. Die Wahlzeit entspricht der Bezirksvertretung. Aufgrund der entsprechenden Anwendbarkeit des § 67 Abs. 4 ist eine Abberufung des Bezirksvorstehers unter den dort normierten Voraussetzungen (s. bei den stellvertretenden Bürgermeistern) möglich.

Um die Verzahnung zwischen Rat, Bezirksvertretung und Verwaltung sicherzustellen, hat der Oberbürgermeister das Recht und auf Verlangen der Bezirksvertretung die Pflicht, mit beratender Stimme an den Sitzungen der Bezirksvertretung teilzunehmen (§36 Abs. 7). Soweit er es wünscht, ist ihm jederzeit das Wort zu erteilen. Er darf sich von einem Beigeordneten oder einer anderen leitenden Dienstkraft vertreten lassen. Das Nähere ist in der Hauptsatzung zu regeln. Weiterhin können an den Sitzungen der Bezirksvertretung mit beratender Stimme alle im Stadtbezirk wohnenden Ratsmitglieder oder die Ratsmitglieder, die dort kandidiert haben und der Bezirksvertretung nicht als ordentliche Mitglieder angehören, teilnehmen. Sie sind entsprechend einzuladen. Die übrigen Ratsmitglieder und Ausschussmitglieder können an den nichtöffentlichen Sitzungen als Zuhörer teilnehmen, soweit die Geschäftsordnung dies zulässt. Die Zuhörereigenschaft begründet keinen Anspruch auf Ersatz des Verdienstausfalles und auf Zahlung von Sitzungsgeld.

Die Bezirksvertretungen sind **keine Ratsausschüsse,** sondern eigenständige Organe der Gemeinde. Von daher stehen Ihnen unentziehbare Entscheidungsbefugnisse nach Maßgabe des § 37 Abs. 1, unentziehbare Anhörungsrechte für Angelegenheiten, die den Stadtbezirk in besonderem Maße berühren sowie Vorschlags- und Empfehlungsrechte zu.

Die **Entscheidungsrechte** der Bezirksvertretung bestimmt § 37 Abs. 1. Nach § 37 Abs. 1 Satz 1 sind die Bezirksvertretungen in allen Angelegenheiten zuständig, deren Bedeutung nicht wesentlich über den Stadtbezirk hinausgehen. Mit Zuständigkeit ist die Entscheidungszuständigkeit gemeint. Allerdings ist bei dieser Aufgabenübertragung zu beachten, dass die Entscheidungszuständigkeiten des Rates nach § 41 Abs. 1 nicht beeinträchtigt werden dürfen. Im Übrigen zählen zu diesen Angelegenheiten sowohl freiwillige als auch pflichtige Selbstverwaltungsaufgaben und Pflichtaufgaben zur Erfüllung nach Weisung. Von daher ist die Bezirksvertretung auch für verkehrslenkende Maßnahmen innerhalb ihres Bezirkes zuständig. § 37 Abs. 1 Ziff. a bis f nennt ausdrücklich einen Katalog von Aufgaben, die in die Zuständigkeit der Bezirksvertretungen fällt und beispielhaft die Zuständigkeit konkretisiert. Zwar ist in Abs. 1 die Einschränkung vorgenommen, soweit nicht der Rat nach § 41 Abs. 1 ausschließlich zuständig ist; um das Recht der Bezirksvertretung hier jedoch nicht auszuhöhlen, muss diese Einschränkung dahingehend verstanden werden, dass ansonsten, also über die im Katalog genannten Aufgaben hinaus, der Rat nach § 41 Abs. 1 nicht ausschließlich zuständig sein darf. Anderenfalls hätte die einengende Auslegung zur Folge, dass der Aufgabenkatalog für die Bezirksvertretung leerlaufen würde, da wesensnotwendig einige dieser Aufgaben mit den Entscheidungsrechten des Rates nach § 41 Abs. 1 kollidieren. Der Gesetzgeber hat sich aber erkennbar in § 37 Abs. 1 gerade für den Vorrang der Bezirksvertretung in den genannten Fällen entschieden. Insofern ist der Aufgabenkatalog in § 37 Abs. 1 ein abschließender Entscheidungskatalog ausschließlich für die Bezirksvertretung. Dem Rat ist in dieser Vorschrift ausdrücklich nur eine Richtlinien- und Abgrenzungskompetenz eingeräumt worden. Ferner hat die Bezirksvertretung bei ihren Entscheidungen die **Belange der gesamten Stadt** zu beachten. Dabei handelt es sich um eine konkrete Rechtspflicht für die Bezirksvertretung. Missachtet die Bezirksvertretung diese Rechtspflicht, so können der Bezirksvorsteher oder der Oberbürgermeister dem entsprechenden Beschluss widersprechen (§ 37 Abs. 6 Satz 1). Verletzt der Beschluss zudem das geltende Recht, ist der Oberbürgermeister entsprechend § 54 Abs. 3 zur Beanstandung verpflichtet (sh. auch weiter unten). Die Räte sind verpflichtet, die näheren Einzelheiten über die Zuständigkeit der Bezirksvertretungen nach § 37 Abs. 1 in der Hauptsatzung zu regeln. Hierbei handelt es sich um eine Pflicht der Räte, wobei eine beispielhafte Aufzählung von Aufgaben zweckmäßig ist. In Betracht kommen folgende Maßnahmen: Erlass von Verkehrs-, Ge- und Verboten, Einrichtung von Verkehrszeichenanlagen, Planung von Spielplätzen und Kindergarteneinrichtungen, Entscheidungen über Denkmaleigenschaften, Zuständigkeit für verkehrslenkende Maßnahmen einschl. des ruhenden Verkehrs usw. Bei der Benennung von Straßen ist darauf zu achten, dass bei der Benennung von Straßen nach Persönlichkeiten der Zeitgeschichte wohl stets überbezirkliche Belange betroffen sind und damit die Zuständigkeit des Rates gegeben ist. Der Bezirksvertretung wird im Rahmen ihrer Entscheidungszuständigkeiten auch das Recht eingeräumt werden müssen, zu verlangen, dass die Fachausschüsse, die zur Entscheidung anstehenden Angelegenheiten vorberaten. Im Übrigen ist zu beachten, dass es sich bei den zu übertragenden Aufgaben auch nicht generell um einfache Geschäfte der laufenden Verwaltung handeln darf, die vom Oberbürgermeister wahrzunehmen sind.

Die Entscheidungszuständigkeit der Bezirksvertretung steht weiterhin unter der Einschränkung, dass die Bezirksvertretungen die ihnen zugewiesenen Aufgaben im Rahmen der vom Rat bereitgestellten Haushaltsmittel zu erfüllen haben. Die Bezirksvertretungen haben demnach keinen Anspruch auf Haushaltsmittel in bestimmter Höhe zur Erfüllung ihrer Aufgaben. Eine Etat-Hoheit kommt der Bezirksvertretung insoweit nicht zu. Sie verbleibt beim Rat. Weiterhin muss der Haushalt so festgesetzt werden, dass die Entscheidungsrechte der Bezirksvertretungen nicht mehr als haushaltsrechtlich geboten eingeschränkt werden. Weiterhin muss der Rat den Bezirksvertretungen Haushaltsmittel bereitstellen, damit sie von ihren Entscheidungsbefugnissen überhaupt Gebrauch machen können. Durch die Neuregelungen zum 17. Oktober 1994 sind die Mitwirkungsrechte der Bezirksvertretungen hinsichtlich der Haushaltswirtschaft und die Entscheidungsspielräume erheblich gestärkt worden. Die Bezirksvertretungen haben nicht nur ein Mitberatungsrecht über die Haushaltssatzung erhalten (§ 37 Abs. 4; früher wurden sie nur angehört), sondern auch – jedenfalls teilweise – die Dispositionsbefugnis über die ihnen zur Verfügung gestellten Haushaltsmittel (§ 37 Abs. 3).

Neben den Entscheidungsrechten ist die Bezirksvertretung zu allen wichtigen Angelegenheiten, die den Stadtbezirk berühren, zu hören. Unterbleibt die Anhörung, so ist das Verfahren fehlerhaft, was aber regelmäßig ohne Bedeutung bleiben wird. Ausschließlich bei Satzungen hat dies aber die Unwirksamkeit zur Folge. Im Übrigen kann die Bezirksvertretung ihr Anhörungsrecht im Kommunalverfassungsstreitverfahren gerichtlich durchsetzen. Die Angelegenheiten, zu denen die Bezirksvertretung gehört werden soll, werden zunächst in § 37 Abs. 5 ausdrücklich erwähnt. Um weiteren Auseinandersetzungen entgegenzuwirken, sollte der Rat im Übrigen den Begriff naher konkretisieren. Als weitere Beispiele werden insbesondere genannt, die Benennung und Abgrenzung von Ortsteilen innerhalb des Bezirks, Änderung von Bezirksgrenzen, Schaffung neuen Ortsrechts, Festlegung von Sanierungsgebieten, Benennung von Schöffen etc. Anhörung bedeutet dabei weniger als Mitberatung, insbesondere kein Anspruch darauf, an der anschließenden Diskussion im Rat teilnehmen zu dürfen.

Verstoßen Beschlüsse der Bezirksvertretung gegen das geltende Recht, so trifft den Oberbürgermeister eine **Beanstandungspflicht** (§ 37 Abs. 6 i.V.m. § 54 Abs. 3). Darüber hinaus können der Oberbürgermeister oder der Bezirksvorsteher einen Beschluss der Bezirksvertretung spätestens am 14. Tag nach der Beschlussfassung widersprechen, wenn sie der Auffassung sind, dass der Beschluss das Wohl der Stadt gefährde. Entscheidend für das Widerspruchsrecht ist, dass der Beschluss das Wohl der Stadt in ihrer Gesamtheit gefährden kann. Es handelt sich dabei um eine Ermessensentscheidung des Oberbürgermeisters, die hinsichtlich der Beantwortung der Frage, ob das Wohl der Stadt gefährdet ist, in seiner subjektiven Überzeugung wurzelt. Der Widerspruch hat aufschiebende Wirkung. Über die Angelegenheit ist in einer neuen Sitzung der Bezirksvertretung, die frühestens am dritten Tag und spätestens drei Wochen nach dem Widerspruch stattzufinden hat, erneut zu beschließen. Verbleibt die Bezirksvertretung bei ihrem Beschluss, so entscheidet der Rat endgültig, wenn der Widersprechende, also der Oberbürgermeister oder der Bezirksvorsteher dies verlangen. Auf diese Weise ist gewährleistet, dass die Bezirksvertretungen nicht gesamtstädtische Belange zu Lasten des Rates in ihren Beschlüssen vernachlässigen.

11.2.2 Bezirksverwaltungsstellen

Für jeden Stadtbezirk ist eine Bezirksverwaltungsstelle nach § 38 Abs. 1 einzurichten. Zum einen sollen sie die Informations- und Beratungsstelle der Verwaltung gegenüber der Bezirksvertretung sein, zum anderen Anlaufstelle für die Bürger, um dezentrale Verwaltungsangelegenheiten erledigen zu können. Das Gesetz lässt ausdrücklich Ausnahmen zu. So kann nach Maßgabe der Hauptsatzung entweder eine Bezirksverwaltungsstelle für mehrere Stadtbezirke zuständig sein, oder eine im Stadtbezirk gelegene zentrale Verwaltungsstelle, die Aufgaben miterfüllen. Für die Bezirksverwaltungsstellen sind in jedem Fall ein Leiter und ein stellvertretender Leiter zu bestellen. Diese sind Bestandteil der gesamten hauptamtlichen Verwaltung. Sie unterfallen damit auch der Geschäftsleitung- und Geschäftsverteilungsbefugnis des Oberbürgermeisters.

12. Haushaltsrecht

Das Haushaltsrecht wird traditionell als das Königsrecht des Rates bezeichnet.[2] Der Rat kann und darf dieses Recht nicht an andere übertragen (§ 41 Abs. 1 Buchst. h). Es gehört zum Kernbestand der kommunalen Selbstverwaltung. Nach Art. 28 Abs. 2 Satz 3 GG umfasst die Gewährleistung der Selbstverwaltung auch die Grundlagen der finanziellen Eigenverantwortung. Das kommunale Haushaltsrecht unterliegt der Gesetzgebungskompetenz des Landes. Es ist im Einzelnen im 8. Teil der Gemeindeordnung und in der Kommunalhaushaltsverordnung geregelt. Zusätzlich sind noch diverse ministerielle Erlasse und Anwendungshinweise zu beachten. Die Haushaltssatzung ist die Rechtsgrundlage der Gemeinde für ihre Haushaltswirtschaft in Form einer Ortsatzung, die grundsätzlich jedes Jahr vom Rat neu zu beschließen und anschließend öffentlich bekannt zu machen ist. Die öffentliche Bekanntmachung ist Voraussetzung für die Wirksamkeit. Sog. Doppelhaushalte für zwei Jahre sind zulässig, wenn dadurch ein Beitrag zur Haushaltskonsolidierung geleistet werden kann. Obwohl es sich um eine Satzung und damit um eine Rechtsnorm handelt, kann sie nicht mit einem Normenkontrollantrag gerichtlich überprüft werden. Auch darf über die Haushaltssatzung kein Bürgerbegehren oder Bürgerentscheid stattfinden. Für die Ratsarbeit spielt der Haushalt eine wichtige Rolle, denn nur wenn entsprechende Mittel bereit gestellt sind, können Auszahlungen geleistet und Aufwendungen erbracht werden. Politische Initiativen hängen häufig in ihrer Durchsetzbarkeit davon ab, dass rechtzeitig Haushaltsmittel eingeplant werden. Das gilt sowohl für laufende Zwecke als auch für Investitionen. Auch Kreditaufnahmen sind nur zulässig, wenn sie im Haushalt vorgesehen sind. Deshalb sind auch für Fachpolitiker **Grundkenntnisse im Haushaltsrecht** wichtig.

12.1 Neues Kommunales Finanzmanagement

12.1.1 Neues Kommunales Finanzmanagement und Neues Steuerungsmodell

In Nordrhein-Westfalen ist mit dem Gesetz über ein **Neues Kommunales Finanzmanagement (NKF)** vom 16.11.2004 und dem Berichtigungsgesetz vom 06.01.2005 (NKFG) eine völlige Neuausrichtung des kommunalen Haushaltsrechts gesetzgeberisch vollzogen worden. Das Gesetz ist am 01.01.2005 in Kraft getreten. Es ermöglichte den Kommunen die sofortige Umstellung auf das neue Rechnungswesen, räumte jedoch eine Übergangsfrist bis zum 01.01.2008 ein, die später auf den 01.01.2009 verlängert wurde. Seit dem ersten Januar 2009 richten sich alle Städte, Gemeinden und Kreise in NRW nach der neuen Rechtslage. Das NKF orientiert sich am kaufmännischen Rechnungswesen des Handelsgesetzbuches (HGB). Es weist jedoch zahlreiche Besonderheiten auf. Das NKF ist aber mehr als nur ein neuer Rechnungsstil. Es soll eine neue Form von Steuerung ermöglichen und bewirken. Während das Haushaltsrecht alter Ordnung, die sog. **Kameralistik**, im Wesentlichen eine reine Einnahmen- und Ausgabenrech-

[2] Dies unterstreicht den parlamentarischen Charakter des Rates, obwohl der Rat kein Parlament im staatsrechtlichen Sinne, sondern ein Verwaltungsorgan ist.

nung war, soll durch das neue Rechnungswesen der vollständige Ressourcenverbrauch erfasst und abgebildet werden und zwar in dem Jahr der tatsächlichen Entstehung. Das heißt beispielsweise, dass der **Werteverzehr** von Vermögensgegenständen in Form der sog. **Abschreibungen** periodisch in jedem Jahr berechnet wird. Aber auch künftige **Verpflichtungen**, wie etwa die künftigen Pensionen der Beamten, werden in Form von Rückstellungen (nicht zu verwechseln mit Rücklagen) bereits während der aktiven Dienstzeit der Beschäftigten berücksichtigt. Damit sollen das Prinzip der intergenerativen Gerechtigkeit und eine neue Form von ergebnisorientierter Steuerung verwirklich werden. **Intergenerative Gerechtigkeit** bedeutet, dass jede Generation nicht mehr Ressourcen verbrauchen soll als sie neue Werte schafft.

Der kommunale Haushalt ist auch im Neuen Kommunalen Finanzmanagement das zentrale Steuerungs- und Rechenschaftsinstrument in der Kommunalverwaltung und der Kommunalpolitik. Entscheidend sind im NKF die 3 Komponenten für Planung, Bewirtschaftung und Jahresabschluss:

- Der Ergebnisplan/die Ergebnisrechnung

- Der Finanzplan/die Finanzrechnung

- Die Bilanz

Man spricht deshalb auch vom **Drei-Komponenten-System des NKF**. Im Finanzplan werden alle Einzahlungen und Auszahlungen und im Ergebnisplan alle Erträge und Aufwendungen erfasst. Die Investitionen werden im Finanzplan in voller Höhe nachgewiesen, während sich im Ergebnisplan nur die jährlichen Abschreibungsbeträge wiederfinden. Die Ergebnisrechnung entspricht der kaufmännischen Gewinn- und Verlustrechnung (GuV) im Handelsrecht. Die Gewinn- und Verlustrechnung ist eine Gegenüberstellung von

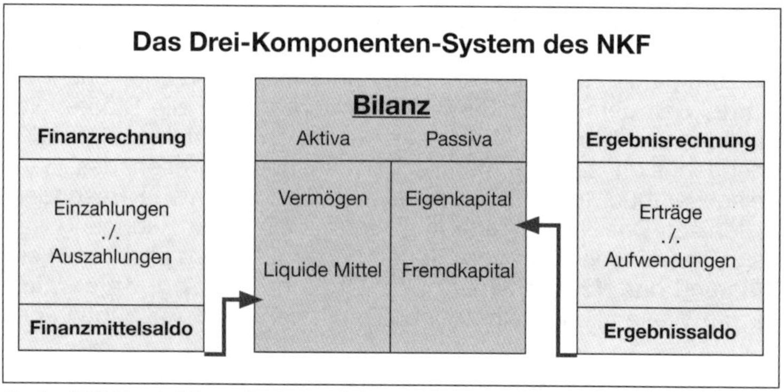

Quelle: NKF-Handreichung des Innenministeriums NRW, 7. Auflage, S. 205

Aufwendungen und Erträgen einer Periode zur Ermittlung des Unternehmungsergebnisses und der Darstellung seiner Quellen. Sie ist gem. § 242 III HGB Pflichtbestandteil des Jahresabschlusses von Kaufleuten. Die Bilanz ist wichtiger Teil des Jahresabschlusses und verkörpert das Vermögen (Mittelverwendung) und dessen Finanzierung (Mittelherkunft) durch Eigenkapital, Fremdkapital stichtagsbezogen. Das Haushaltsrecht sieht keine Planbilanz vor, obwohl die Entwicklung des Eigenkapitals eine entscheidende Steuerungsgröße darstellt[3] und für die Bilanz Grundlage der Ermittlung des Eigenkapitals darstellt.

Die Philosophie des NKF ist eng verbunden mit den Leitgedanken des sog. **Neuen Steuerungsmodells (NSM)**, aber keineswegs identisch.

Die Kommunale Gemeinschaftsstelle für Verwaltungsmodernisierung (KGSt) hat 1993 mit ihrem Bericht 5/1993 eine breite Bewegung zur grundlegenden Reform der Kommunalverwaltungen ausgelöst. 20 Jahre später hat die KGSt das Modell zum Kommunalen **Steuerungsmodell (KSM)** weiterentwickelt.

Das KSM zielt auf den Aufbau einer unternehmensähnlichen, dezentralen Führungs- und Organisationsstruktur. Die Kernelemente dieser Struktur sind:

Kernelemente des KSM sind u. a.

- die Stärkung einer strategischen und wirkungsorientierten Steuerung,
- die Betonung der Führungsverantwortung kommunaler Entscheidungsträger,
- die konsequente Verknüpfung von ganzheitlicher Planung mit dem Haushalt und
- die Verbesserung der gemeinsamen Zielorientierung von politischen Entscheidungen und Verwaltungshandeln.

Basis des KSM ist das Selbstverständnis einer partizipativen, kooperativen und vernetzten Kommune.

Mag zu Beginn der Reformdebatte noch das Ziel der Umwandlung der Kommunalverwaltungen in Dienstleistungsunternehmen im Vordergrund gestanden haben, so hat der Prozess zunächst durch die sich verschärfenden Sparzwänge zusätzliche Dynamik bekom-

3) So ist das Eigenkapital die entscheidende Bezugsgröße für die Verpflichtung zur Aufstellung eines Haushaltssicherungskonzepts gem. § 76.

men. Mancherorts haben sich Sparzwänge aber auch kontraproduktiv für den Reformprozess ausgewirkt. Galt zwar früher schon, dass die Haushaltswirtschaft sparsam und wirtschaftlich zu führen war, so wird der Wirtschaftlichkeit des Handelns der öffentlichen Verwaltung als grundlegende Zweck-Mittel-Relation im Neuen Steuerungsmodell eine Bedeutung zugemessen, die die traditionellen Ziele der Gesetzmäßigkeit und der Gemeinwohlverpflichtung im Rahmen der sozialstaatlichen Daseinsvorsorge zunächst etwas in den Hintergrund haben treten lassen. Mit der Entwicklung qualitätsorientierter Ziele und Kennzahlen und der Konzeption einer wirkungsorientierten Steuerung, die gerne auch als notwendige Folge des NKF angesehen wird, sind jedoch wieder stärker inhaltlich Aspekte in den Vordergrund getreten. Vielerorts wird als neue Leitidee in kommunaler Abwandlung des Gedankens des aktivierenden Staates die Bürgerkommune propagiert, die auf eine stärkere Kooperation mit der Bürgerschaft abzielt, aber auch für Kommunen neue Elemente wie etwa kommunale Leistungsversprechen und Bürgerhaushalt enthält. Bürgerhaushalte werden vor allem in Städten und Gemeinden praktiziert, die mit traditionellen Methoden der Haushaltskonsolidierung nicht weiter kommen. Eine Übersicht über die Bürgerhaushaltskommunen in Deutschland bietet die Internetplattform www.buergerhaushalt.org.

Ein zentrales Anliegen des neuen Steuerungsmodells war und ist es, die in Verwaltungen traditioneller Art festgestellte Übersteuerung durch Einzelanweisungen und zentrale Ressourcenverwaltung im Kernbereich ebenso abzubauen wie die allenthalben nach wie vor zu beobachtende Untersteuerung in der Beteiligungsverwaltung zu verstärken. Dem wird das NKF insofern gerecht als es in § 116 der Gemeindeordnung die Aufstellung eines Gesamtabschlusses des „Konzerns Kommune“ unter Einbeziehung aller verselbständigten Bereiche in einer um die Binnenumsätze bereinigten Form vorschreibt (vgl. Kap. 12.10).

Quelle: NKF-Handreichung des Innenministeriums NRW, 7. Auflage, S. 1685

Mehr als 25 Jahre nach dem Aufkommen der Idee des Neuen Steuerungsmodells und in der Weiterentwicklung des KSM ist eine gewisse Ernüchterung eingetreten. Zum einen hat sich gezeigt, dass die Komplexität kommunalpolitischer Entscheidungsstrukturen die ursprünglich angestrebte Arbeitsteilung von Politik und Verwaltung wenig realistisch erscheinen lässt. Auch können kurzfristige Haushaltskonsolidierungseffekte KSM nur eingeschränkt erwartet werden. Zum anderen ist der grundlegende Umbau der Verwaltung zunächst einmal mit einem gewissen Aufwand verbunden, der vielerorts unterschätzt wurde. Da das KSM auf die Veränderung der Strukturen und Abläufe zielt und nicht auf zentralistisch angeordnete Sparmaßnahmen wie pauschale Mittelkürzungen und Haushalts- oder Wiederbesetzungssperren, ist mit der Einführung notwendiger Weise auch ein Stück Kulturwandel verbunden, der überzeugend ohne ein sichtbares Engagement der Verwaltungsführung kaum zu bewältigen ist. Dem trägt das KSM stärker Rechnung als das ursprüngliche NSM.

Die Umstellung auf das Neue Kommunale Finanzmanagement hatte in den Verwaltungen die technische Bewältigung der Umstellung des Rechnungsstils von der Kameralistik auf die Doppik zunächst in den Vordergrund treten lassen.

Das Innenministerium hatte jedoch bereits in seinem Positionspapier vom Mai 1999 zum einem neuen kommunalen Finanzmanagement festgestellt, dass das Haushalts- und Rechnungswesen in dem Reformprozess der öffentlichen Verwaltungen eine zentrale Rolle einnehme und gefordert, die Kosten- und Leistungsstrukturen zu optimieren und so im Rahmen der finanziellen Möglichkeiten die

- Effektivität (Wirksamkeit),
- Wirtschaftlichkeit und
- Qualität

der kommunalen Leistungen zu verbessern.

Die Zielsetzung bei der Einführung des NKF erschöpfte sich also nicht in einer buchhalterischen Umstellung. Vielmehr sollten mittels mehr „Transparenz der Kosten und Leistungen … wirtschaftliche Entscheidungen und damit ein zielgerichtetes Finanzmanagement“ möglich werden. Gleichwohl hat sich in der Umsetzung herausgestellt, dass mit dem NKF keineswegs automatisch eine Verwaltungsmodernisierung einhergeht. Man kann auch unter den Bedingungen eines doppischen Rechnungswesens eine Verwaltung, zentralistisch, hierarchisch und binnenorientiert führen, genauso wie es umgekehrt möglich war, in der Welt der Kameralistik Budget- und Fachverantwortung zusammenzuführen und den Gedanken der Kundenorientierung auf die Verwaltung übertragen.

Die jahrelange Diskussion und Erprobung im Rahmen des „NKF-Modellprojekts“ in Nordrhein-Westfalen war Teil einer bundesweiten Reformbewegung, die jedoch nicht zu bundesweit einheitlichen Ergebnissen (etwa bei der Bewertung des Anlagevermögens) geführt hat, sodass insoweit bundesweite Vergleiche nur eingeschränkt möglich sind. Im Rahmen eines Gemeinschaftsprojekts bieten die Bertelsmann Stiftung und die Kommunale Gemeinschaftsstelle für Verwaltungsmanagement (KGSt) eine Internetplattform (www.doppikvergleich.de) an, auf der der bundesweite Rechtsvergleich dokumentiert wird.

Mit dem **NKF-Weiterentwicklungsgesetz** vom Sept. 2012 sind in Nordrhein-Westfalen erste Anpassungen an die Anforderungen aus der kommunalen Praxis vollzogen worden, wie z.B. die Dynamisierung der sog. Ausgleichrücklage oder die Verlängerung der Frist für eine Inventur von drei auf fünf Jahre. Seit dem 1. Januar 2019 gilt das Zweites Gesetz zur Weiterentwicklung des Neuen Kommunalen Finanzmanagements für Gemeinden und Gemeindeverbände im Land Nordrhein-Westfalen und weiterer kommunalrechtlicher Vorschriften **(2. NKF-Weiterentwicklungsgesetz)**. Gleichzeitig ist die Gemeindehaushaltsverordnung(GemHVO) durch die **Kommunalhaushaltsverordnung (KomHVO)** mit einer Reihe von Neuerungen ersetzt worden.

12.1.2 Neues Kommunales Finanzmanagement und die wichtigsten Haushaltsgrundsätze

12.1.2.1 Stetige Aufgabenerfüllung

Wichtigster Haushaltsgrundsatz ist die **Sicherstellung einer stetigen Aufgabenerfüllung**. § 75 Abs. 1 drückt das durch die Formulierung aus, dass die Gemeinden ihre Haushaltswirtschaft so zu planen und zu führen haben, dass die stetige Erfüllung ihrer Aufgaben gesichert ist. Bereits nach dem vor der Novelle des Jahres 1972 geltenden Recht (§ 87 Abs. 2 Nr. 1 a. F.) war der Rat verpflichtet, darauf zu achten, dass der Haushaltsplan die Mittel bereitstellt, die erforderlich sind, um die der Gemeinde durch Gesetz übertragenen Aufgaben ausreichend zu erfüllen. Demgegenüber wird seither verstärkt die Notwendigkeit einer stetigen Aufgabenerfüllung betont. Obwohl sich an der Formulierung des Satz 1 mit der Einführung des NKF (Gesetz vom 16.11.2004) nichts geändert hat, wird man annehmen können, dass der **Grundsatz der Nachhaltigkeit** zu den Kernmerkmalen des NKF gehört. Die Verpflichtung zur Darstellung des vollständigen Ressourcenverbrauchs dient der Umsetzung dieses Grundsatzes. Es genügt also heute mehr denn je nicht, die Haushaltswirtschaft nur auf die Erfüllung der Aufgaben des laufenden Haushaltsjahres auszurichten, vielmehr müssen auch die Bedürfnisse kommender Jahre so berücksichtigt werden, dass deren Erfüllung realistisch ist. Die Planung der Haushaltswirtschaft wird dem Erfordernis einer stetigen Aufgabenerfüllung nur dann gerecht, wenn die Erträge auf Dauer ausreichen, um sowohl die konsumtiven Aufwendungen als auch die Investitionen und die Abschreibungen auf das Anlagevermögen zu finanzieren. Der Grundsatz der stetigen Aufgabenerfüllung wird zu Recht als vorrangig gegenüber den anderen Haushaltsgrundsätzen eingestuft. Auf die Art der Aufgaben kommt es im Übrigen nicht an. Der Grundsatz der Aufgabensicherung bezieht sich sowohl auf freiwillige Selbstverwaltungsaufgaben und Selbstverwaltungspflichtaufgaben als auch auf den gesamten übertragenen Wirkungsbereich. Auch soweit die Gemeinde vertragliche Verpflichtungen zu erfüllen hat, muss sie die dazu erforderlichen Mittel bereitstellen.

Durch die Betonung des Grundsatzes der stetigen Aufgabenerfüllung macht das Gesetz zugleich deutlich, dass die gemeindliche Haushaltswirtschaft nicht primär erwerbswirtschaftlichen Zielen dienen darf. In erster Linie hat die Gemeinde die ihr obliegenden Aufgaben zum Wohle ihrer Bürger zu erfüllen. Das schließt jedoch nicht aus, dass sie ihr Vermögen nach wirtschaftlichen Gesichtspunkten verwaltet und Ertrag bringend einsetzt. So sieht § 90 Abs. 2 vor, dass das Vermögen pfleglich und wirtschaftlich zu verwalten ist. Bei Geldanlagen soll ein angemessener Ertrag erwirtschaftet werden. Die Ertragserzielung sollte aber niemals Selbstzweck gemeindlichen Vermögens sein. Im Zweifelsfalle hat daher der Grundsatz der Aufgabenerfüllung vor einer möglichen Vermehrung des Gemeindevermögens Vorrang. Deshalb sind z.B. Spekulationsgeschäfte jeglicher Art verboten.

12.1.2.2 Sparsamkeit, Wirtschaftlichkeit und Effizienz

Schon vor Inkrafttreten des Gesetzes zum Neuen Kommunalen Finanzmanagement war das Gebot sparsamer und wirtschaftlicher Haushaltsführung ein allgemeiner und verbindlicher Haushaltsgrundsatz. Mit der zusätzlichen Aufnahme des Begriffs der Effizienz in den Katalog der allgemeinen Haushaltsgrundsätze wurde die Neuausrichtung der Haushaltswirtschaft von der Inputsteuerung, über die Outputsteuerung zur Wirkungssteuerung unterstrichen. Während der Begriff der Sparsamkeit nur die traditionelle Ausgabenseite (Input) im Blick hat, gebietet das Prinzip der Wirtschaftlichkeit, stets die günstigste Relation zwischen dem verfolgten Zweck oder Ergebnis (Output) und den einzusetzenden Mitteln anzustreben. Das Maß an Wirtschaftlichkeit wird also von zwei Variablen bestimmt, nämlich dem Ressourceneinsatz und dem Ergebnis. So kann die Wirtschaftlichkeit auf zwei Wegen gesteigert werden. Zum einen durch die Verringerung des Ressourceneinsatzes bei gleichbleibendem Ergebnis. Zum anderen durch ein besseres Ergebnis bei gleichbleibendem Ressourceneinsatz. Der Begriff soll außerdem dazu beitragen, die neue Steuerung mit zeitbezogenen Ziel- und Finanzvorgaben in der Praxis umzusetzen. Aus diesem neu aufgenommen Begriff der Effizienz lassen sich die in der Kommunalhaushaltsverordnung enthaltenen Verpflichtungen der produktorientierten Definition von Zielen und Kennzahlen zur Messung des Zielerreichungsgrades begründen (vgl. § 4

Abs. 2 KomHVO). Da der Grundsatz der Wirtschaftlichkeit unstreitig für die gesamte Haushaltswirtschaft der Gemeinde gilt und bei jeder einzelnen Maßnahme zu beachten ist, wird man dies auch auf den neu aufgenommenen Begriff der Effizienz anwenden müssen. Hinsichtlich der Überprüfbarkeit durch Aufsichtsbehörden und Rechtsprechung ist zu beachten, dass es sich in allen drei Fällen (Sparsamkeit, Wirtschaftlichkeit, Effizienz) um unbestimmte Rechtsbegriffe handelt. Dementsprechend kommt den Räten bei der Beschlussfassung über den Haushalt ein Beurteilungs- und Entscheidungsspielraum zu, in den die Aufsichtsbehörde nach der Rechtsprechung des Oberverwaltungsgerichts nur eingreifen darf, wenn die Entscheidungsbefugnis in nicht mehr vertretbarer Weise ausgeübt wird. Ein Einschreiten der Kommunalaufsicht zur Durchsetzung des Grundsatzes der Wirtschaftlichkeit und Sparsamkeit setzt voraus, dass die Gemeinde den ihr bei der Anwendung dieses Grundsatzes zustehenden Entscheidungsspielraum in nicht mehr vertretbarer Weise überschritten hat. Diese Begrenzung für ein Einschreiten der Kommunalaufsicht gilt auch für die Überprüfung der Effizienz des Einsatzes gemeindlicher Haushaltsmittel unabhängig davon, um welche Art von Aufgaben es sich handelt.

12.1.2.3 Berücksichtigung des gesamtwirtschaftlichen Gleichgewichts

Nach § 75 Abs. 1 Satz 3 hat die Gemeinde bei der Planung und Durchführung ihrer Haushaltswirtschaft den **Erfordernissen des gesamtwirtschaftlichen Gleichgewichts** Rechnung zu tragen. Dieser Grundsatz wurde durch das Änderungsgesetz vom 11.07.1972 in das gemeindliche Haushaltsrecht aufgenommen. Er beruht auf dem Gesetz zur Förderung der Stabilität und des Wachstums der Wirtschaft vom 08.06.1967, wonach Bund und Länder bei ihren wirtschafts- und finanzpolitischen Maßnahmen die Erfordernisse des gesamtwirtschaftlichen Gleichgewichts zu beachten haben (vgl. hierzu Art. 109 Abs. 2 GG). Das bedeutet, dass alle Maßnahmen so zu treffen sind, dass sie im Rahmen der marktwirtschaftlichen Ordnung gleichzeitig zur Stabilität des Preisniveaus, zu einem hohen Beschäftigungsstand und zu außerwirtschaftlichem Gleichgewicht bei stetigem und angemessenem Wirtschaftswachstum beitragen. Die Länder haben ihrerseits darauf hinzuwirken, dass die Haushaltswirtschaft der Gemeinden und Gemeindeverbände den konjunkturpolitischen Erfordernissen entspricht. In der Praxis erweist sich die Beachtung dieses Grundsatzes vor allem für die Gemeinden in der sog. vorläufigen Haushaltsführung **(Nothaushaltsrecht)**[4] und bei Haushaltssicherungskommunen[5] als undurchführbar, weil deren Kreditaufnahmen strikten Restriktionen unterliegen. Beim sog. Konjunkturpaket II der Bundesregierung vom Frühjahr 2009 hatte man sich darauf

4) Von vorläufiger Haushaltsführung oder Nothaushaltsrecht spricht man, wenn die Haushaltssatzung zu Beginn des Haushaltsjahres noch nicht bekannt gemacht und somit noch nicht in Kraft getreten ist (vgl. Kap.12.2.4.4).

5) Die Pflicht zur Aufstellung eines Haushaltssicherungskonzepts ist in § 76 geregelt (vgl. Kap. 12.2.4).

verständigt, dass die notwendigen Eigenanteile der Kommunen für die geförderten Investitionsmaßnahmen vom Land im Rahmen des Finanzausgleichs vorgestreckt werden. Mit der Verlängerung der Konsolidierungsfrist auf zehn Jahre in § 76 Abs. 2 ist die Zahl der sog. Nothaushaltskommunen deutlich zurückgegangen. Das Problem der strukturellen Unterfinanzierung ist damit jedoch nicht gelöst. Andererseits unterliegen die Kommunen, die an dem **Stärkungspakt Stadtfinanzen** (siehe Erläuterungen unter 12.11). teilnehmen, nach wie vor deutlichen Beschränkungen bei ihrer Kreditaufnahme.

12.1.2.4 Haushaltsausgleich und Ausgleichsrücklage

Der allgemeine haushaltswirtschaftliche Grundsatz des Haushaltsausgleichs ist in der Vergangenheit mehrfach verändert worden. Die Gemeinden sind seit 1991 verpflichtet, alle Maßnahmen zur Abwendung eines Defizits zu ergreifen, um den Haushaltsausgleich zu gewährleisten. Dies konnte im Einzelfall einen Rückgriff auf die Vermögenssubstanz einschließen. Mit dem NKFG vom 16.11.2004 ist das **Gebot des Haushaltsausgleichs** neu definiert worden. Der Haushalt muss nunmehr ausdrücklich in Planung und Rechnung ausgeglichen sein. Er ist ausgeglichen, wenn der **Gesamtbetrag der Erträge** die Höhe des **Gesamtbetrags der Aufwendungen** erreicht oder übersteigt. Im Unterschied zum kameralen Rechnungsstil sind also nicht die Einnahmen und Ausgaben maßgeblich. Der Haushaltsausgleich knüpft dementsprechend nicht an den Finanzplan und die Finanzrechnung sondern an den Ergebnisplan und die Ergebnisrechnung an. Nicht zahlungswirksame Wertminderungen des Vermögens (Abschreibungen) werden ebenso im Jahr der Entstehung berücksichtigt wie erst in der Zukunft zahlungswirksame Verpflichtungen in Form von Pensionen (Pensionsverpflichtungen). Andererseits stellen Tilgungsleistungen keinen den Haushaltsausgleich belastenden Aufwand dar, da diesem Mittelabfluss eine gleichzeitige Verminderung der Verbindlichkeiten gegenübersteht. Zinszahlungen belasten hingegen das Ergebnis. Abschreibungsfähige Investitionen werden im Ergebnisplan und in der Ergebnisrechnung nicht mit der Investitionssumme erfasst sondern nur in Höhe des unter Berücksichtigung der Nutzungsdauer ermittelten Aufwands (Werteverzehr) in Form der Abschreibung.

Für die Ermittlung der Nutzungsdauer wird die sog. NKF-Rahmentabelle heran gezogen. Errichtet die Gemeinde beispielsweise ein Gebäude, so werden im Ergebnisplan nicht die Baukosten insgesamt veranschlagt sondern nur die auf das jeweilige Jahr entfallende Abschreibung. Im Finanzplan wird dagegen die auf das Haushaltsjahr entfallende Investitionssumme erfasst. Unter bestimmten Umständen können auch spätere ***Instandhaltungsmaßnahmen als Investition*** *behandelt werden (komponentenweise Abschreibung). Dies kann zu einer Erleichterung des Haushaltsausgleichs beitragen.*

Werteverzehr und Wertzuwachs in Form von Erträgen werden jeweils der Rechnungsperiode ihrer Verursachung zugerechnet. Damit verwirklicht das neue Kommunale Finanzmanagement die Zielsetzung der vollständigen Erfassung des Ressourcenaufkommens und des Ressourcenverbrauchs.

Die laufenden **Einnahmen und Ausgaben aus Verwaltungstätigkeit** geraten deswegen nicht aus dem Blick. Soweit sie ergebnisrelevant sind, werden sie ebenfalls im Ergebnisplan dargestellt. Sie werden vollständig im Finanzplan erfasst, in dem sämtliche Zahlungsströme erfasst werden.

Die jederzeitige Zahlungsfähigkeit ist gem. § 89 durch eine angemessene Liquiditätsplanung sicherzustellen. Sie ist aber nicht Maßstab für den Haushaltsausgleich.

Eine Besonderheit des nordrhein-westfälischen Kommunalhaushaltsrechts stellt der sog. **fiktive Haushaltsausgleich** dar. Der Haushaltsausgleich gilt nach § 75 Abs. 2 als erreicht, wenn der Fehlbedarf im Ergebnisplan und der Fehlbetrag in der Ergebnisrechnung durch Inanspruchnahme der **Ausgleichsrücklage** gedeckt werden können. In der Bilanz ist gem. § 75 Abs. 3 eine Ausgleichsrücklage zusätzlich zur allgemeinen Rücklage als gesonderter Posten des **Eigenkapitals** anzusetzen. Der Ausgleichsrücklage können Jahresüberschüsse durch Beschluss nach § 75 Absatz 3 Satz 2 i. V. m. § 96 Absatz 1 Satz 2 zugeführt werden, soweit die allgemeine Rücklage einen Bestand in Höhe von mindestens 3 Prozent der Bilanzsumme des Jahresabschlusses der Gemeinde aufweist. Diese Möglichkeit der nachträglichen Erhöhung der Ausgleichsrücklage ist durch das NKF-Weiterentwicklungsgesetz vom 29. September 2012 neu eingeführt worden. Bis dahin galt die bei der Erstellung der Eröffnungsbilanz erstmalig ermittelte Ausgleichrücklage. Es handelt sich bei der Möglichkeit des Haushaltsausgleichs durch Inanspruchnahme der Ausgleichsrücklage um eine gesetzliche Fiktion. Sinn dieser Regelung ist es, den Gemeinden eine gewisse Flexibilität einzuräumen, denn solange der Ausgleich erreicht wird, besteht kein Anlass für aufsichtsbehördliches Handeln. Gedacht war diese Fiktion ursprünglich vor allem für die Phase des Übergangs. Jede rechnerische Inanspruchnahme der Ausgleichsrücklage führt jedoch zu einer Verringerung des Eigenkapitals. Wenn das **Eigenkapital** insgesamt aufgebraucht ist, ist die Gemeinde überschuldet (Abs. 7 Satz 2). Der Gemeinde steht bei der Frage, ob sie zum Zwecke des fiktiven Haushaltsausgleichs die Ausgleichsrücklage in Anspruch nimmt, dem Wortlaut der Vorschrift nach ein Ermessensspielraum zu. Nimmt die Gemeinde die Ausgleichsrücklage jedoch nicht oder nicht in der erforderlichen Höhe in Anspruch und kommt es dadurch zu einem nicht ausgeglichenen Haushalt, kann die Gemeinde letztlich dazu gezwungen werden, die Ausgleichsrücklage einzusetzen. Wird der Haushaltsausgleich nämlich nicht erreicht, verringert sich die allgemeine Rücklage. Die Verringerung der allgemeinen Rücklage bedarf im Unterschied zu der Inanspruchnahme der Ausgleichsrücklage der Genehmigung der Aufsichtsbehörde. Sofern keine allgemeine Rücklage (mehr) vorhanden ist, erhöht sich der nicht durch Eigenkapital gedeckte Fehlbetrag. Da die Ausgleichrücklage Teil des Eigenkapitals ist, ist sie jedoch spätestens an dieser Stelle, zwingend zu berücksichtigen. Im Zweifel werden die Aufsichtsbehörden bei einem negativen Jahresergebnis auf der vorrangigen Inanspruchnahme der Ausgleichsrücklage bestehen. Unter den Voraussetzungen des § 76 hat die Gemeinde ein Haushaltssicherungskonzept zur Sicherung ihrer dauerhaften Leistungsfähigkeit aufzustellen (siehe dazu die Erläuterungen unter 12.2.4).

12.1.2.5 Sicherung der Liquidität und der Finanzierung von Investitionen

Ein weiterer allgemeiner Haushaltsgrundsatz ist die Verpflichtung der Gemeinde, die jederzeitige Liquidität und die Finanzierung von Investitionen sicherzustellen (§ 75 Abs. 6). Die Liquidität ergibt sich grundsätzlich aus dem Finanzplan, in dem die Ein- und Auszahlungen aus laufender Verwaltungstätigkeit, sowie die Ein- und Auszahlungen aus Investitionstätigkeit einschließlich der dafür notwendigen Aufnahme von Krediten und deren Tilgung (vgl. § 3 KomHVO) erfasst werden. Die Aufnahme und die Tilgung von Krediten (zur Finanzierung von Investitionen) werden ausschließlich im Finanzplan dargestellt, weil sie ergebnisneutral sind, während die Zinsen sowohl im Finanzplan als auch im Ergebnisplan zu berücksichtigen sind. Zur Sicherstellung der unterjährigen Liquidität hat die Gemeinde gem. § 89 Abs. 1 eine angemessene Liquiditätsplanung durchzuführen. Diese Verpflichtung wird in § 31 Abs. 6 KomHVO noch einmal unterstrichen, wobei vor allem die zeitliche Verteilung der Einzahlungen und Auszahlungen und der Bestand an liquiden Mitteln zum jeweiligen Zahlungszeitpunkt maßgeblich sind. Bei der Ausgestaltung der Liquiditätsplanung müssen die Grundsätze der Finanzmittelbeschaffung gem. § 77 sowie die Grundsätze für die Kreditaufnahme (§§ 86 und 89 Abs. 2) beachtet werden. Die Kredite zur Liquiditätssicherung nannte man früher Kassenkredite. Der Höchstbetrag dieser Kredite zur Liquiditätssicherung wird vom Rat in der Haushaltssatzung jedes Jahr neu festgesetzt. Sie sind nicht Bestandteil des Finanzplans. Sie berühren daher auch nicht den Rahmen für Kredite für Investitionen. In der Bilanz sind jedoch die sich aus aufgenommenen Kassenkrediten ergebenden Zahlungsverpflichtungen als Verbindlichkeiten darzustellen. Die Kredite zur Liquiditätssicherung haben in NRW ein erhebliches Ausmaß angenommen (ca. 22 Mrd. EUR im Haushaltsjahr 2019). Wegen der Volatilität des Zinssatzes stellen sie ein erhebliches Haushaltsrisiko dar.

12.1.2.6 Verbot der Überschuldung

Das Haushaltsrecht der Kameralistik kannte den Begriff der Überschuldung nicht. Er ist mit dem am kaufmännischen Rechnungswesen orientierten NKF in die Gemeindeordnung aufgenommen worden. Überschuldung liegt gem. § 19 Insolvenzordnung (InsO) im Zivilrecht vor, wenn das Vermögen des Schuldners die bestehenden Verbindlichkeiten nicht mehr deckt. Da Gemeinden nach § 128 Abs. 2 nicht insolvenzfähig sind, müssen im Falle der Überschuldung andere Rechtsfolgen eintreten. Nach Abs. 7 Satz 2 ist die Gemeinde überschuldet, wenn nach ihrer Bilanz das Eigenkapital aufgebraucht ist. Das ist dann gegeben, wenn die Wertansätze der Passivposten (Eigenkapital und Verbindlichkeiten) die Wertansätze der Aktivposten (Anlagevermögen und Umlaufvermögen) unter Berücksichtigung der **Rechnungsabgrenzung**[6] übersteigen. Bei Überschuldung, weist das Eigenkapital einen negativen Betrag auf, der als Summe aus den Ansätzen der Bilanzpositionen „Allgemeine Rücklage", „Sonderrücklagen", „Ausgleichsrücklage" und „Jahresüberschuss/-fehlbetrag" zu ermitteln ist. § 44 Abs. 7 KomHVO schreibt vor, dass der entsprechende Betrag auf der Aktivseite der Bilanz unter der Bezeichnung „Nicht durch Eigenkapital gedeckter Fehlbetrag" gesondert auszuweisen ist.

Wird in der mittelfristigen Ergebnis- und Finanzplanung einer Gemeinde sichtbar, dass die Entwicklung auf einen Verzehr der allgemeinen Rücklage im Haushaltsjahr oder in einem der drei folgenden Planjahre hinausläuft, tritt unmittelbar als Rechtsfolge die Verpflichtung zur Aufstellung eines Haushaltssicherungskonzepts nach § 76 Abs. 1 ein. Mit dem Erlass des Innenministers vom 6. März 2009 (Leitfaden des Innenministeriums – Maßnahmen und Verfahren zur Haushaltssicherung) ist erstmals der vollständige Maßnahmenkatalog der Kommunalaufsicht einschließlich der Bestellung eines Beauftragten nach § 124 (Staatskommissar) angesprochen worden. Dieser Erlass ist formell aufgehoben[7] und durch einen zusammenführenden Erlass vom 7. März 2013, der auch für die sog. Stärkungspaktkommunen gilt, ersetzt worden.

12.2 Haushaltsplan

Der Haushaltsplan ist die Grundlage der Haushaltswirtschaft der Gemeinde. Er enthält gem. § 79 Abs. 1 alle im Haushaltsjahr für die Erfüllung der Aufgaben der Gemeinde voraussichtlich

6) Bei den Rechnungsabgrenzungsposten werden gem. § 43 KomHVO vertragliche Verpflichtungen abgebildet, bei denen die Auszahlung vor dem Abschlussstichtag (31. Dezember) liegt und diese Auszahlung Aufwand für eine bestimmte Zeit des Folgejahres darstellt. Dies können z. B. Versicherungsbeiträge sein, bei denen das Versicherungsjahr nicht mit dem Rechnungsjahr der Gemeinde identisch ist. Es handelt sich um sog. periodenfremden Aufwand oder Ertrag.

7) Der Leitfaden gilt jedoch nach wie vor als Orientierung für die Genehmigungsfähigkeit von Haushaltssicherungskonzepten. Da er als Checkliste für die Ausstellung von Haushaltssicherungskonzepten genutzt werden kann, erfolgt weiter unten im Kap. 12.2.4.1 ein Abdruck der wesentlichen Passagen.

- anfallenden Erträge und Einzahlungen,
- entstehenden Aufwendungen und zu leistenden Auszahlungen und die
- notwendigen Verpflichtungsermächtigungen.

Nach wie vor wird damit der **Grundsatz der Vollständigkeit und Einheit des Haushaltsplanes** zum Ausdruck gebracht. Allerdings gilt dieser Grundsatz nicht uneingeschränkt. So werden beispielsweise durchlaufende Gelder sowie bestimmte Fremdmittel nicht im Haushaltsplan der Gemeinde veranschlagt (§ 15 KomHVO). Als Teil der Haushaltssatzung bildet er die rechtlich verbindliche Grundlage für die Haushaltswirtschaft. Erst durch ihn ist die Gemeinde ermächtigt, nicht jedoch verpflichtet, die veranschlagten Aufwendungen zu tätigen und die vorgesehenen Auszahlungen zu leisten. Neben den Beträgen des laufenden Haushaltsjahres sind im Haushaltsplan die Ansätze des Vorjahres sowie die Ergebnisse des Jahresabschlusses des davor liegenden Jahres dargestellt. Ferner sind die Planungspositionen der dem Haushaltsjahr folgenden drei Jahre anzufügen.

Der Haushaltsplan bindet zunächst nur Rat und Verwaltung. Dritte können daraus noch keine Rechte ableiten. Allerdings bedeutet in der Praxis die Aufnahme einer bestimmten Ermächtigung in den Haushaltsplan, dass der Rat damit seinen Willen zum Ausdruck bringt, dass die Zahlung auch geleistet bzw. der Aufwand getätigt werden soll. Will der Rat die Zahlung noch von dem Eintritt bestimmter Bedingungen abhängig machen, bietet sich die Anbringung eines **Sperrvermerks** gem. § 24 Abs. 5 KomHVO an der entsprechenden Haushaltsstelle an. Dadurch kann der Rat sich die Freigabe von Haushaltsmitten vorbehalten. Die wichtigsten Bestandteile des Haushaltsplans sind der Ergebnisplan und der Finanzplan, die in Teilpläne gegliedert sind. Diese werden nach **Produktbereichen** oder nach produktorientierten Verantwortungsbereichen **(Budgets)** unter Beachtung des vom Innenministerium vorgegeben **Produktrahmens** aufgestellt. Ferner sind bestimmte **Anlagen** vorgeschrieben. Dazu gehört u. a. auch der **Stellenplan**. Wenn gem. § 76 ein Haushaltssicherungskonzept aufgestellt werden muss, ist es ebenfalls Teil des Haushaltsplans. Nimmt eine Kommune am **Stärkungspakt Stadtfinanzen** teil, tritt an die Stelle des Haushaltssicherungskonzepts der **Haushaltssanierungsplan**. Das in der Kameralistik allgemein geltende Prinzip der Kassenwirksamkeit gilt im Neuen Kommunalen Finanzmanagement nur noch im Finanzplan bzw. in der Finanzrechnung. Die Einzahlungen und Auszahlungen sind danach nur in der Höhe der im Haushaltsjahr voraussichtlich eingehenden und zu leistenden Beträge zu veranschlagen (§ 11 Abs. 1 KomHVO). Im Ergebnisplan sind die Erträge und Aufwendungen in dem Haushaltsjahr zu veranschlagen, dem sie wirtschaftlich zuzurechnen sind (§ 11

Abs. 1 KomHVO). Soweit sie nicht errechenbar sind, sind sie sorgfältig zu schätzen (§ 11 Abs. 1 KomHVO). Sowohl für den Finanzplan als auch für den Ergebnisplan gilt das schon in der Kameralistik anzuwendende Prinzip der Bruttoveranschlagung (§ 11 Abs. 2 KomHVO). Die Saldierung von Einzahlungen und Auszahlungen sowie von Aufwendungen und Erträgen ist also grundsätzlich unzulässig.

12.2.1 Ergebnisplan

Im Neuen Kommunalen Finanzmanagement steht der Ergebnisplan im Zentrum der Haushaltswirtschaft.

Er enthält alle geplanten **Ressourcenzuwächse**. Dabei handelt es sich insbesondere um

- Steuern und ähnliche Abgaben
- Zuwendungen und allgemeine Umlagen (z.B. Schlüsselzuweisungen etc.)
- Leistungsentgelte.

Der Ergebnisplan enthält ferner alle **Ressourcenverbräuche**. Dabei handelt es sich insbesondere um

- Personalaufwendungen
- Versorgungsleistungen
- Aufwendungen für Sach- und Dienstleistungen
- Abschreibungen
- Transferaufwendungen (z.B. Kreisumlage, Landschaftsverbandsumlage).

Die Beträge werden periodengerecht erfasst. Das heißt im Ergebnisplan kommt es nicht auf den Zeitpunkt der Zahlung sondern auf den Zeitpunkt der Entstehung des Ressourcenzuwachses und -verbrauchs an.

So entstehen zum Beispiel künftige Pensionsverpflichtungen gegenüber Beamten nicht erst im Jahr der tatsächlichen Auszahlung der Pension, sondern während der aktiven Beschäftigungszeit. Deshalb sind die Zuführungen zu den Pensionsrückstellungen jährlich nach entsprechenden Tabellen zu berechnen und als Personalaufwand im Ergebnisplan zu verbuchen.

Der Ergebnisplan mündet in die Ergebnisrechnung im Jahresabschluss (vgl. § 95 Abs. 1 Satz 3). Die Ergebnisrechnung entspricht der kaufmännischen **Gewinn- und Verlustrechnung** (GuV). Anstatt der für die kommunale Haushaltswirtschaft mangels Gewinnerzielungsabsicht ungeeigneten Begriffe „Gewinn“ und „Verlust“ werden die Begriffe „Ertrag“ und „Aufwand“ verwendet. Die weitere Untergliederung des Ergebnisplanes ergibt sich aus § 2 Kom-

HVO. Die Zuordnung von Erträgen und Aufwendungen zu den Positionen des Ergebnisplanes ist auf der Grundlage des vom für Kommunalerst zuständigen Ministeriums bekanntgegebenen Kontierungsplanes vorzunehmen (§ 2 Abs. 3 KomHVO). Der Ergebnisplan wird unter Beachtung des vom zuständige Ministerium bekanntgegebenen Produktrahmens in Teilergebnispläne gegliedert (§ 4 KomHVO) gegliedert. Die dort aufgeführten 17 Produktbereiche sind für die Gemeinden verbindlich. Die inhaltliche Abgrenzung richtet sich nach folgenden Vorgaben des Ministeriums:

01 Innere Verwaltung

- Rat, Ausschüsse, Bezirksvertretungen, Bezirksausschüsse
- Kreistag, Kreisausschuss, Ausschüsse
- Bürgermeister/in, Bezirksvorsteher/in, Ortsvorsteher/in, Beigeordnete
- Landrat/Landrätin
- Ausländerbeirat
- Fraktionen, Zuwendungen gem. § 56 Abs. 3 der Gemeindeordnung (GO)
- Allgemeine Verwaltungsangelegenheiten
- Rats- und Verwaltungsbeauftragte
- Controlling, Finanzbuchhaltung, Kämmerei
- Einrichtungen für die gesamte Verwaltung
- Einrichtungen für Verwaltungsangehörige
- Örtliche Rechnungsprüfung
- Angelegenheiten der unteren staatlichen Verwaltungsbehörde

02 Sicherheit und Ordnung

- Statistische Angelegenheiten
- Aufgaben bei der Durchführung von Wahlen und Abstimmungen
- Öffentliche Ordnungsangelegenheiten
- Brandschutz
- Rettungsdienst
- Abwehr von Großschadensereignissen

03 Schulträgeraufgaben

- Grundschulen
- Hauptschulen
- Realschulen, Abendrealschulen als Weiterbildungskolleg
- Gymnasien, Abendgymnasien als Weiterbildungskolleg
- Kollegs
- Gesamtschulen
- Sonderschulen als Schulen für Lernbehinderte, für Geistigbehinderte, für Blinde und Sehbehinderte,

- für Lernbehinderte, für Gehörlose und Schwerhörige, für Sprachbehinderte, für Kranke, für Erziehungshilfen, im Bereich der Realschulen und des Gymnasiums
- Berufskollegs in Form von Berufsschule, Berufsfachschule, Fachschule, Fachoberschule
- Schülerbeförderung
- Fördermaßnahmen für einzelne Schüler
- schulartenübergreifende Maßnahmen
- Sonstige schulische Einrichtungen der Allgemeinbildung

04 Kultur und Wissenschaft

- Museen, Sammlungen, sonstige Kultureinrichtungen
- Theater
- Musikpflege, Musikschulen
- Heimatpflege
- Sonstige Kulturpflege
- Förderung von wissenschaftlichen Einrichtungen

05 Soziale Leistungen

- Grundversorgung an natürliche Personen
- Soziale Einrichtungen
- Sonstige soziale Leistungen

06 Kinder-, Jugend- und Familienhilfe

- Förderung von Kindern und Jugendlichen
- Förderung der Erziehung in der Familie
- Adoptionsvermittlung
- Tageseinrichtungen für Kinder
- Einrichtungen der Jugendarbeit
- Sonstige Einrichtungen zur Förderung junger Menschen und Familien

07 Gesundheitsdienste

- Krankenhäuser, Kliniken
- Sonstige Gesundheitseinrichtungen
- Gesundheitsschutz und –pflege

08 Sportförderung

- Allgemeine Förderung des Sports
- Sportstätten und Bäder

09 Räumliche Planung und Entwicklung, Geoinformationen

- Räumliche Planungs- und Entwicklungsmaßnahmen
- Geoinformationen

10 Bauen und Wohnen

- Bau- und Grundstücksordnung
- Wohnungsbauförderung
- Denkmalschutz und -pflege

11 Ver- und Entsorgung

- Elektrizitäts-, Gas, Wasser, Fernwärmeversorgung
- Abfallwirtschaft
- Abwasserbeseitigung

12 Verkehrsflächen und -anlagen, ÖPNV

- Durchführung von Bau- und Unterhaltungsaufgaben bei Straßen
- Winterdienst
- Verkehrssicherungsanlagen
- Straßenreinigung
- Parkeinrichtungen
- ÖPNV
- Sonstiger Personen- und Güterverkehr

13 Natur- und Landschaftspflege

- Öffentliches Grün, Landschaftsbau
- Öffentliche Gewässer, Wasserbauliche Anlagen
- Friedhofs- und Bestattungswesen
- Land- und Forstwirtschaft

14 Umweltschutz

- Umweltschutzmaßnahmen
- Umweltschutzbeauftragte

15 Wirtschaft und Tourismus

- Wirtschaftsförderung
- Allgemeine Einrichtungen und Unternehmen
- Tourismus

16 Allgemeine Finanzwirtschaft

- Steuern
- allgemeine Zuweisungen, allgemeine Umlagen
- Sonstige allgemeine Finanzwirtschaft

17 Stiftungen

Innerhalb der Grenzen dieser Produktbereiche können Teilpläne auch nach Produktgruppen oder nach Produkten aufgestellt werden. Es bleibt dabei jeder Gemeinde überlassen, ob sie im Haushaltsplan lediglich eine weitere Gliederungsebene darstellen (Produktgruppen) oder tiefer untergliedern (Produkte) will.

Die Bildung der entsprechenden Teilpläne ist in der aufgeführten Reihenfolge vorzunehmen. Die zur Abgrenzung der Produktbereiche vorgenommene Zuordnung, nach der u. a. die fachlichen Verwaltungsaufgaben und die wirtschaftlichen Betätigungen den sachlich betroffenen Produktbereichen zuzuordnen sind, ist ebenfalls verbindlich. Die Teilpläne stehen in der kommunalpolitischen Praxis im Mittelpunkt der Haushaltsberatungen vor allem in den Fachausschüssen, da hier die für die Haushaltswirtschaft des Planjahres maßgeblichen Mittel ausgewiesen werden.

12.2.2 Finanzplan

Neben dem Ergebnisplan, der den geplanten Ressourcenverbrauch dokumentiert, ist der **Finanzplan** der zweite wesentliche Bestandteil des Haushaltsplans, in dem die geplanten Zahlungsvorgänge erfasst werden. Der Finanzplan enthält die **Einzahlungen** und **Auszahlungen**

- aus laufender Verwaltungstätigkeit,
- aus Investitionstätigkeit und aus
- Finanzierungstätigkeit.

Im Unterschied zur Kapitalflussrechnung der Privatwirtschaft dienen der Finanzplan und die zu den Teilplänen gehörenden Teilfinanzpläne nicht dem Gläubiger- und Anlegerschutz. Im Vordergrund steht hier vielmehr die Funktion, der Verwaltung als Ermächtigungsgrundlage für die Abwicklung von Einzahlungen und Auszahlungen zu dienen, die nicht gleichzeitig Erträge und Aufwendungen darstellen und damit nicht im Ergebnisplan enthalten sind. Das ist für die politischen Haushaltberatungen von besonderer Bedeutung, weil es hier häufig vor allem um Investitionsmaßnahmen geht.

So findet sich zum Beispiel die Anschaffung eines neuen Feuerwehrfahrzeugs nicht im Ergebnisplan, sondern im Finanzplan und zwar hier im Teilfinanzplan Brandschutz. Feuerwehrfahrzeuge werden nach der sog. NKF-Rahmentabelle über eine Dauer von 15 bis 20 Jahren abgeschrieben. Der jährliche Abschreibungsbetrag wird als Aufwand im Teilergebnisplan Brandschutz aufgeführt.

Die Untergliederung des Finanzplans ergibt sich aus § 3 KomHVO. Auch für den Finanzplan gilt, dass er unter Beachtung der 17 Produktbereiche in Teilpläne zu gliedern ist. Wie früher im Vermögenshaushalt werden die oberhalb der vom Rat festgelegten Wertgrenzen liegenden Investitionsvorhaben maßnahmenscharf in den Teilfinanzplänen ausgewiesen. Will also der Rat bestimmte Investitionsvorhaben veranschlagen, sind diese in den entsprechenden Teilfinanzplänen auszuweisen. Es gilt, wie zu Zeiten der Kameralistik, dass Investitionsmaßnahmen nur in den Haushalt aufgenommen werden dürfen, wenn sie auch **veranschlagungsreif** sind.

§ 13 Abs. 2 KomHVO schreibt beispielweise vor, dass Ermächtigungen für Baumaßnahmen im Finanzplan erst veranschlagt werden dürfen, wenn Baupläne, Kostenberechnungen und Erläuterungen vorliegen, aus denen die Art der Ausführung, die Gesamtkosten der Maßnahme, getrennt nach Grunderwerb und Herstellungskosten, einschließlich der Einrichtungskosten sowie der Folgekosten ersichtlich sind und denen ein Bauzeitplan beigefügt ist. Die Unterlagen müssen auch die voraussichtlichen Jahresauszahlungen unter Angabe der Kostenbeteiligung Dritter, und die für die Dauer der Nutzung entstehenden jährlichen Haushaltsbelastungen ausweisen.

Die Zuordnung von Einzahlungen und Auszahlungen zu den Positionen des Finanzplans ist auf der Grundlage des vom für Kommunen zuständigen Ministeriumsbekanntgegebenen **Kontierungsplans** vorzunehmen (§ 3 Abs. 3 KomHVO).

12.2.3 Stellenplan

Der Stellenplan ist gem. § 79 Abs. 2 die rechtlich verbindliche Grundlage für Art, Wertigkeit und Zahl der Stellen, die in der Gemeindeverwaltung im beplanten Haushaltsjahr besetzt werden dürfen. Er ist gem. § 79 Abs. 2 Satz 2 **Anlage des Haushaltsplans**. Er gibt keine Auskunft über den tatsächlichen aktuellen Personalbestand einer Gemeinde. Gem. § 8 Abs. 2 KomHVO ist im Stellenplan für jede Besoldungs-, Vergütungs- und Lohngruppe die Gesamtzahl der Stellen für das Vorjahr sowie die Zahl der am 30.06. des Vorjahres tatsächlich besetzten Stellen anzugeben. Wesentliche Abweichungen vom Stellenplan des Vorjahres sind zu erläutern. Der Stellenplan ist nach den sachlichen und organisatorischen Erfordernissen der Gemeindeverwaltung aufzustellen. Zahl, Art und Wertigkeit der Stellen müssen sich aus der Aufgabenerledigung ergeben und nicht aus Besetzungs- und Beförderungswünschen einzelner Betroffener, der Verwaltung oder des

Rates. Der Stellenplan begründet keinen subjektiven Anspruch auf Beförderung. Insoweit sind die Vorschriften des Beamten- und Tarifrechts zu beachten. Soweit der Rat sich und/oder einem Ausschuss die Entscheidung über Beförderungen in der Hauptsatzung vorbehalten hat, kann er im Rahmen der beamten- und tarifrechtlichen Vorschriften gem. § 74 Abs. 1 frei entscheiden.

Er ist z. B. nicht gezwungen, einen Beamten, den der Bürgermeister im Rahmen seiner Organisationshoheit in eine Stelle versetzt hat, die eine Beförderung ermöglichen würde, auch tatsächlich zu befördern. Anders im Bereich des Tarifrechts. Hier begründet die Wahrnehmung einer bestimmten Tätigkeit den tarifrechtlichen Anspruch auf eine entsprechende Eingruppierung.

Der Stellenplan ist vom Rat zu beschließen. Dies muss nicht zwingend in der gleichen Sitzung wie der Beschluss über die Haushaltssatzung geschehen. Allerdings darf die Haushaltssatzung solange nicht bekannt gemacht werden, wie nicht der Beschluss über den Stellenplan erfolgt ist. Beim Stellenplan geht es nicht um Personalangelegenheiten, die nicht-öffentlich zu beraten wären. Daher muss die Beratung und Beschlussfassung – auch die vorbereitende Beratung in einem Ausschuss – grundsätzlich öffentlich erfolgen. Im Unterschied dazu handelt es sich bei Beförderungen um Personalangelegenheiten, die in der Regel nicht-öffentlich zu behandeln sind, weil hier persönliche Daten des Bediensteten offenbart werden.

12.2.4 Haushaltssicherungskonzept

12.2.4.1 Anlass und Verfahren

Falls eine Gemeinde ihrer Pflicht zum Haushaltsausgleich nicht nachkommen kann, löst dies allein noch nicht die Pflicht zur Aufstellung eines Haushaltssicherungskonzepts aus. Vielmehr sieht § 76 die verpflichtende Aufstellung eines Haushaltssicherungskonzeptes erst dann vor, wenn bei der Aufstellung der Haushaltssatzung

1. durch Veränderungen des Haushalts innerhalb eines Haushaltsjahres der in der Schlussbilanz des Vorjahres auszuweisende Ansatz der allgemeinen Rücklage um mehr als ein Viertel verringert wird oder

2. in zwei aufeinanderfolgenden Haushaltsjahren geplant ist, den in der Schlussbilanz des Vorjahres auszuweisenden Ansatz der allgemeinen Rücklage jeweils um mehr als ein Zwanzigstel zu verringern oder

3. innerhalb des Zeitraumes der mittelfristigen Ergebnis- und Finanzplanung die allgemeine Rücklage aufgebraucht wird.

Dies gilt entsprechend bei der Bestätigung über den Jahresabschluss gemäß § 95 Absatz 3.

Das Haushaltssicherungskonzept ist Bestandteil des Haushaltsplans und daher vom Rat zu beschließen. Während der ausgeglichene Haushalt der Aufsichtsbehörde nur anzuzeigen ist, bedarf das Haushaltssicherungskonzept der **Genehmigung**. Dieses haushaltswirtschaftliche Instrument soll der Gemeinde die schnellstmögliche Wiedererlangung des notwendigen Haushaltsausgleichs ermöglichen. Darüber hinaus soll auf der Grundlage des Haushaltssicherungskonzeptes nach erfolgter Konsolidierung der Haushalt so gesteuert werden, dass er auch in Zukunft nachhaltig ausgeglichen werden kann. Aufgabenkritik mit dem Ziel einer Überprüfung des gesamten Leistungsangebots und strenge Ausgabendisziplin einerseits sowie die Ausschöpfung vorhandener Einnahmemöglichkeiten andererseits sollen – eingebunden in ein Haushaltssicherungskonzept – eine solide Finanzierungsbasis für die gemeindliche Aufgabenerfüllung sicherstellen und damit den zukünftigen Haushaltsausgleich gewährleisten. Bei den Kommunen, die am **Stärkungspakt Stadtfinanzen** (siehe Erläuterungen unter 12.11) teilnehmen, tritt der **Haushaltssanierungsplan** an die Stelle des Haushaltssicherungskonzepts.

Der Zugriff auf die allgemeine **Rücklage** kommt überhaupt nur dann in Betracht, wenn die sog. **Ausgleichsrücklage** verbraucht ist. Die Ausgleichsrücklage ist in der Bilanz zusätzlich zur allgemeinen Rücklage als gesonderter Posten des **Eigenkapitals** anzusetzen. Sie konnte in der Eröffnungsbilanz bis zur Höhe eines Drittels des Eigenkapitals gebildet werden, höchstens jedoch bis zur Höhe eines Drittels der jährlichen Steuereinnahmen und allgemeinen Zuweisungen. Die Höhe der Einnahmen bemaß sich nach dem Durchschnitt der drei Haushaltsjahre, die dem Eröffnungsbilanzstichtag vorangingen. Mit dem NKF-Weiterentwicklungsgesetz vom 29. September 2012 ist die Ausgleichsrücklage dynamisiert worden. Der Ausgleichsrücklage können Jahresüberschüsse durch Beschluss nach § 96 Abs. 1 Satz 2 zugeführt werden, soweit ihr Bestand nicht den Höchstbetrag von einem Drittel des Eigenkapitals erreicht hat. Wird bei der Aufstellung der Haushaltssatzung eine Verringerung der allgemeinen Rücklage vorgesehen, bedarf dies der Genehmigung der Aufsichtsbehörde.

Mit dem 2. NKFWG ist allerdings eine neue Beschränkung aufgenommen worden. Nach § 96 Abs. 1 Satz 2 ist ein Jahresüberschuss zunächst der allgemeinen Rücklage zuzuführen, wenn in den Jahresabschlüssen der letzten drei vorhergehenden Haushaltsjahre aufgrund entstandener Fehlbeträge der Ergebnisrechnung die allgemeine Rücklage reduziert wurde. Diese Neuregelung soll bewirken, dass die dauerhafte Möglichkeit der Gemeinde zur künftigen Nutzung der Ausgleichsrücklage als **Schwankungsreserve** gesichert wird. Neu ist zudem, dass anstelle einer bestehenden oder fehlenden Ausgleichsrücklage oder zusätzlich zur

Verwendung der Ausgleichsrücklage im Ergebnisplan auch eine pauschale Kürzung von Aufwendungen bis zu einem Betrag von 1 Prozent der Summe der ordentlichen Aufwendungen unter Angabe der zu kürzenden Teilpläne veranschlagt werden kann **(globaler Minderaufwand)**. Dies stellt eine Durchbrechung des Prinzips der Einzelveranschlagung dar (vgl. § 12 Haushaltsgrundsätzegesetz – HGrG). In der Gesetzesbegründung (vgl. LT-Drs. 17/3570) heißt es dazu, dass ein globaler Minderaufwand eine **pauschale Kürzung von Aufwendungen** im Rahmen der Haushaltsplanung darstelle. Die Änderung stärke die Fähigkeit und den kommunalen Handlungsspielraum im Rahmen der Haushaltsplanung zur Erlangung des geforderten Haushaltsausgleichs. Die Veranschlagung eines globalen Minderaufwands als pauschale Kürzung der geplanten Aufwendungen macht eine Neuregelung zur Mittelbewirtschaftung und Budgetierung erforderlich. Die Veranschlagung eines globalen Minderaufwands darf nicht zu einer Aushöhlung des Budgetrechts des Rates gem. § 41 Abs. 1 Buchst. h und § 80 Abs. 4 führen.

Das Innenministerium beschreibt in dem **Leitfaden zur Haushaltssicherung vom 6. März 2009** folgende **drei Stufen der Haushaltssicherung** mit jeweils unterschiedlicher Eingriffsintensität der Kommunalaufsicht. Dieser Leitfaden ist zwar mit Erlass vom 25.05.2011 aufgehoben worden, die Vorgaben und Maßstäbe sind jedoch für die kommunale Praxis nach wie vor relevant:

1. Stufe: *Der Haushalt wird gemäß § 75 Abs. 2 Satz 3 GO mit Hilfe der Ausgleichsrücklage „fiktiv" ausgeglichen: Die Gemeinde hat die vom Rat beschlossene Haushaltssatzung mit ihren Anlagen der Aufsichtsbehörde anzuzeigen (§ 80 Abs. 5 S. 1 GO). Die Anzeigefrist, nach der die Haushaltssatzung in der Regel öffentlich bekannt gemacht werden darf, beträgt einen Monat. Eine Verkürzung oder Verlängerung der Frist „im Einzelfall aus besonderem Grund" ist als Ermessensentscheidung der Aufsichtsbehörde zulässig (§ 80 Abs. 5 S. 3 f. GO).*

2. Stufe: *Die (beschlossene – Hinweis des Bearbeiters) Haushaltssatzung sieht (nachdem die Ausgleichsrücklage bereits vollständig verbraucht ist) eine Verringerung der allgemeinen Rücklage vor, ohne die Schwellenwerte des § 76 GO zu überschreiten: Die Gemeinde muss bei der Aufsichtsbehörde im Rahmen der Anzeige der Haushaltssatzung die Genehmigung zur Verringerung der allgemeinen Rücklage gemäß § 75 Abs. 4 GO beantragen; die Genehmigung kann gemäß § 75 Abs. 4 S. 3 GO unter Bedingungen und mit Auflagen erteilt werden. Dabei ist die Frist nach § 75 Abs. 4 Satz 2 GO zu beachten: „Die Genehmigung gilt als erteilt, wenn die Aufsichtsbehörde nicht innerhalb eines Monats nach Eingang* *des Antrages der Gemeinde eine andere Entscheidung trifft.“ Parallel dazu ist das Anzeigeverfahren für die Haushaltssatzung wie in Stufe 1 durchzuführen.*

***3. Stufe:** Die Verringerung der allgemeinen Rücklage überschreitet die in § 76 Abs. 1 S. 1 Nr. 1 bis 3 GO genannten Schwellenwerte. Folgende Fallvarianten sind denkbar: a) Die Gemeinde stellt gemäß § 76 Abs. 1 S. 1 GO ein HSK auf, das gemäß § 76 Abs. 2 GO der Genehmigung der Aufsichtsbehörde – ggf. unter Bedingungen und mit Auflagen – bedarf. Sie erkennt diese Verpflichtung und kommt ihr nach.*

b) Die Gemeinde geht davon aus, trotz Verringerung der allgemeinen Rücklage kein HSK aufstellen zu müssen. Die Aufsichtsbehörde stellt dagegen fest, dass einer der Fälle des § 76 Abs. 1 S. 1 GO vorliegt; in diesem Fall hat sie der Gemeinde die Verpflichtung aufzuerlegen, ein HSK aufzustellen, § 75 Abs. 4 S. 4 GO.“

12.2.4.2 Inhalt und Zeitraum

Das Konzept muss darauf ausgerichtet sein, dass der Gesamtbetrag der Erträge die Höhe des Gesamtbetrags der Aufwendung zumindest erreicht. Wünschenswert wäre ein Überschuss, um die allgemeine Rücklage (und ggf. später die Ausgleichsrücklage) wieder aufzufüllen. Ein derartiger Überschuss ist jedoch nicht Voraussetzung für die Genehmigungsfähigkeit. Wenn gewährleistet ist, dass auf der Aktivseite der gemeindlichen Bilanz kein Posten „Nicht durch Eigenkapital gedeckter Fehlbetrag“ mehr anzusetzen ist, ist ein Haushaltssicherungskonzept entbehrlich. Festzulegen ist in dem Haushaltssicherungskonzept insbesondere der Zeitraum, innerhalb dessen der Ausgleich wiedererlangt wird. Dieser Zeitraum ist mit der Gesetzesnovelle vom 3.6.2011 von fünf auf zehn Jahre verlängert worden. Davon zu unterscheiden ist die nach wie vor bestehende Pflicht zur Aufstellung eines Haushaltssicherungskonzepts, wenn innerhalb des Zeitraums der mittelfristigen Ergebnis- und Finanzplanung die allgemeine Rücklage aufgebraucht wird. Das Innenministerium (und nachfolgend das MHKGB) legt dabei folgenden Zeitrahmen zu Grunde:

Terminologie des § 84 GO: Mittelfristige (fünfjährige) Ergebnis- u. Finanzplanung	Laufendes Haushaltsjahr	Haushaltsjahr (geplant)*	1. Planungsjahr	2. Planungsjahr	3. Planungsjahr
Terminologie des § 1 Abs. 3 GemHVO**	Vorjahr	Haushaltsjahr			
Im Beispiel:	HHJ –1	HHJ	HHJ +1	HHJ +2	HHJ +3

* Das Jahr, für das die Haushaltssatzung aufgestellt wird (Haushaltsplanjahr)
** Auf die Abbildung des Vorvorjahres wurde verzichtet

Quelle: Leitfaden des Innenministeriums vom 6. März 2009

Tritt die Überschreitung eines Grenzwertes in einer Gemeinde erstmals im 1., 2. oder 3. Planungsjahr auf, ist der **Konsolidierungszeitraum** (10 Jahre) nach § 76 Abs. 2 S. 2 so zu berechnen, dass die Ausgleichsfrist ab dem Jahr der Ursache für den Eintritt der HSK-Pflicht **(Ursachenjahr)** berechnet wird. Liegt die Ursache, die eine Pflicht zur HSK-Aufstellung auslöst, z.B. erst im letzten Jahr der mittelfristigen Ergebnis- und Finanzplanung gemäß § 84, kann sich der Konsolidierungszeitraum um maximal acht Jahre über den Planungszeitraum des § 84 hinaus erstrecken. Die Genehmigungspflicht bezieht sich dann auf einen maximal 12-jährigen Konsolidierungszeitraum, weil die Pflicht zur Aufstellung eines HSK sofort beginnt. Die Pflicht, ein HSK aufzustellen, beginnt also ab dem Haushaltsjahr, für das der Haushalt aufgestellt wird. Die Frist für den Zeitpunkt, zu dem der Haushaltsausgleich nach § 76 Abs. 2 wieder herzustellen ist, läuft allerdings erst ab dem Haushaltsjahr, in dem ein negatives Jahresergebnis tatsächlich zur Verringerung der allgemeinen Rücklage oberhalb des Schwellenwertes führt.

Die beabsichtigten Konsolidierungsmaßnahmen sind aufzulisten und zu erläutern. Der formell aufgehobene, aber inhaltlich nach wie vor geltende Erlass vom 06.03.2009 führt folgende **Prüfpunkte für ein HSK** auf:

Ergebnisplan

Aufwendungen

A) Aufwendungen allgemein

Die systematische Prüfung und Reduzierung der ordentlichen Aufwendungen bildet einen entscheidenden Bestandteil und Erfolgsfaktor eines HSK. Daher wird vorausgesetzt, dass die Gemeinde die Wahrnehmung ihrer Aufgaben in einem kontinuierlichen Prozess kritisch überprüft. Nach Ansicht des OVG „kann sich eine Pflicht zur konkreten Einsparung im Einzelfall aus dem Grundsatz der Sparsamkeit der Haushaltsführung aber jedenfalls erst dann ergeben, wenn eine hinreichend gesicherte Tatsachengrundlage für die aus der Sparmaßnahme resultierenden Folgewirkungen vorhanden ist.“[8]

Als Anhaltspunkt für die Prüfung der geplanten ordentlichen Aufwendungen im Haushaltsjahr und im weiteren Zeitraum der mittelfristigen Ergebnis- und Finanzplanung sind die Orientierungsdaten des Landes heranzuziehen. Dabei ist zu berücksichtigen, dass es sich um Landesdurchschnittswerte handelt. Die örtlichen Konsoli-

[8] Beschluss des OVG vom 17.12.2008, 15 B 1755/08

dierungsanforderungen machen es in aller Regel erforderlich, dass die Orientierungsdaten für die ordentlichen Aufwendungen von Gemeinden in der Haushaltssicherung als Obergrenze verstanden werden und eine deutliche Unterschreitung dieser Obergrenze angestrebt wird. Je höher der Konsolidierungsbedarf des Haushalts einer Gemeinde ist, umso mehr bedarf es im HSK insbesondere bei den ordentlichen Aufwendungen geeigneter Maßnahmen zur dauerhaften Rückführung dieses Aufwands sowie einer Unterschreitung der Orientierungsdaten und von Durchschnittwerten vergleichbarer Gemeinden. Grundsätzlich ist von der Gemeinde in Betracht zu ziehen, ob durch interkommunale Zusammenarbeit Aufwand zu reduzieren ist und Aufgaben wirtschaftlicher wahrgenommen werden können.

B) Personalaufwendungen

Die Personalaufwendungen sind eine wichtige Komponente zur Konsolidierung eines Kommunalhaushaltes.

Deshalb ist dem Stand der Personalaufwendungen und ihrer Entwicklung besondere Aufmerksamkeit zu widmen. Ohne deutliche Entlastungen bei den Personalaufwendungen kann i. d. R. ein HSK nicht zum Erfolg geführt werden. Die aufgabenkritische Prüfung des Personalbestandes ist als Daueraufgabe zu verstehen. Im HSK ist das Ziel einer Konsolidierung der Personalaufwendungen zu verfolgen. Um dieses Ziel zu erreichen, sind alle Einsparungsmöglichkeiten auszunutzen und in einem nachvollziehbaren aufgabenkritischen Konzept darzustellen. Das Konzept muss mindestens zu folgenden Punkten Stellung beziehen und jeweils durch konkrete Maßnahmen hinterlegt sein:

- *Analyse der Aufgabenstellung bei einer beabsichtigten Erstbzw. Wiederbesetzung von Stellen:*
- *Kann auf die Aufgabenerfüllung ganz oder teilweise verzichtet werden?*
- *Sind Standardabsenkungen bei der Aufgabenerfüllung möglich?*
- *Kann die Aufgabe durch organisatorische Maßnahmen mit weniger Personalaufwand bewältigt werden, z.B. durch Zusammenlegung und/oder Verlagerung von Arbeitsbereichen oder durch Technikeinsatz oder durch interkommunale Zusammenarbeit?*
- *Kommt eine Besetzung mit einer niedrigeren Besoldungs- oder Entgeltgruppe in Betracht?*

- *Wiederbesetzungssperre von mindestens 12 Monaten auf allen Ebenen der Verwaltung, soweit nicht die Durchführung pflichtiger Aufgaben in ihrem Kernbestand gefährdet wird.*

- *Beförderungssperre von mindestens 12 Monaten.*

- *„Intern vor Extern": Im Hinblick auf den Stellenabbau ist – soweit möglich – eine interne vor einer externen Besetzung zu realisieren. Dabei ist auch eine Besetzung mit evt. Berufsrückkehrern mit Anspruch auf Weiterbeschäftigung zu bedenken.*

- *Sonstige Personalmaßnahmen: In welchen Bereichen kann der Personalaufwand durch sonstige Maßnahmen gesenkt werden, z.B. Überstundenregelung, Leistungsanreize? Im Rahmen der Dokumentationspflicht (§ 5 GemHVO) soll dem HSK eine Übersicht beigefügt werden, aus der sich die Entwicklung der Anzahl der Stellen laut Stellenplan, der Anzahl der Beschäftigten sowie die Stellenanteile ergeben, jeweils ab dem Haushaltsjahr rückwirkend für einen Zeitraum von 10 Jahren mit Angabe der durch „Aus- bzw. Eingliederungen" bedingten Veränderungen. Die Anzahl der Beschäftigten sowie die Stellenanteile sind fortzuschreiben.*

C) Aufwendungen für Sach- und Dienstleistungen

Die Gemeinde soll die Aufwendungen für Sach- und Dienstleistungen regelmäßig sowohl bei pflichtigen als auch bei freiwilligen Aufgaben auf Kosteneinsparungen prüfen und darlegen. Organisatorische Veränderungen oder Optimierungen des Anlagevermögens können dazu beitragen, diese Aufwendungen deutlich zu reduzieren. Die Aufsichtsbehörde prüft, ob die erforderlichen und möglichen Anstrengungen zu entsprechenden Einsparungen erfolgt sind.

D) Bilanzielle Abschreibungen

Die Gemeinde soll im Rahmen eines nachhaltigen Vermögensmanagements das Anlagevermögen auf Optimierungspotenziale überprüfen, um wirksam einer hohen Abschreibungslast entgegen zu wirken. Hinweise darauf kann die Kennzahl „Abschreibungsintensität" (bilanzielle Abschreibungen/ordentliche Aufwendungen x 100) geben. Bei der Prüfung ist jedoch zu beachten, dass eine unzulässige Belastung nachfolgender Generationen durch eine Verschiebung von Aufwand in die Zukunft vermieden wird.

E) Transferaufwendungen

Allgemein gilt für die Gemeinde, dass auch bei den pflichtigen Transferaufwendungen alle Möglichkeiten einer Reduzierung aus-

zuschöpfen sind. Bei Art, Umfang und Ermessensausübung sind die Haushaltsgrundsätze der Sparsamkeit und Wirtschaftlichkeit verstärkt zu beachten. Gesetzliche Ansprüche sind mit dem Ziel zu überprüfen, sie auf kostengünstige Weise zu erfüllen.

Zuweisungen und Zuschüsse für laufende Zwecke

Bei den Zuweisungen und Zuschüssen für laufende Zwecke können erhebliche Konsolidierungspotenziale bestehen. Auch vertraglich vereinbarte Zuschussregelungen sind mit dem Ziel einer Anpassung an die schwierigeren Finanzverhältnisse zu überprüfen. Art und Höhe sowie die zeitliche Bindung sind dabei im Verhältnis zur gegebenen Finanzsituation beständig mit dem Ziel zu prüfen, auf Zuweisungen und Zuschüsse ganz zu verzichten oder diese zu begrenzen.

Schuldendiensthilfen

Nach den gleichen Maßstäben wie bei den Zuweisungen und Zuschüssen sind Schuldendiensthilfen auf Möglichkeiten zu Reduzierung zu prüfen.

Sozialtransferaufwendungen

Eine aufgabengerechte und wirtschaftliche Organisation der Leistungsbearbeitung kann zu einer Konsolidierung ebenso beitragen wie ein wirtschaftliches Controlling der Abrechnungen mit anderen oder übergeordneten Leistungsträgern. Gesetzliche Ansprüche gegenüber Drittverpflichteten sind nicht nur geltend zu machen sondern auch durchzusetzen. Bei gesetzlichen Ermessens-, Bewertungs- und Beurteilungsspielräumen ist die Haushaltssicherungssituation zu berücksichtigen. Hier bedarf es generell und im Einzelfall einer den örtlich schwierigen Finanzverhältnissen und der gegebenen Konsolidierungsaufgabe angepassten Praxis.

Steuerbeteiligungen, allgemeine Zuweisungen, allgemeine Umlagen

Soweit die Gemeinde auf die Höhe von Umlagen Einfluss nehmen kann (z.B. bei Zweckverbänden), sind Möglichkeiten zur Reduzierung der Umlagen auszuschöpfen. Bei der Begründung darüber hinaus gehender Umlagen für weitere Aufgaben ist im Einzelfall die wirtschaftlichere Aufgabenerledigung zu prüfen.

Sonstige Transferaufwendungen

Die Gemeinde hat besonders auf die Wirtschaftlichkeit der Eigenbetriebe, der eigenbetriebsähnlichen Einrichtungen und Un-

ternehmen zu achten. Die Gewährung von Zuschüssen und die Abdeckung von Verlusten sollen möglichst vermieden bzw. weitestgehend reduziert werden. Die Möglichkeiten zur Erzielung von Überschüssen in den wirtschaftlichen Unternehmen sind an den Maßstäben des § 109 Abs. 2 GO zu prüfen. Die sonstigen Transferaufwendungen sind im HSK für jedes wirtschaftliche Unternehmen betragsmäßig auszuweisen.

F) Sonstige ordentliche Aufwendungen
Sonstige Personal- und Versorgungsaufwendungen

Diese Aufwendungen sind regelmäßig auf die gegebenen gesetzlichen Leistungsverpflichtungen zu begrenzen.

Aufwendungen für die Inanspruchnahme von Rechten und Diensten

Die Gemeinde hat die neue Inanspruchnahme von Rechten und Diensten grundsätzlich in Frage zu stellen und kritisch zu prüfen. Bei bestehenden Verpflichtungen hat die Gemeinde zu prüfen und darzulegen, ob sie gemessen an der Finanzlage der Gemeinde weiterhin notwendig und vertretbar sind, ggf. wann und wie sie zu beenden oder zu begrenzen sind.

Geschäftsaufwendungen

Den Geschäftsaufwendungen kommt eine besondere Signalwirkung für die Konsolidierung des Haushaltes zu. Sie sind als weitgehend gestaltungsfähige und beeinflussbare Position des Kommunalhaushaltes besonders restriktiv im Sinne des Grundsatzes der Sparsamkeit zu bewirtschaften.

Versicherungen, Schadensfälle

Die Gemeinde soll den Bestand ihrer Versicherungen ist mit dem Ziel einer Optimierung des Aufwandes überprüfen. In Schadensfällen ist besonders darauf zu achten, vertragliche Leistungsansprüche geltend zu machen und zu realisieren.

Erstattungen für Aufwendungen Dritter aus laufender Verwaltungstätigkeit

Die Gemeinde hat stets zu prüfen, ob und wie Erstattungen für Aufwendungen Dritter aus laufender Verwaltungstätigkeit begrenzt werden können. Insbesondere soll die Gemeinde die Leistungsbeziehungen zu ihren Unternehmen und Einrichtungen auch unter dem Aspekt der Reduzierung der Erstattungen für Aufwendungen aus laufender Verwaltungstätigkeit im Hinblick auf die Wirtschaft-

lichkeit der Aufgabenerledigung und die Reduzierung von Standards überprüfen.

Weitere sonstige Aufwendungen aus laufender Verwaltungstätigkeit

Hinsichtlich der Verfügungsmittel, der Fraktionszuwendungen und der übrigen weiteren Aufwendungen für Sach- und Dienstleistungen gelten die zuvor bei den Aufwendungen für die Inanspruchnahme von Rechten und Diensten und den Geschäftsaufwendungen erläuterten Grundsätze, d.h. auch sie sind auf Kosteneinsparungsmöglichkeiten zu prüfen.

G) Zinsen und sonstige Finanzaufwendungen

Zahlreiche Kommunen in der Haushaltssicherung weisen hohe Verbindlichkeiten auf, die zu erheblichen Zinsbelastungen und zu einem negativen Finanzergebnis beitragen. Dies erschwert den Haushaltsausgleich. Darüber hinaus bergen hohe Liquiditätssicherungskredite unter dem Aspekt der Zinsänderung ein zusätzliches Risiko. Deshalb sind zahlungswirksame Ertragsverbesserungen vorrangig zur Rückführung der Kredite zur Liquiditätssicherung zu verwenden. Auf die Runderlasse des Innenministeriums vom 9. Oktober 2006 „Kredite und kreditähnliche Rechtsgeschäfte der Gemeinden" (SMBl. NRW 652) sowie vom 30. August 2004 zum Zinsmanagement bei der Aufnahme von Kassenkrediten (33-46.09.40-9111/04(5), 34-48.01.10.14) wird hingewiesen.[9] Grundsätzlich ist zu empfehlen, dass von der Gemeinde (GV) in einer Richtlinie explizite Begrenzungen insbesondere für die Risikokategorien Liquiditätsrisiko, Zinsrisiko, Währungsrisiko und Bonitätsrisiko festgelegt werden.

Erträge

H) Erträge allgemein

Zu den Erfolgsfaktoren eines HSK gehört, dass die Gemeinde ihre Möglichkeiten zur Erzielung von ordentlichen Erträgen ausschöpft. Die Planung dieser Erträge muss aber auch realistisch sein, weil anderenfalls das Ziel der Wiederherstellung und Sicherung der dauerhaften Leistungsfähigkeit der Gemeinde verfehlt wird.

Als Anhaltspunkt für die Prüfung der geplanten ordentlichen Erträge im Haushaltsjahr und in der mittelfristigen Ergebnis- und Finanzplanung sind die Orientierungsdaten des Landes heranzuziehen. Dabei ist zu berücksichtigen, dass es sich um Landes-

9) Der Krediterlass ist zuletzt geändert worden durch Runderlass vom 6. November 2019.

durchschnittswerte handelt. Dies gilt insbesondere für die Erträge der Gewerbesteuer, die örtlich erheblich von der landesdurchschnittlichen Entwicklung abweichen können. Sofern die Gemeinde im HSK von höheren Steuererträgen ausgeht, als sich aus den Veränderungsraten der Orientierungsdaten ergibt, sind hierzu besondere Erläuterungen erforderlich, die die Abweichung begründen. § 77 Abs. 2 GO legt eine bestimmte Rangfolge der gemeindlichen Deckungsmittel fest. Soweit Erträge ohne Inanspruchnahme der Bürger erzielt werden können (Erträge aus dem Gemeindevermögen, staatliche Zuweisungen), sind diese als „sonstige Finanzmittel" in erster Linie zu realisieren. Weiter sind die Gemeinden durch diese Norm gehalten, ihre Ertragsquellen vorrangig dadurch zu erschließen, dass sie von denjenigen Bürgern, die bestimmte kommunale Leistungen in Anspruch nehmen, angemessene Kostenbeteiligungen in Gestalt spezieller Entgelte verlangen. Die Erhebung von Steuern ist demgegenüber nachrangig. Allerdings gilt für Gemeinden mit unausgeglichenem Ergebnisplan, dass diese in besonderer Weise gehalten sind, alle Ertragsmöglichkeiten zu realisieren, um schnellstmöglich wieder ihrer Verpflichtung zur Herstellung eines Ausgleichs in Planung und Rechnung nachzukommen. Dies gilt gleichermaßen auch für die Realisierung sonstiger Transfererträge, z.B. bei der Heranziehung von Drittverpflichteten. Das OVG NRW hat in ständiger Rechtsprechung den Grundsatz entwickelt, dass Gemeinden mit defizitärer Haushaltslage in besonderer Weise gehalten sind, Einnahmemöglichkeiten zu realisieren. Dies gilt umso mehr für Gemeinden, die über kein genehmigtes Haushaltssicherungskonzept verfügen (OVG NRW, Beschluss vom 24. Mai 2007 – 15 B 778/07, Rn. 20).

l) Steuern und ähnliche Abgaben[10]

Die Hebesätze der Realsteuern (Grundsteuern und Gewerbesteuer) müssen bezogen auf die Gemeindegrößenklasse mindestens in Höhe des jeweiligen Landesdurchschnitts festgesetzt sein. Die Grundsätze der Finanzmittelbeschaffung (§ 77 GO) bleiben unberührt. Eine Senkung der jeweiligen Hebesätze bis auf den Durchschnitt der Größenklasse kann erst in Betracht kommen, wenn das gesetzliche Ziel „Haushaltsausgleich" erreicht ist und die dauerhafte Leistungsfähigkeit der Gemeinde durch eine Senkung der Steuerhebesätze nicht gefährdet wird. Gegenüber der Veranschlagung ggf. eintretende steuerliche Mehrerträge sollten konsequent zur Verringerung der Verbindlichkeiten und nicht für neue und höhere Aufwendungen eingesetzt werden.

10) Der mit dem 2. NKF-Weiterentwicklungsgesetz neu eingefügte § 77 Abs. 3 schreibt vor, dass die Gemeinde bei der Finanzmittelbeschaffung auf die wirtschaftlichen Kräfte ihrer Abgabenpflichtigen Rücksicht zu nehmen hat (Gebot der Rücksichtnahme).

J) Leistungsentgelte, Kostenerstattungen und Kostenumlagen

Die Gemeinde hat die Finanzierung ihrer Leistungen, vor allem der Aufwendungen für kostenrechnende Einrichtungen, vorrangig durch spezielle Entgelte und erst nachrangig durch Steuern oder Kredite zu decken (siehe Buchstabe H). Bei der Bestimmung von Ausmaß und Umfang der durch spezielle Entgelte zu beschaffenden Finanzmittel hat sie die gesetzliche Einschränkung auf den Rahmen des Vertretbaren und Gebotenen zu beachten.

K) Finanzerträge

Bei den Finanzerträgen ist zu prüfen, ob gemäß § 109 GO durch stärkere Teilhabe der Beteiligungen an einer Konsolidierung des Haushalts gegebene Finanzerträge erhöht werden können (vgl. Buchstabe P: Beteiligungen).

Zusätzliche Prüfaspekte

L) Pflichtaufgaben (Pflichtige Leistungen)

Pflichtige Selbstverwaltungsaufgaben sind Aufgaben, zu deren Wahrnehmung die Gemeinde durch Gesetz verpflichtet ist, bei denen sie aber die Art und Weise der Aufgabenwahrnehmung gestalten kann. Das „Ob“ der Aufgabenwahrnehmung steht nicht zur Disposition, aber das „Wie“. Es wird oft angenommen, dass die Höhe der Aufwendungen für pflichtige Aufgaben wegen der Verpflichtung zur Aufgabenwahrnehmung gar nicht oder nur wenig beeinflusst werden kann. Das ist aber nicht der Fall. Die Erfahrung zeigt, dass im Bereich der pflichtigen Aufgaben erhebliche Konsolidierungspotenziale vorhanden sind. Die Gemeinde muss daher die Aufwendungen für Pflichtaufgaben einer systematischen Prüfung unterziehen. Sie kann dies zum Beispiel durch die Überprüfung und Reduzierung von Standards erreichen. Potenziale zur Steigerung der Wirtschaftlichkeit der Aufgabenerledigung können durch interkommunale Vergleiche erkennbar gemacht werden. Die Gemeinde soll im HSK darstellen, in welcher Weise sie diese Prüfungen durchführen wird oder bereits durchgeführt hat.

M) Freiwillige Aufgaben (Freiwillige Leistungen)

Freiwillige Selbstverwaltungsaufgaben sind solche Aufgaben, zu deren Wahrnehmung die Gemeinde nicht gesetzlich verpflichtet ist. Typischerweise entscheidet die Gemeinde bei freiwilligen Selbstverwaltungsaufgaben frei über das „Ob“ und „Wie“ der Aufgabenwahrnehmung. Bindet sich die Gemeinde durch Vertrag im Bereich einer freiwilligen Aufgabe, ändert das nichts am Aufgabencharakter. Um freiwillige Leistungen handelt es sich im Falle pflichtiger Aufgaben auch, wenn die Gemeinde teilweise oder völlig auf Gebührenerträge verzichtet oder Erstattungen, Zuschüsse und ähnliche Leistungen gewährt, die über den rechtlich festgelegten Rahmen hinaus gehen. Wenn bei pflichtigen Aufgaben gespart werden muss, können freiwillige Leistungen bei der Konsolidierung nicht außer Betracht bleiben. Bei allen freiwilligen Leistungen, die die Gemeinde erbringt, hat sie im Einzelnen zu prüfen, ob sie aufgegeben werden können. Soweit freiwillige Leistungen nicht völlig aufgegeben werden sollen, sind Möglichkeiten zur Reduzierung des Aufwandes zu prüfen. Es ist darüber hinaus eine Liste über die freiwilligen Leistungen zu erstellen, fortzuschreiben und der Aufsichtsbehörde jeweils zusammen mit dem HSK vorzulegen und bei Bedarf zu erläutern. Neue freiwillige Leistungen sind nur zulässig, wenn sie durch den Wegfall bestehender freiwilliger Leistungen mindestens kompensiert werden. Außerdem ist der Grundsatz der Wirtschaftlichkeit und Sparsamkeit zu beachten. Verlagerungen freiwilliger Leistungen auf andere Bereiche (Eigenbetriebe, Unternehmen, Fremdvergaben usw.) sind in der Liste entsprechend zu bereinigen. Sie können nur dann einen Konsolidierungsbeitrag leisten, wenn die Aufgabe dort wirtschaftlicher wahrgenommen werden kann. Es ist zu vermeiden, dass es durch die Verlagerung zu einem Zuschussbedarf oder/und zu einer Minderung der Ertragsablieferung an die Gemeinde kommt.

N) Ermächtigungsübertragungen

Im Rahmen der Konsolidierung ist es erforderlich, von Ermächtigungsübertragungen möglichst gar nicht oder nur sehr zurückhaltend Gebrauch zu machen. Die Gemeinde muss vor dem Hintergrund der zwischenzeitlich schlechteren Finanzlage auch in/m vorangegangen/en Jahr/en beabsichtigte und bereits anfinanzierte Projekte, für die Ermächtigungsübertragungen vorgesehen sind, erneut auf den Prüfstand stellen. Ggf. ist auf eine weitere Realisierung der Projekte zu verzichten oder es ist die Bildung selbständig nutzungsfähiger kleinerer Abschnitte vorzusehen und andere Abschnitte des Projektes sind zeitlich aufzuschieben. Noch nicht begonnene Maßnahmen sind zurückzustellen, es sei denn, dass ihre Durchführung auf einer Rechtspflicht beruht. Nicht in Anspruch genommene Ermächtigungen für Aufwendungen und Auszahlungen im Sinne von § 22 Abs. 1 und 2 GemHVO, deren Grundlage entfallen ist oder die frühestens im übernächsten Haushaltsjahr in Anspruch genommen werden könnten, sind abzusetzen, weil ansonsten der Fehlbetrag erhöht und der Haushaltsausgleich hinausgezögert würde. Sollen dennoch Ermächtigungen übertragen werden, so hat der Rat die Maßnahmen in der nach § 22 Abs. 4 GemHVO vorzulegenden Liste kritisch auf ihre Haushaltsverträglichkeit zu prüfen. Der entsprechende Ratsbeschluss ist der Aufsichtsbehörde unverzüglich vorzulegen. Dabei sind für jede Maß-

nahme der Rechtsgrund und die finanziellen Auswirkungen der Ermächtigungsübertragung darzustellen.

O) Kostenrechnende Einrichtungen

Der Zuschussbedarf für kostenrechnende Einrichtungen ist konsequent durch Reduzierung von Aufwand und/oder Steigerung von Erträgen zu begrenzen. In den Gebührenhaushalten dürfen keine Unterdeckungen entstehen. Dabei müssen sich die Kalkulationsgrundlagen an den betriebswirtschaftlich und rechtlich zulässigen Möglichkeiten ausrichten.

P) Beteiligungen und Nachweis von Konsolidierungseffekten bei erfolgten Ausgliederungen

Die Konsolidierung muss auch alle Beteiligungen der Gemeinde einbeziehen. Auf die Beteiligungen sind die Maßstäbe der Haushaltskonsolidierung der Gemeinden konsequent anzuwenden. Die Möglichkeit zur Zuschussreduzierung bzw. zur Erzielung von Überschüssen durch angemessene Gewinnbeteiligungen für den kommunalen Haushalt ist bei der Aufgabenwahrnehmung, der Gestaltung der Leistungsbeziehungen und der Bilanzierung, auszuschöpfen. Auf § 109 GO (Überschüsse) ist zu achten. Im Zuge von Ausgliederungen geplante bzw. beabsichtigte Konsolidierungseffekte sind als gesonderte Maßnahmen im HSK darzustellen, jährlich fortzuschreiben und dabei daraufhin zu überprüfen, ob und in welchem Umfang sie tatsächlich realisiert werden konnten.

Finanzplan

Eine geordnete und zukunftsorientierte Haushalts- und Finanzwirtschaft ist dauerhaft nur mit einer stabilen Liquiditätslage zu gewährleisten. Die Gemeinde verfügt in der Regel über eine stabile Liquiditätslage, wenn der Saldo aus laufender Verwaltungstätigkeit wenigstens ausreichend ist, um die Auszahlungen zur planmäßigen Tilgung aufgenommener Darlehen zu decken. Die Gemeinde hat daher als weiteres Ziel der Haushaltssicherung eine Konsolidierung ihrer Liquiditätslage mit Nachdruck zu verfolgen. Insbesondere soll sie jede sich bietende Möglichkeit zur Rückführung der Kredite zur Liquiditätssicherung nutzen, um sowohl den Aufwand für Zinsen als auch Risiken durch Zinsänderungen zu minimieren. Bei den Auszahlungen für Investitionen soll die Gemeinde eine Nettoneuverschuldung vermeiden.

Sie soll bei Investitionen berücksichtigen, dass damit in der Regel Abschreibungen und weitere Folgekosten in Form von Sach- und Personalaufwendungen entstehen, die den Haushaltsausgleich erschweren.

Bilanz

Nach § 95 Abs. 1 S. 3 GO i. V. m. § 37 Abs. 1 S. 2 Nr. 4 GemHVO ist die Gemeinde verpflichtet, im Rahmen des Jahresabschlusses eine Bilanz zu erstellen. Gemeindeordnung und Gemeindehaushaltsverordnung sehen keine Planbilanz in Verbindung mit der Aufstellung des Haushaltes vor. Sofern die Gemeinde auf Grund von § 75 Abs. 5 GO zur Aufstellung eines HSK verpflichtet ist, können die erforderlichen Maßnahmen aus dem Jahresabschluss, der die Pflicht zur Aufstellung des HSK ausgelöst hat, entwickelt werden. Aber auch im Regelfall der Aufstellung und Fortführung eines HSK in Verbindung mit der Aufstellung des Haushalts kann und soll das HSK Maßnahmen zur Verbesserung der Bilanzstruktur enthalten. Dabei sind von der Gemeinde insbesondere folgende Ziele anzustreben:

- *Vorrangiges Ziel muss die Rückführung der Kredite zur Liquiditätssicherung sein.*

- *Daneben sollte die Rückführung der längerfristigen Verbindlichkeiten angestrebt werden, vor allem dann, wenn die Verbindlichkeiten im interkommunalen Vergleich überdurchschnittlich sind.*

- *Außerdem sollte die Gemeinde eine Optimierung der Struktur des Anlagevermögens anstreben und zu diesem Zweck ihr Vermögen daraufhin untersuchen, inwieweit es für öffentliche Zwecke noch benötigt wird. Hierbei ist zu berücksichtigen, dass Vermögensgegenstände in der Regel nur zu ihrem vollen Wert veräußert werden dürfen (§ 90 Abs. 1 GO).*

- *Mit der Vermögensveräußerung ist vorrangig das Ziel zu verfolgen, den Aufwand für Zinsen und Abschreibungen zu minimieren. Ihre beabsichtigte Verwendung ist deshalb im HSK gesondert darzulegen.*

  HSK-Kommunen haben verstärkt für eine Optimierung des Forderungsmanagements, insbesondere eine zügige Realisierung ausstehender, fälliger Forderungen, Sorge zu tragen (§ 23 Abs. 3 GemHVO). Grundsätzlich führen Fehlbeträge zu einer Reduzierung des Eigenkapitals und wirken sich damit negativ in der Bilanz aus. Im HSK sind alle Maßnahmen in Betracht zu ziehen, die zu einer Reduzierung des Fehlbetrags geeignet sind. Sollte allerdings der völlige Verbrauch des Eigenkapitals (§ 75 Abs. 7 GO, Überschuldung) bereits eingetreten sein, reicht es nicht mehr aus, dass die Gemeinde einen ausgeglichenen Haushalt anstrebt oder erreicht. Vielmehr muss die Gemeinde in diesem Fall die Erwirtschaftung von Überschüssen (durch eine noch stärkere Senkung von Aufwendungen und eine weitere Steigerung von Erträgen) einplanen, um wieder ein positives Eigenkapital zu erreichen sowie einen weiteren Eigenkapitalaufbau anzustreben.

Im Mittelpunkt des Erlasses stehen also **Aufwandsreduzierungen** (z.B. Personalabbau, Umorganisation, kritische Überprüfung – vornehmlich zuschussintensiver – gemeindlicher Dienstleistungen und Einrichtungen sowie Einsparungen jedweder Art im sächlichen Bereich, z.B. im Gebäudebestand durch ein modernes Gebäudemanagement) sowie **Ertragsverbesserungen** durch eine größtmögliche Ausschöpfung der vorhandenen Möglichkeiten (z.B. Erhöhung des Kostendeckungsgrades bei Gebühren und Beiträgen, ggf. Erhöhung gemeindlicher Abgaben und auch privatrechtlicher Entgelte. Nachdem bei den Aufwandsreduzierungen vielerorts die Grenzen des Machbaren erreicht worden sind, rücken Ertragssteigerungen stärker in den Mittelpunkt. Dies gilt für alle gemeindlichen Steuern. Dabei ist die Grundsteuer B von besonderem Interesse, weil sie etwa im Unterschied zur Gewerbesteuer kaum Schwankungen unterliegt. Auch die Frage, inwieweit Umlageverbände an Konsolidierungsanstrengungen zu beteiligen sind, spielt in der politischen Diskussion eine zunehmende Rolle. Aber auch die kommunalen Beteiligungen sind stärker gefordert. Obwohl die Sparkassen nicht als Beteiligungen gelten, wird gefordert, dass deren Möglichkeiten stärker zu nutzen sind. Die kommunalen Spitzenverbände (Städtetag, Landkreistag und Städte- und Gemeindebund) weisen immer wieder darauf hin, dass die strukturellen Probleme der Gemeindefinanzen durch Konsolidierung alleine nicht zu lösen sein werden. Über die bereits erfolgten Entlastungen bei den Sozialausgaben (Kosten der Unterkunft) sind weitere Entlastungen im Sozial- und Jugendbereich notwendig. Neue Belastungen sollten mit Hilfe des in Art. 78 Abs. 3 der nordrhein-westfälischen Landesverfassung verankerten **Konnexitätsprinzips**[11] vermieden werden.

12.2.4.3 Genehmigung unter Bedingungen und Auflagen

Die Aufsichtsbehörde kann die Genehmigung des Haushaltssicherungskonzepts unter Bedingungen und mit Auflagen erteilen. Es handelt sich um Nebenbestimmungen, die nur ausgesprochen werden dürfen, wenn an sich die Voraussetzung für eine Verweigerung der Genehmigung vorliegen. Bei der Auswahl der Nebenbestimmung hat die Kommunalaufsicht das **Übermaßverbot** zu beachten. Das heißt, dass die Maßnahme geeignet, erforderlich und

[11] Das Konnexitätsprinzip bedeutet, dass Aufgaben- und Finanzverantwortung jeweils zusammengehören. Das in Art. 78 Abs. 3 der Landesverfassung verankerte Konnexitätsprinzip enthält zwei Komponenten. Zum einen muss der Gesetzgeber bei der Übertragung oder Veränderung von Aufgaben eine Kostenregelung vorsehen. Des Weiteren hat das Land die Pflicht zur Kostenerstattung, wenn durch ein neues Gesetz oder die Änderung eines bestehenden Gesetzes für die kommunalen Haushalte neue Belastungen entstehen.

verhältnismäßig sein muss. Reine Zweckmäßigkeitserwägungen sind unzulässig; es ist davon auszugehen, dass Nebenbestimmungen zu Genehmigungen von Haushaltssicherungskonzepten nur insoweit zulässig sind, als sie nicht auf Zweckmäßigkeitserwägungen hinauslaufen. Andere Nebenbestimmungen als die im Gesetz genannten (z. B. Befristung, Widerrufsvorbehalt) sind unzulässig. Eine Zustimmung der Kommune zu einer ausgesprochenen modifizierenden Auflage bedarf der ausdrücklichen Zustimmung durch den Rat. Eine modifizierende Nebenbestimmung liegt vor, wenn die Kommunalaufsicht nicht lediglich begleitende Maßnahmen, sondern inhaltliche Veränderungen des Haushaltssicherungskonzepts verlangt. Im Ergebnis handelt es sich um die Versagung der Genehmigung in der vom Rat beschlossenen Fassung, verbunden mit der Vorweggenehmigung eines von der Aufsichtsbehörde vorgegebenen und noch in Form eines Beitrittsbeschlusses (§ 41 Abs.1 S. 2 lit.h) von der Gemeinde zu übernehmenden Textes. Einer erneuten Vorlage an die Aufsichtsbehörde bedarf der Beitrittsbeschluss nicht. Diese Vereinfachung wird als Legitimation dafür angesehen, dass die modifizierende Nebenbestimmung eine bestimmte inhaltliche Entscheidung des Rates vorgibt. Zu Recht wird darauf hingewiesen, dass die Kommunalaufsicht sich auch darauf beschränken könnte, nur das zusätzliche Konsolidierungsvolumen zu beziffern und lediglich in der Begründung auf einzelne Maßnahmen und Positionen einzugehen. Das gilt umso mehr, als die Einführung des neuen Kommunalen Finanzmanagements neue Steuerungsmethoden ermöglichen soll. Die in § 4 KomHVO normierte Verpflichtung, Ziele und Kennzahlen zur Steuerung und Erfolgskontrolle der Teilpläne zu nutzen, könnte auch hier neue Ansätze eröffnen, sofern sich die Kommunalaufsicht in möglichen Vorgaben auf finanzwirtschaftliche Ziele und Kennzahlen beschränken würde.

12.2.4.4 Vorläufige Haushaltsführung

Ist die Haushaltssatzung bei Beginn des Haushaltsjahres noch nicht bekannt gemacht, gelten die Regeln der vorläufigen Haushaltsführung. Wird das Haushaltssicherungskonzept nicht genehmigt, darf die Haushaltssatzung nicht bekannt gemacht werden. Rechtsgrundlage der Haushaltswirtschaft der Gemeinde ist in einem solchen Fall dann nicht die Haushaltssatzung sondern § 82. Die Vorschrift soll sicher stellen, dass auch bei verspäteter Veröffentlichung der Haushaltssatzung, d. h. bei Veröffentlichung erst nach Beginn des Haushaltsjahres, die Gemeinde in der Lage bleibt, ihre Aufgaben weiterzuführen, und zwar solange, bis die neue Haushaltssatzung in Kraft treten kann. In der Praxis hat sich diese lediglich zur Überbrückung kurzer Zeiträume gedachte Vorschrift für alle Gemeinden ohne genehmigtes Haushaltssicherungskonzept zu einer Dauerregelung entwickelt. Man spricht in diesem Zusammenhang auch von Nothaushaltsrecht. Die Vorschrift schränkt das Selbstverwaltungsrecht der Gemeinde vor allem im Bereich der freiwilligen Leistungen deutlich ein. Das gilt bereits für die Beschlussfassung des Rates über Verpflichtungen als solche und nicht erst für die Pflicht zur Ausführung der Ratsbeschlüsse. Das gilt seit Inkrafttreten des NKF-Gesetzes umso mehr, weil die Gemeinde nur Aufwendungen entstehen lassen darf, zu denen sie rechtlich verpflichtet ist oder die für die Weiterführung notwendiger Aufgaben unaufschiebbar sind. Daneben gilt, dass sie nur Auszahlungen leisten darf, zu denen sie rechtlich verpflichtet ist oder die für die Weiterführung notwendiger Aufgaben unaufschiebbar sind.

Die Übernahme neuer Aufgaben, für die weder eine rechtliche Verpflichtung noch eine unaufschiebbare sachliche Notwendigkeit besteht, überschreitet den Rahmen der vorläufigen Haushaltsführung und ist deshalb mit dem Sinn des § 82 nicht vereinbar. Auch die Gewährung freiwilliger Zuschüsse an Vereine oder Organisationen dürfte unzulässig sein, zumal dann, wenn die Höhe solcher Zuschüsse durch Ermessensentscheidung des Rates festgesetzt wird. Zu beachten ist allerdings, dass solche Zuschüsse oftmals dazu dienen, vertragliche Pflichten (z.B. Mieten) von Vereinen zu finanzieren. Wenn insoweit aufgrund langjähriger Übung eine Art Gewohnheitsrecht entstanden ist, wird man zumindest die Leistung von Abschlagsauszahlungen im Rahmen der vorläufigen Haushaltswirtschaft für gerechtfertigt halten müssen. Allerdings ist die Kündigung bestehender Verpflichtungen mit in die Prüfung einzubeziehen.

Durch § 82 Abs. 2 wird für die Gemeinden im Rahmen der vorläufigen Haushaltsführung die Möglichkeit eröffnet, unter bestimmten Voraussetzungen Kredite bis zu einem Viertel des Gesamtbetrages der in der Haushaltssatzung des Vorjahres festgesetzten Kreditmittel aufzunehmen. Die Bestimmung ist dem Haushaltsrecht des Bundes (vgl. Art. 111 Abs. 2 GG) nachgebildet. Es kommt nicht darauf an, ob und inwieweit die Kreditermächtigung des Vorjahres ausgeschöpft wurde. Abs. 2 gestattet also unter Bezugnahme auf das Kreditvolumen des Vorjahres einen Vorgriff auf die künftige Kreditermächtigung. Die Gemeinde sollte dem Antrag an die Aufsichtsbehörde auf Genehmigung von unaufschiebbaren Investitionen eine nach Dringlichkeit geordnete Aufstellung der vorgesehenen unaufschiebbaren Investitionen beizufügen (Prioritätenliste), obwohl dieses Verfahren zu dem Teil des Leitfadens gehört, der ersatzlos aufgehoben worden ist. Die Prioritätenliste ist vom Rat zu beschließen.

Im Ergebnis gilt, dass eine Neuverschuldung (Kreditaufnahme für Investitionen) für die teil- und unrentierlichen Eigenanteile (Investitionsauszahlungen) eines Haushaltsjahres unzulässig sein dürfte. Für Kreditaufnahmen der Eigenbetriebe und der eigenbetriebsähnlichen Einrichtungen gilt dieser Grundsatz in gleicher Weise, so lange sich die Gemeinde wegen eines nicht genehmigten HSK in vorläufiger Haushaltsführung befindet.

12.3 Haushaltssatzung

Die Haushaltssatzung bildet die **rechtliche Grundlage** für die gesamte Haushaltswirtschaft der Gemeinde. Die Bestimmungen der Haushaltssatzung wenden sich ausschließlich an die mit der Ausführung des Haushalts befassten Organe und Funktionsträger, also an den Rat, die entscheidungsbefugten Ausschüsse, den Bürgermeister, den Kämmerer sowie die Dienstkräfte der Gemeinde, die zu Buchungen befugt sind. Da die Haushaltssatzung kraft Gesetzes mit Beginn des Haushaltsjahres in Kraft tritt, muss sie rechtzeitig vorher verabschiedet werden (zum Verfahren vgl. § 80). Ist die Haushaltssatzung zu Beginn des Haushaltsjahres noch nicht bekannt gemacht, also noch nicht in Kraft getreten, so greifen die Vorschriften über die vorläufige Haushaltsführung (§ 82). Eine Änderung der Haushaltssatzung ist nur durch Nachtragssatzung (§ 81 Abs. 1) möglich, deren unverzüglicher Erlass unter bestimmten Voraussetzungen sogar zwingend vorgeschrieben ist (§ 81 Abs. 2). Die Haushaltssatzung ist nicht genehmigungspflichtig. Sie ist der Aufsichtsbehörde mit ihren Anlagen lediglich anzuzeigen (§ 80 Abs.5). Die Anzeige soll spätestens am 30. November des dem Haushaltsjahr vorausgehenden Jahres erfolgen, was eine entsprechend rechtzeitige Beratung und Beschlussfassung voraussetzt. Die Einhaltung dieser Frist ist in der Vergangenheit nicht sehr streng gehandhabt worden. Das Stärkungspaktgesetz schreibt hingegen die Vorlage des Haushaltssanierungsplans verbindlich zum 1. Dezember vor Beginn des Haushaltsjahres vor.

12.3.1 Bestandteile der Haushaltssatzung

Nach § 78 enthält die Haushaltssatzung die Festsetzung

1. des Haushaltsplans

   a) im Ergebnisplan unter Angabe des Gesamtbetrages der Erträge und der Aufwendungen des Haushaltsjahres,

   b) im Finanzplan unter Angabe des Gesamtbetrages der Einzahlungen und Auszahlungen aus laufender Verwaltungstätigkeit, des Gesamtbetrages der Einzahlungen und Auszahlungen aus der Investitionstätigkeit und aus der Finanzierungstätigkeit des Haushaltsjahres,

   c) unter Angabe der vorgesehenen Kreditaufnahmen für Investitionen (Kreditermächtigung),

d) unter Angabe der vorgesehenen Ermächtigungen zum Eingehen von Verpflichtungen, die künftige Haushaltsjahre mit Auszahlungen für Investitionen belasten (Verpflichtungsermächtigungen),

2. der Inanspruchnahme der Ausgleichsrücklage und der Verringerung der allgemeinen Rücklage,

3. des Höchstbetrages der Kredite zur Liquiditätssicherung,

4. der Steuersätze, die für jedes Haushaltsjahr neu festzusetzen sind,

5. des Jahres, in dem der Haushaltsausgleich wieder hergestellt ist.

Sie kann nach dem gesetzlichen Wortlaut weitere Vorschriften enthalten, die sich auf die Erträge und die Aufwendungen, Einzahlungen und Auszahlungen, den Stellenplan des Haushaltsjahres und das Haushaltssicherungskonzept beziehen. Das für Kommunales zuständige Ministerium hat nachfolgendes Muster für eine Haushaltssatzung veröffentlicht (Quelle: Muster für das doppische Rechnungswesen sowie zu Bestimmungen der Gemeindeordnung für das Land Nordrhein-Westfalen und der Kommunalhaushaltsverordnung Nordrhein-Westfalen (VV Muster zur GO NRW und KomHVO NRW) Runderlass des Ministeriums für Heimat, Kommunales, Bau und Gleichstellung 304 - 48.12.02/99 - 765/19, MBl. NRW. 2019 S. 652).

Haushaltssatzung und Bekanntmachung der Haushaltssatzung

1. Haushaltssatzung der Kommune ... für das Haushaltsjahr ...

Aufgrund der §§ 78 ff. der Gemeindeordnung für das Land Nordrhein-Westfalen in der Fassung der Bekanntmachung vom 14. Juli 1994 (GV. NRW. S. 666) die zuletzt durch Gesetz vom ... geändert worden ist, hat das Vertretungsorgan der Kommune ... mit Beschluss vom ... folgende Haushaltssatzung erlassen:

§ 1

Der Haushaltsplan für das Haushaltsjahr[1] ..., der die für die Erfüllung der Aufgaben der Kommune voraussichtlich erzielbare Erträge und entstehenden Aufwendungen sowie eingehenden Einzahlungen und zu leistenden Auszahlungen und notwendigen Verpflichtungsermächtigungen enthält, wird im Ergebnisplan mit

Gesamtbetrag der Erträge auf ... EUR *(100 %)*

Gesamtbetrag der Aufwendungen auf ... EUR *(100 %)*

ggf. abzüglich globaler Minderaufwand von ... EUR *(max. 1 % ordentl. Aufwend.)*

ggf. somit auf ... EUR *(minimal 99 %)*

im Finanzplan mit Gesamtbetrag der Einzahlungen aus laufender Verwaltungstätigkeit auf ... EUR

Gesamtbetrag der Auszahlungen aus laufender Verwaltungstätigkeit auf ... EUR

(ggf. nachrichtlich: Globlrt Minderaufwand von ... EUR im Ergebnisplan)

Gesamtbetrag der Einzahlungen aus der Investitionstätigkeit und der Finanzierungstätigkeit auf ... EUR

Gesamtbetrag der Auszahlungen aus der Investitionstätigkeit und der Finanzierungstätigkeit auf ... EUR

festgesetzt.

Ggf.: Der vorgenannte globale Minderaufand im Ergebnisplan gemäß § 75 Absatz 2 Satz 4 GO NRW wird in den folgenden Teilplänen abgebildet:

Teilplan XX, Teilplan XY, usw.

(Festsetzungsvariante „ggf." im Ergebnisplan, nachrichtlich im Finanzplan und hinsichtlich der Benennung von Teilplänen bezieht sich ausschließlich auf etwaigen in der Haushaltssatug festgesetztenglobalen Minderaufwand, die kursiv und verkleinerten Erläuterungen bei den Beträgen des Ergebnisplans entfallen in der Satzung)

§ 2[1)]

Der Gesamtbetrag der Kredite, deren Aufnahme für Investitionen erforderlich ist, wird auf ... EUR festgesetzt.
(alternativ: Kredite für Investitionen werden nicht veranschlagt.)

§ 3[1)]

Der Gesamtbetrag der Verpflichtungsermächtigungen, der zur Leistung von Investitionsauszahlungen in künftigen Jahren erforderlich ist, wird auf ... EUR festgesetzt.
(alternativ: Verpflichtungsermächtigungen werden nicht veranschlagt.)

§ 4[1)]

Die Inanspruchnahme der Ausgleichsrücklage aufgrund des voraussichtlichen Jahresergebnisses im Ergebnisplans wird auf ... EUR und/oder die Verringerung der allgemeinen Rücklage aufgrund des voraussichtlichen Jahresergebnisses im Ergebnisplans wird auf ... EUR festgesetzt.
(alternativ: Eine Inanspruchnahme des Eigenkapitals soll nicht erfolgen.) (Bei ggf. in der Haushaltssatzung festgesetztem globalen Minderaufwand ergolgt die Festsetzung der Verringerung(en) nach Berücksichtigung des globalen Minderaufwandes.)

§ 5[1)]

Der Höchstbetrag der Kredite, die zur Liquiditätssicherung in Anspruch genommen werden dürfen, wird auf ... EUR festgesetzt
(alternativ: Kredite zur Liquiditätssicherung werden nicht beansprucht.)

§ 6[2)]

Die Steuersätze für die Gemeindesteuern werden für das Haushaltsjahr[1)]... wie folgt festgesetzt:

1. Grundsteuer
1.1 für die land- und forstwirtschaftlichen Betriebe (Grundsteuer A) auf ... v.H.
1.2 für die Grundstücke (Grundsteuer B) auf ... v.H.

2. Gewerbesteuer auf ... v.H.

§ 7

Nach dem Haushaltssicherungskonzept ist der Haushaltsausgleich im Jahre ... wieder hergestellt. Die im Haushaltssicherungskonzept enthaltenen Konsolidierungsmaßnahmen sind bei der Ausführung des Haushaltsplans umzusetzen.
(alternativ: entfällt)

§ 8 ff.[3)]

2. Bekanntmachung der Haushaltssatzung
nach den geltenden Vorschriften und:

(Erfüllung der Anzeigepflicht):
Die vorstehende Haushaltssatzung mit ihren Anlagen für das Haushaltsjahr ... wird hiermit öffentlich bekannt gemacht. Die Haushaltssatzung mit ihren Anlagen ist gemäß § 80 Abs. 5 GO NRW dem Landrat als untere staatliche Verwaltungsbehörde in ... (alternativ: der Bezirksregierung in ...) mit Schreiben vom ... angezeigt worden.

(Bei einer Verringerung der Rücklage):
Die nach § 75 Abs. 4 GO NRW erforderliche Genehmigung der Verringerung der Rücklage ist vom Landrat als untere staatliche Verwaltungsbehörde in ... (alternativ: der Bezirksregierung in ...) mit Verfügung vom ... erteilt worden.

(Bei der Aufstellung von Haushaltssicherungskonzepten):
Die nach § 76 Abs. 2 GO NRW erforderliche Genehmigung des Haushaltssicherungskonzeptes ist vom Landrat als untere staatliche Verwaltungsbehörde in ... (alternativ: der Bezirksregierung in ...) mit Verfügung vom ... erteilt worden.

(Verfügbarmachung zur Einsichtnahme):
Der Haushaltsplan (und das Haushaltssicherungskonzept) liegen

zur Einsichtnahme vom ... bis ... im ... öffentlich aus und sind unter der Adresse ... im Internet verfügbar.

..., den ...

____

(Unterschrift)

[1] Bei der Festsetzung für zwei Haushaltsjahre sind die einzelnen Jahresbeträge anzugeben.

[2] Erlässt die Kommune aufgrund der Realsteuergesetze eine besondere Hebesatzsatzung, so ist in der Haushaltssatzung zum Ausdruck zu bringen, dass die Angabe der Steuersätze in der Haushaltssatzung nur deklaratorische Bedeutung hat.

[3] Hier können weitere Vorschriften gem. § 78 Abs. 2 GO NRW aufgenommen werden.

Auch für die Darstellung des **Ergebnisplans** und des **Finanzplans** hat das für Kommunales zuständige Ministerium **Muster** veröffentlicht, die nachfolgend abgedruckt sind (Quelle: Muster für das doppische Rechnungswesen sowie zu Bestimmungen der Gemeindeordnung für das Land Nordrhein-Westfalen und der Kommunalhaushaltsverordnung Nordrhein-Westfalen (VV Muster zur GO NRW und KomHVO NRW) Runderlass des Ministeriums für Heimat, Kommunales, Bau und Gleichstellung 304 - 48.12.02/99 - 765/19).

Dabei wird deutlich, wie wichtig eine zeitnahe Vorlage des Jahresabschlusses für die politische Beratung ist. Wenn das Ergebnis des Vorvorjahres nicht vorliegt, fehlt eine wichtige Orientierung. Gleichzeitig zeigen die Muster noch einmal den Finanzplanungszeitraum von fünf Jahren auf. Der Ansatz des Vorjahres ist der Ansatz des laufenden Haushaltsjahres. Der Ansatz des Haushaltsjahres ist der Ansatz des Planungsjahres. Es folgen die drei weiteren Jahre des Finanzplanungszeitraums.

Ergebnisplan

		Ertrags- und Aufwandsarten	Ergebnis des Vorvorjahres EUR	Ansatz des Vorjahres EUR	Ansatz des Haushaltsjahres EUR	Planung Haushaltsjahr + 1 EUR	Planung Haushaltsjahr + 2 EUR	Planung Haushaltsjahr + 3 EUR
			1	2	3	4	5	6
1		Steuern und ähnliche Abgaben						
2	+	Zuwendungen und allgemeine Umlagen						
3	+	Sonstige Transfererträge						
4	+	Öffentlich-rechtliche Leistungsentgelte						
5	+	Privatrechtliche Leistungsentgelte						
6	+	Kostenerstattungen und Kostenumlagen						
7	+	Sonstige ordentliche Erträge						
8	+	Aktivierte Eigenleistungen						
9	+/-	Bestandsveränderungen						
10	=	Ordentliche Erträge						
11	-	Personalaufwendungen						
12	-	Versorgungsaufwendungen						
13	-	Aufwendungen für Sach- und Dienstleistungen						
14	-	Bilanzielle Abschreibungen						
15	-	Transferaufwendungen						
16	-	Sonstige ordentliche Aufwendungen						
17	=	Ordentliche Aufwendungen						
18	=	**Ordentliches Ergebnis** (= Zeilen 10 und 17)						
19	+	Finanzerträge						
20	-	Zinsen und sonstige Finanzaufwendungen						
21	=	**Finanzergebnis** (= Zeilen 19 und 20)						
22	=	**Ergebnis der laufenden Verwaltungstätigkeit** (= Zeilen 18 und 21)						
23	+	Außerordentliche Erträge						
24	-	Außerordentliche Aufwendungen						
25	=	**Außerordentliches Ergebnis** (= Zeilen 23 und 24)						
26	=	**Jahresergebnis** (= Zeilen 22 und 25)						
27	-	globaler Minderaufwand						
28	=	**Jahresergebnis nach Abzug globaler Minderaufwand** (= Zeilen 26 und 27)						
Nachrichtlich: Verrechnung von Erträgen und Aufwendungen mit der allgemeinen Rücklage								
29		Verrechnete Erträge bei Vermögensgegenständen						
30		Verrechnete Erträge bei Finanzanlagen						
31		Verrechnete Aufwendungen bei Vermögensgegenständen						
32		Verrechnete Aufwendungen bei Finanzanlagen						
33		**Verrechnungssaldo** (= Zeilen 29 bis 32)						

Finanzplan

	Ein- und Auszahlungsarten	Ergebnis des Vorvorjahres EUR	Ansatz des Vorjahres EUR	Ansatz des Haushaltsjahres EUR	Planung Haushaltsjahr +1 EUR	Planung Haushaltsjahr +2 EUR	Planung Haushaltsjahr +3 EUR
		1	2	3	4	5	6
1	Steuern und ähnliche Abgaben						
2	+ Zuwendungen und allgemeine Umlagen						
3	+ Sonstige Transfereinzahlungen						
4	+ Öffentlich-rechtliche Leistungsentgelte						
5	+ Privatrechtliche Leistungsentgelte						
6	+ Kostenerstattungen, Kostenumlagen						
7	+ Sonstige Einzahlungen						
8	+ Zinsen und sonstige Finanzeinzahlungen						
9	= **Einzahlungen aus laufender Verwaltungstätigkeit**						
10	- Personalauszahlungen						
11	- Versorgungsauszahlungen						
12	- Auszahlungen für Sach- und Dienstleistungen						
13	- Zinsen und sonstige Finanzauszahlungen						
14	- Transferauszahlungen						
15	- Sonstige Auszahlungen						
16	= **Auszahlungen aus laufender Verwaltungstätigkeit***						
17	= **Saldo aus laufender Verwaltungstätigkeit** (= Zeilen 9 und 16)						
18	+ Zuwendungen für Investitionsmaßnahmen						
19	+ Einzahlungen aus der Veräußerung von Sachanlagen						
20	+ Einzahlungen aus der Veräußerung von Finanzanlagen						
21	+ Einzahlungen aus Beiträgen und ähnlichen Entgelten						
22	+ Sonstige Investitionseinzahlungen						
23	= **Einzahlungen aus Investitionstätigkeit**						
24	- Auszahlungen für den Erwerb von Grundstücken und Gebäuden						
25	- Auszahlungen für Baumaßnahmen						
26	- Auszahlungen für den Erwerb von beweglichem Anlagevermögen						
27	- Auszahlungen für den Erwerb von Finanzanlagen						
28	- Auszahlungen von aktivierbaren Zuwendungen						
29	- Sonstige Investitionsauszahlungen						
30	= **Auszahlungen aus Investitionstätigkeit**						
31	= **Saldo aus Investitionstätigkeit** (= Zeilen 23 und 30)						
32	= **Finanzmittelüberschuss/-fehlbetrag** (= Zeilen 17 und 31)						
33	+ Einzahlungen aus der Aufnahme und durch Rückflüsse von Krediten für Investitionen und diesen wirtschaftlich gleichkommenden Rechtsverhältnissen						
34	+ Einzahlungen aus der Aufnahme und durch Rückflüsse von Krediten zur Liquiditätssicherung						
35	- Auszahlungen für die Tilgung und Gewährung von Krediten für Investitionen und diesen wirtschaftlich gleichkommenden Rechtsverhältnissen						
36	- Auszahlungen für die Tilgung und Gewährung von Krediten zur Liquiditätssicherung						
37	= **Saldo aus Finanzierungstätigkeit**						
38	= **Änderung des Bestandes an eigenen Finanzmitteln** (= Zeilen 32 und 37)						
39	+ Anfangsbestand an Finanzmitteln						
40	= **Liquide Mittel** (= Zeilen 38 und 39)						

* *ggf. nachrichtlich: Globaler Minderaufwand in EUR*

12.3.2 Verfahren des Erlassens der Haushaltssatzung

Die nach § 78 für jedes Haushaltsjahr zu erlassende Haushaltssatzung wird gem. § 80 Abs. 1 vom **Kämmerer** im **Entwurf aufgestellt** und dem **Bürgermeister** zur **Bestätigung** vorgelegt. Dieser kann bei der Bestätigung von dem Entwurf abweichen, da letzten Endes der Bürgermeister gegenüber dem Rat die Verantwortung für den Inhalt des Entwurfs der Haushaltssatzung trägt.

12.3.2.1 Stellung des Kämmerers

Die besonderen Verfahrensvorschriften des § 80 dienen u. a. dazu, dem **Kämmerer besondere Rechte** einzuräumen. Nach § 71

Abs. 4 besteht für die kreisfreien Städte die Verpflichtung, einen Beigeordneten zum Kämmerer zu bestellen. In kreisangehörigen Gemeinden kann dies wahlweise ein Beigeordneter oder ein sonstiger Bediensteter sein. Auf jeden Fall ist aber ein Kämmerer zu bestellen. Nach dem Erlass des Innenministeriums vom 28.01.2005 sollte für die kreisangehörigen Gemeinden zwischen einem „beauftragten" Kämmerer und einem „bestellten" Kämmerer unterschieden werden. Nur letztgenannter soll alle im Gesetz zugewiesenen Aufgaben wahrnehmen können. Diese Differenzierung fand jedoch im Wortlaut des Gesetzes keine direkte Stütze. Es war vielmehr davon auszugehen, dass mit dem Inkrafttreten des NKF-Gesetzes das Amt des Kämmerers für alle Kommunen verbindlich ist. Das für Kommunales zuständige Ministerium hat nach Inkrafttreten des 2. NKFWG die Unterscheidung zwischen einem bestellten und einem beauftragten Kämmerer Aufgegeben. Während bei kreisfreien Städten die Kompetenz zur Bestellung des Kämmerers sich nach der Regelung des § 73 Abs. 1 richtet, wonach der Rat den Geschäftskreis der Beigeordneten im Einvernehmen mit dem Bürgermeister festlegen kann, fehlt für die kreisangehörigen Gemeinden im Falle der Bestellung eines sonstigen Bediensteten eine entsprechende Regelung. Man wird jedoch die Bestellung eines Kämmerers nicht als bloßen Ausfluss der Organisationshoheit (§ 63 Abs. 1 Satz 3) des Bürgermeisters ansehen können, sodass man von einer planwidrigen Regelungslücke ausgehen kann, die eine analoge Anwendung des § 73 Abs. 1 Satz 2 und 3 auf die Bestellung eines Kämmerers in kreisangehörigen Gemeinden rechtfertigt, wenn kein Beigeordneter bestellt wird. Das heißt, in kreisangehörigen Gemeinden kann der Rat sich die Entscheidung über die Bestellung eines sonstigen Bediensteten zum Kämmerer im Einvernehmen mit dem Bürgermeister vorbehalten. Kommt ein Einvernehmen nicht zu Stande, kann der Rat die Entscheidung nur mit der Mehrheit der gesetzlichen Zahl der Ratsmitglieder treffen. Diese besonderen Regelungen für die Bestellung des Kämmerers rechtfertigen sich aus den unentziehbaren und auch vom Kämmerer selbst nicht oder nur mit Zustimmung des Bürgermeisters übertragbaren Befugnissen des Kämmerers. Dazu gehören

- die Mitgliedschaft im Verwaltungsvorstand und zwar auch dann, wenn der Kämmerer kein Beigeordneter ist (§ 70 Abs. 1 Satz 1), was nur in kreisangehörigen Gemeinden möglich ist,

- die Aufstellung des Entwurfs der Haushaltssatzung mit ihren Bestandteilen und Anlagen (§ 80 Abs. 1),

- das Recht zur schriftlichen Stellungnahme, soweit der Bürgermeister von diesem Entwurf abweicht (§ 80 Abs. 2 Satz 2),

- das Recht, abweichende Meinung im Rat zu vertreten (§ 80 Abs. 4 Satz 2),
- die Aufstellung des Entwurfs einer Nachtragssatzung (§ 81 Abs. 1 Satz 2),
- die Entscheidung über die Leistung über- und außerplanmäßiger Aufwendungen und Auszahlungen, soweit der Rat keine abweichende Regelung getroffen hat (§ 83 Abs. 1 Satz 2),
- die Aufstellung des Entwurfs der mittelfristigen Ergebnis- und Finanzplanung (§ 84 i. V. m. § 6 KomHVO),
- die Aufstellung des Entwurfs des Jahresabschlusses (§ 95 Abs. 3 Satz 1),
- das Recht zur schriftlichen Stellungnahme, soweit der Bürgermeister von diesem Entwurf abweicht (§ 95 Abs. 3 Satz 3),
- das Recht, abweichende Meinung im Rat zu vertreten (§ 96 Abs. 1 Satz 3),
- das Recht zur Verhängung einer haushaltswirtschaftlichen Sperre (§ 81 Abs. 4 Satz 2, § 25 Abs. 2 KomHVO),
- die Aufsicht über die Finanzbuchhaltung (§ 32 Abs. 4 Satz 3 KomHVO),
- der Auskunftsanspruch gegenüber der Betriebsleitung von Eigenbetrieben (§ 7 EigVO).

12.3.2.2 Rechte des Bürgermeisters

Nach § 80 Abs. 2 leitet der Bürgermeister den von ihm bestätigten Entwurf der Haushaltssatzung dem Rat zu. Verfahrensmäßig erscheint es zweckmäßig, dass der Entwurf der Haushaltssatzung von dem Bürgermeister in der Sitzung des Rates unter dem Tagesordnungspunkt **„Einbringung des bestätigten Entwurfs der Haushaltssatzung“** eingebracht wird. Der Rat muss in diesem Zusammenhang darüber befinden, ob bzw. inwieweit Fachausschüsse vorab beratend beteiligt werden sollen, sofern eine diesbezügliche Regelung nicht ohnehin in der Gemeinde besteht. Üblich ist die Beratung der entsprechenden Teilpläne in den Fachausschüssen, die natürlich keine abschließenden Entscheidungen treffen können. Mit Rücksicht auf § 59 Abs. 2 ist der Finanzausschuss in jedem Falle kraft Gesetzes zu beteiligen. Üblich, aber nicht vom Gesetz vorgeschrieben, ist die Zusammenfassung der Beratungsergebnisse der Fachausschüsse in einem **Veränderungsnachweis** durch die Verwaltung. Vor der Zuleitung des Entwurfs an den Rat kann der Entwurf nicht zum Gegenstand von Beratungen im Rat oder in den Ausschüssen gemacht werden. Man wird davon ausgehen müssen, dass der Entwurf allen Ratsmitgliedern schriftlich[12] vorgelegt wird, da ansonsten eine ordnungsgemäße Beratung nicht gewährleistet ist, zumal die Komplexität des Haushalts mit der Einführung des NKF gestiegen ist. Soweit der **Bürgermeister von dem Entwurf des Kämmerers abgewichen** ist, ist er verpflichtet, dem Rat die abweichende Auffassung des Kämmerers mit vorzulegen. Er wird in diesem Fall auch den Kämmerer von seiner abweichenden Stellungnahme zum Entwurf der Haushaltssatzung unterrichten, damit dieser dazu Stellung nehmen kann. Jedenfalls ergibt sich aus Abs. 2, dass der fachlichen Stellungnahme des Kämmerers – unabhängig von der Auffassung des Bürgermeisters – bereits bei der Zuleitung der Haushaltssatzung an den Rat ausreichend Raum zu geben ist.

12.3.2.3 Bekanntgabe und Einwendungen

Der **Entwurf der Haushaltssatzung** ist unverzüglich, d. h. ohne schuldhaftes Zögern öffentlich bekannt zu geben. Der Entwurf ist während der gesamten Dauer des Beratungsverfahrens im Rat und seinen Ausschüssen verfügbar zu halten. Eine **Verfügbarkeit als Datei** zum Download über die Homepage der Gemeinde ist unabhängig von einer zu gewährleistenden Verfügbarkeit in Schriftform zu empfehlen. Die öffentliche Auslegung darf frühestens in dem Zeitpunkt erfolgen, in dem der Bürgermeister den von ihm bestätigten Entwurf der Haushaltssatzung dem Rat zugeleitet hat. Mit auszulegen sind die Anlagen zum Entwurf der Haushaltssatzung. (vgl. hierzu § 1 Abs. 2 KomHVO). Durch die Auslegung des Entwurfs der Haushaltssatzung soll vor allem das allgemeine Interesse der Einwohner an den Angelegenheiten ihrer Gemeinde geweckt und ihnen gleichzeitig die Möglichkeit gegeben werden, **Einwendungen gegen den Entwurf** zu erheben. In der Praxis wird davon wenig Gebrauch gemacht. Dies veranlasst viele Gemeinden dazu, die Eckdaten des Haushalts in vereinfachter Form zusätzlich zu veröffentlichen. Der sog. **Interaktive Haushalt**, der von einem auf dem Markt befindlichen interkommunalen Vergleichsportal entwickelt worden ist, ist eine solche Möglichkeit, kann aber die formelle Form des Haushaltshalts nicht ersetzen. Ein besonderes Verfahren ist die Beteiligung der Öffentlichkeit in sog. Bürgerhaushalten (www.buergerhaushalt.org). In der öffentlichen Bekanntgabe des förmlichen Haushaltsentwurfs ist eine Frist von mindestens vierzehn Tagen festzulegen, in der Einwendungen erhoben werden können. Die Frist ist so festzulegen, dass der Rat die tatsächliche Möglichkeit hat, die Einwendungen zur Kenntnis nehmen und darüber zu beschließen. Fristbeginn ist der Beginn der Auslegung. In der öffentlichen Bekanntgabe der Auslegung ist auf die gesetzlich vorgesehene Frist hinzuweisen. Es ist die Stelle anzugeben, bei der die Einwendungen zu erheben sind. Per E-Mail

12) Die Übermittlung in digitaler Form ist zulässig, wenn dies in der Geschäftsordnung geregelt ist und wenn das Ratsmitglied zugestimmt hat.

vorgebrachte Einwendungen können nicht berücksichtigt werden, weil die Identität des Absenders nicht in jedem Fall zweifelsfrei feststellbar ist. Anonym erhobene Einwendungen können als unzulässig zurückgewiesen werden, da in diesen Fällen eine Prüfung der Einwendungsberechtigung nicht möglich ist. **Einwendungsberechtigte** sind gem. Abs. 3 Satz 2 **Einwohner** (vgl. § 21 Abs. 1) und **Abgabepflichtige**. Unter Abgabepflichtigen sind auch diejenigen Grundbesitzer und Gewerbetreibenden zu verstehen, die zwar nicht in der Gemeinde wohnen, die jedoch für ihren Grundbesitz oder Gewerbebetrieb im Gemeindebereich zu gemeindlichen Abgaben (Grundsteuer, Gewerbesteuer) herangezogen werden.

Der Rat muss über Einwendungen gegen den Entwurf der Haushaltssatzung durch förmlichen Beschluss entscheiden, und zwar unabhängig von der Beschlussfassung über die Haushaltssatzung in ihrer Gesamtheit. Eine Übertragung der Beschlussfassung auf den Hauptausschuss ist unzulässig. Die Beschlussfassung über die Einwendungen muss in öffentlicher Sitzung erfolgen.

12.3.2.4 Beratung durch die Fachausschüsse und Bezirksvertretungen sowie Beschlussfassung durch den Rat

Die Gemeindeordnung schreibt nicht vor, dass der Entwurf der Haushaltssatzung von den Fachausschüssen zu beraten ist. Gleichwohl ist dies gängige Praxis, weil ansonsten eine sinnvolle Beratung kaum möglich ist. Da der Haushaltsplan in Teilpläne zu gliedern ist, können sich die Fachausschüsse gezielt mit den für sie relevanten **Produkten** oder **Produktgruppen** befassen. Für die **Bezirksvertretungen** ist in § 37 Abs. 4 vorgeschrieben, dass sie an den Beratungen über die Haushaltssatzung mitwirken. Sie beraten über alle **Haushaltspositionen, die sich auf ihren Bezirk und ihre Aufgaben** auswirken, und können dazu Vorschläge machen und Anregungen geben. Über die Haushaltspositionen, die sich auf ihren Bezirk und ihre Aufgaben auswirken, und die Haushaltsmittel, die zur Finanzierung der bezirklichen Aufgaben dienen, ist den Bezirksvertretungen eine geeignete Übersicht als Auszug aus dem Entwurf der Haushaltssatzung nach § 80, getrennt nach Bezirken, zur Beratung vorzulegen. Die Übersichten sind dem Haushaltsplan als Anlage beizufügen. Für die Gemeindebezirke in kreisangehörigen Gemeinden ist ein Anhörungsrecht zum Haushaltsentwurf nicht gesetzlich vorgeschrieben. Die Hauptsatzung kann jedoch eine entsprechende Regelung treffen. Die Ergebnisse der Beratungen der Fachausschüsse und der Bezirksvertretungen werden von der Verwaltung in der Regel in sog. Veränderungsnachweisen zusammengefasst und dem Finanzausschuss zur Vorberatung vorgelegt. Der Finanzausschuss bereitet nach § 59 Abs. 2 die Haushaltssatzung der Gemeinde vor.

Für die Beschlussfassung über die Haushaltssatzung ist der Rat gem. § 41 Abs. 1 Buchst. h ausschließlich zuständig. Änderungen vor Inkrafttreten der Satzung sind nur durch ausdrücklichen Ratsbeschluss möglich. Nach Inkrafttreten sind Änderungen nur in Form einer Nachtragssatzung gem. § 81 möglich. Die **Beratung und Beschlussfassung** im Rat muss in **öffentlicher Sitzung** erfolgen. Der Beschluss bezieht sich sowohl auf die Haushaltssatzung selbst, als auch auf die gesetzlich vorgeschriebenen Anlagen (vgl. hierzu § 1 Abs. 2 KomHVO). Die Beschlussfassung über die Haushaltssatzung nebst Anlagen einerseits und über die gem. Abs. 3 Satz 2 erhobenen Einwendungen ist gesondert zu erfolgen. Beide Beschlüsse können aber zweckmäßigerweise in derselben Sitzung gefasst werden. Bei der Erörterung des Stellenplans ist im Hinblick auf die gesetzlich vorgeschriebene Öffentlichkeit der Beratung die Diskussion auf Zahl und Art der im Entwurf des Stellenplans vorgesehenen Stellenänderungen (Neuschaffung, Anhebung, Wegfall, künftiger Wegfall oder künftige Umwandlung) zu beschränken, während die Erörterung einzelner Personalfragen, etwa über die Beförderung eines bestimmten Beamten im Hinblick auf § 30 unzulässig wäre.

In der Beratung des Rates kann der **Kämmerer** gem. Abs. 4 Satz 2 seine **abweichende Auffassung** vertreten. Gemeint ist damit die von der Meinung des Bürgermeisters abweichende Auffassung des Kämmerers. Das Recht des Kämmerers, seine abweichende Auffassung dem Rat vorzutragen, ist weder von einer Genehmigung des Bürgermeisters noch von einer entsprechenden Aufforderung des Rates abhängig.

12.3.2.5 Vorlage an die Aufsichtsbehörde

Die vom Rat beschlossene **Haushaltssatzung** ist nebst allen Anlagen der zuständigen Aufsichtsbehörde **anzuzeigen**. Die Vorlage soll spätestens einen Monat vor Beginn des Haushaltsjahres erfolgen. Da das Haushaltsjahr den Zeitraum vom 1. Januar bis zum 31. Dezember umfasst, ist die Vorlage mithin bis spätestens 30. 11. des Vorjahres erforderlich. Allerdings ist die Einhaltung der Vorlagefrist nicht in jedem Falle zwingend vorgeschrieben. Es handelt sich um eine Sollvorschrift, von der in begründeten Ausnahmefällen abgewichen werden kann, wovon in der Vergangenheit reichlich Gebrauch gemacht worden ist. Es ist jedoch erkennbar, dass stärker auf die Einhaltung der gesetzlichen Fristen geachtet wird. Eine Verletzung der Monatsfrist hat allerdings nicht die Unwirksamkeit der Anzeige oder gar die Genehmigungspflicht des Haushaltes zur Folge. Es handelt sich um eine Ordnungsvorschrift, deren Verletzung keine negativen Rechtsfolgen nach sich zieht. Zu beachten ist allerdings, dass weiterhin nach § 25 Abs. 3 GewStG bzw. § 16 Abs. 3 GrdStG die Realsteuersätze spätestens bis zum 30. 6. des Haushaltsjahres bekannt gemacht werden müssen, um noch für das gesamte Haushaltsjahr Gültigkeit beanspruchen zu können. Hieran hat das neue Haushaltsrecht nichts geändert. Falls der Haushalt nicht oder nicht rechtzeitig bekannt gemacht werden kann, können die Hebesätze durch gesonderte **Hebesatzsatzungen** festgesetzt werden. Falls ein **Haushaltssicherungskonzept** oder ein **Haushaltssanie-**

rungsplan nach den Regeln des Stärkungspaktgesetzes aufgestellt werden muss, bedarf dies der **Genehmigung** der Aufsichtsbehörde. Für die **Genehmigung des Haushaltssanierungsplans** ist gem. § 6 Stärkungspaktgesetz die **Bezirksregierung** zuständig.

12.3.2.6 Öffentliche Bekanntmachung der Haushaltssatzung und ihre Bereithaltung

Die Haushaltssatzung ist – wie jede andere gemeindliche Satzung auch – öffentlich bekannt zu machen, um wirksam zu werden. Enthält die Haushaltssatzung mit dem Haushaltssicherungskonzept oder dem Haushaltssanierungsplan einen genehmigungspflichtigen Teil, so darf die Bekanntmachung erst dann erfolgen, wenn die Genehmigung erteilt ist. Für die öffentliche Bekanntmachung der Haushaltssatzung gelten die allgemeinen Vorschriften für die öffentliche Bekanntmachung des kommunalen Ortsrechts, soweit nicht ausdrücklich etwas anderes vorgeschrieben ist. Weiter bestimmt das Gesetz, dass im Anschluss an die öffentliche Bekanntmachung der Haushaltssatzung der Haushaltsplan mit seinen Anlagen (vgl. § 1 Abs. 2 KomHVO) bis zum Ende der in § 96 Abs. 2 benannten Frist zur Einsichtnahme verfügbar zu halten ist. Das bedeutet, dass er (gemeinsam mit seinem festgestellten Jahresabschluss) solange zur Einsichtnahme zur Verfügung stehen muss, bis der Jahresabschluss des nächsten Haushalts festgestellt ist. Für das In-Kraft-Treten der Haushaltssatzung ist im Übrigen alleine der Vollzug der öffentlichen Bekanntmachung, nicht jedoch die Bereithaltung zur Einsichtnahme maßgebend.

12.3.3 Nachtragssatzung

Gem. § 81 kann die Haushaltssatzung nur durch Nachtragssatzung geändert werden. Für das Verfahren der Beratung, Beschlussfassung und Bekanntgabe gelten die Vorschriften für die Haushaltssatzung entsprechend. Die Gemeinde hat unverzüglich eine Nachtragssatzung zu erlassen, wenn sich zeigt, dass trotz Ausnutzung aller Möglichkeiten voraussichtlich ein erheblicher Fehlbetrag entstehen wird.

Dies kann z.B. der Fall sein, wenn unvorhersehbare Steuereinnahmeausfälle eintreten und diese nicht durch Kürzungen im Rahmen des laufenden Haushalts ausgeglichen werden können. Eine weitere Notwendigkeit kann sich ergeben, wenn plötzlich erhebliche Mehrauszahlungsverpflichtungen und zusätzliche Aufwendungen auf die Gemeinde zukommen. Das gilt auch für bisher nicht veranschlagte Investitionsmaßnahmen. Was als „erheblich" anzusehen ist, hängt von der Größe der Gemeinde und dem Volumen des Haushalts ab. Der Rat kann in der Hauptsatzung oder in der Haushaltssatzung festlegen, welche Abweichung er als erheblich ansieht.

Hinweis:
Das MHKGB hat für das Haushaltsjahr 2020 mitgeteilt: „Da die Auswirkungen der Corona-Pandemie auf die kommunalen Haushalte derzeit nicht verlässlich abgeschätzt werden können, ist es gerechtfertigt, der ggf. eintretenden Verpflichtung zur Aufstellung

eines Nachtragshaushaltes bis auf weiteres – mangels Verlässlichkeit der Ermittlung von Finanzdaten - nicht nachzukommen."

Da man eine Nachtragssatzung nicht auf einzelne Punkte beschränken kann, sondern alle Erkenntnisse zum Zeitpunkt des Erlasses berücksichtigen muss, stellt der Erlass einer Nachtragssatzung einen erheblichen Aufwand dar, den man in der Praxis tunlichst zu vermeiden sucht. Ein weniger aufwendiges Mittel ist die Sperrung von Ausgabeansätzen und Verpflichtungsermächtigungen gem. § 81 Abs. 4 durch den Rat, wenn die Entwicklung der Erträge oder der Aufwendungen oder die Erhaltung der Liquidität es erfordert. Im Zuge der Ausbreitung der COVID-19-Pandemie findet im Haushaltsjahr 2020 Absatz 4 keine Anwendung. Mit der für das Haushaltsjahr 2020 geltenden Regelung werden die Rechte des Rates im Hinblick auf das Instrument der Haushaltssperre vollständig ausgesetzt.

12.4 Überplanmäßige und außerplanmäßige Anwendungen und Auszahlungen

Überplanmäßige und außerplanmäßige Aufwendungen und Auszahlungen sind nach § 83 nur zulässig, wenn sie unabweisbar sind. Unabweisbar ist eine Maßnahme dann, wenn sie notwendig ist, um einen schwer wiegenden Nachteil oder gar einen Schaden von der Gemeinde abzuwenden, und wenn sie in zeitlicher Hinsicht so dringend ist, dass sie weder bis zum neuen Haushaltsjahr zurückgestellt, noch auch nur solange hinausgezögert werden kann, bis die erforderlichen Mittel in einem Nachtragshaushalt bereitgestellt sind.

Das kann z. B. der Fall sein, wenn nicht vorhersehbare Ereignisse eintreten, die ein Handeln erforderlich machen. Dies können Naturkatastrophen, Epidemien oder andere von der Gemeinde nicht planbare oder beeinflussbare Ereignisse sein, die gleichwohl ein kommunales Handlungserfordernis auslösen. Soweit zur Bewältigung der COVID-19-Pandemie Aufwendungen und Auszahlungen erforderlich werden, die in der Haushaltssatzung nicht ab-gebildet sind, sind diese in der Regel unabweisbare Aufwendungen und Auszahlungen.

Die Deckung muss jeweils im laufenden Haushaltsjahr gewährleistet sein.[13] Dass die Deckung einer über- oder außerplanmäßigen Aufwendung und Auszahlung gewährleistet sein muss, ist eine Forderung, die sich aus dem Grundsatz des Haushaltsausgleichs ergibt. Regelmäßig darf daher durch eine über- oder außerplanmäßige Aufwendung und Auszahlung kein (neues) Defizit eintreten. Die Deckung muss sich demgemäß letztlich aus dem Ergebnisplan ergeben, da dieser für den Haushaltsausgleich maßgeblich ist. Außer- oder überplanmäßige Auszahlungen können also nicht durch erhöhte Kreditaufnahme gedeckt werden, wenn

13) Das soll wegen der Corona-Pandemie nicht im Haushaltsjahr 2020 gelten.

nicht gleichzeitig der erhöhte Aufwand für Zinsen im Ergebnisplan gedeckt wird. Für die Abwicklung von Investitionen, die im folgenden Jahr fortgesetzt werden, gilt eine Sonderregelung. In einem solchen Fall sind überplanmäßige Auszahlungen auch dann zulässig, wenn ihre Deckung erst im Folgejahr gewährleistet ist.

Das Verfahren bei der Entscheidung über die Vornahme über- oder außerplanmäßiger Aufwendungen und Auszahlungen ist unterschiedlich geregelt, je nachdem, ob es sich im Einzelfall um eine „erhebliche“ Aufwendung und Auszahlung handelt oder nicht. Was als erheblich anzusehen ist, ist von Gemeinde zu Gemeinde unterschiedlich zu beurteilen. Es handelt sich um einen unbestimmten Rechtsbegriff, bei dessen Anwendung dem **Rat** ein **Beurteilungsspielraum** zusteht. Wegen der Geldwertentwicklung und der nicht statisch zu beurteilenden Finanzsituation der Gemeinde empfiehlt es sich, die Erheblichkeitsgrenze jeweils in der Haushaltssatzung festzulegen. Maßgebend dürfte in erster Linie das Verhältnis der betreffenden Aufwendung und Auszahlung zum Gesamtvolumen des jeweiligen Haushalts sein. Je größer das Gesamtvolumen, desto höher wird auch ein als „erheblich“ anzusehender Mehrbetrag angesetzt werden können. Ist eine vorgesehene Haushaltsüberschreitung **erheblich**, so hat grundsätzlich der Kämmerer bzw. der Bürgermeister, falls ein Kämmerer nicht bestellt ist, die **vorherige** Zustimmung des Rates einzuholen, bevor er eine Entscheidung trifft. Ist eine Einberufung des Rates nicht rechtzeitig möglich, Ist eine **Dringlichkeitsentscheidung** gem. § 60 Abs. 1 herbeizuführen. Ist die vorgesehene Haushaltsüberschreitung nicht erheblich, so trifft der Kämmerer bzw. Bürgermeister die Entscheidung ohne vorherige Zustimmung des Rates; jedoch hat er seine Entscheidung dem Rat nachträglich zur Kenntnis zu bringen.

12.5 Mittelfristige Ergebnis- und Finanzplanung

Die Gemeinde hat gem. § 84 ihrer Haushaltswirtschaft eine **fünfjährige Ergebnis- und Finanzplanung** zu Grunde zu legen und in den Haushaltsplan einzubeziehen. Das erste Planungsjahr ist das laufende Haushaltsjahr. Die Ergebnis- und Finanzplanung für die dem Haushaltsjahr folgenden drei Planungsjahre soll in den einzelnen Jahren ausgeglichen sein. Sie ist mit der Haushaltssatzung der Entwicklung anzupassen und fortzuführen. Die **Finanzplanung** soll einem **doppelten Zweck** dienen. Sie soll zum einen eine dauerhafte Ordnung der Finanzen der Gemeinde sichern und die Ausgeglichenheit des Haushalts gewährleisten. Zu diesem Zweck soll sie die finanziellen Möglichkeiten und den tatsächlichen Bedarf in den kommenden Jahren darstellen. Sie soll ferner für die notwendigen Maßnahmen Schwerpunkte bilden sowie die Rangfolge nach der Dringlichkeit und den Zeitplan für die Ausführung festlegen. Sie soll zum anderen eine koordinierte Planung für den gesamten öffentlichen Bereich ermöglichen. Der **Stabilitätsrat**, der im Zuge der Föderalismusreform an die Stelle des früheren Finanzplanungsrates getreten ist, ist ein gemeinsames Gremium des Bundes und der Länder. Ihm obliegt nach dem Haushaltsgrundsätzegesetz (HGrG) die Aufgabe, die Finanzplanungen aller Ebenen der öffentlichen Hand zu koordinieren. Um diesen gesetzlichen Auftrag erfüllen zu können, benötigt der Stabilitätsrat einen Überblick über die finanzpolitischen und ökonomischen Auswirkungen der gesamten öffentlichen Haushaltswirtschaft einschließlich der Gemeinden.

12.6 Verpflichtungsermächtigungen

Verpflichtungen zur Leistung von Auszahlungen für Investitionen in künftigen Jahren dürfen gem. § 85 grundsätzlich nur eingegangen werden, wenn der Haushaltsplan hierzu ermächtigt. Die Notwendigkeit ergibt sich grundsätzlich **bei mehrjährigen Investitionsmaßnahmen**. Langfristige Projekte erstrecken sich zeitlich über mehrere Haushaltsjahre, während andererseits der Haushaltsplan grundsätzlich nur die Auszahlungen für ein, allenfalls für zwei Jahre festsetzen kann. Die danach notwendige Aufteilung der Gesamtauszahlungen auf die verschiedenen Haushaltsjahre lässt sich kaum jemals so exakt vornehmen, dass die bereitgestellten Mittel genau zum Ende eines Haushaltsjahres verbraucht sind. Einerseits werden sich bei langsamerem Voranschreiten eines Vorhabens am Schluss des Haushaltsjahres nicht verbrauchte Auszahlungsermächtigungen ergeben, andererseits werden bei rascherem Voranschreiten die veranschlagten Mittel bereits vor Ablauf des Haushaltsjahres verbraucht sein. In dieser Situation steht die Gemeinde vor der Notwendigkeit, schon aus Gründen der Wirtschaftlichkeit und Planungssicherheit durch Erteilung weiterer Aufträge den reibungslosen Fortgang des Projektes zu sichern. Diesem Zweck dient die Verpflichtungsermächtigung. Gem. § 12 Abs. 1 KomHVO sind die Verpflichtungsermächtigungen in den **Teilfinanzplänen maßnahmenbezogen** zu veranschlagen. Dabei ist anzugeben, wie sich die Belastungen voraussichtlich auf die künftigen Jahre verteilen werden. Der Gesamtbetrag der vorgesehenen Verpflichtungsermächtigungen muss im **Gesamtfinanzplan** und in der **Haushaltssatzung** festgesetzt werden. Es kann erklärt werden, dass einzelne Verpflichtungsermächtigungen auch für andere Investitionsmaßnahmen in Anspruch genommen werden können. Der in der Haushaltssatzung festgesetzte Gesamtbetrag der Verpflichtungsermächtigungen darf jedoch nicht überschritten werden.

Sie dürfen ausnahmsweise auch überplanmäßig oder außerplanmäßig eingegangen werden, wenn sie unabweisbar sind und der in der Haushaltssatzung festgesetzte Gesamtbetrag der Verpflichtungsermächtigungen nicht überschritten wird. Die Verpflichtungsermächtigungen gelten bis zum Ende des auf das Haushaltsjahr folgenden Jahres und, wenn die Haushaltssatzung für das übernächste Jahr nicht rechtzeitig öffentlich bekannt gemacht wird, bis zum Erlass dieser Haushaltssatzung. Für konsumtive Maßnahmen ist die Veranschlagung von Verpflichtungsermächtigungen grundsätzlich nicht möglich.

Konkret sind Verpflichtungsermächtigungen, die gem. § 12 Abs. 1 KomHVO in der Regel zu Lasten der dem Haushaltsjahr folgenden drei Jahre oder in besonderen Fällen bis zum Abschluss einer Maßnahme veranschlagt werden, im Teilfinanzplan bei der einzelnen Investitionsmaßnahme gesondert auszuweisen, soweit nicht die Positionen der mittelfristigen Finanzplanung zu Verpflichtungsermächtigungen erklärt werden.

12.7 Produktorientierte Teilpläne

Anstelle der früheren Gliederung des Haushalts nach Einzelplänen, Abschnitten und Unterabschnitten sieht das NKF eine Gliederung nach produktorientierten Teilplänen vor. Die Teilpläne können nach Produktbereichen, Produktgruppen oder Produkten aufgestellt werden. Sie bestehen aus einem Teilergebnisplan und einem Teilfinanzplan. Ferner sollen Ziele und soweit möglich Kennzahlen zur Messung der Zielerreichung beschrieben werden. Das nachfolgende Muster für die Beschreibung eines Produktbereichs ist der 7. Auflage der NKF-Handreichung des Innenministeriums entnommen. Es wird noch einmal der fünfjährige Zeitraum der Finanzplanung deutlich. Das laufende Haushaltsjahr wird als Vorjahr bezeichnet. Das Planjahr wird Haushaltsjahr genannt. Es folgenden die drei weiteren Jahre des Finanzplanungszeitraums. Nachfolgendes Muster ist als Anlage zur KomHVO veröffentlicht worden (VV Muster zur GO NRW und KomHVO NRW) Runderlass des Ministeriums für Heimat, Kommunales, Bau und Gleichstellung 304 - 48.12.02/99 - 765/19, MBl. NRW. 2019 S. 652).

Haushaltsplan ...   **Fachliche Zuständigkeit:** **Frau/Herr** **Gesundheitsdienste** **Produktbereich 07**
Inhalte des Produktbereiches Beschreibung und Zielsetzung: Zielgruppe(n): Besonderheiten im Haushaltsjahr:
Produktbereichsübersicht Produktgruppen mit – den wesentlichen beschriebenen Produkten: – den einzelnen Zielen: – den Kennzahlen zur Messung der Zielerreichung: (Die Kennzahlen und ggf. die Leistungsmengen sollen nach Arten und möglichst entsprechend der Zeitreihe nach § 1 Abs. 3 KomHVO gegliedert werden.)
Personaleinsatz (Die Angaben zum eingesetzten Personal – Auszug aus der Stellenübersicht nach § 8 KomHVO – sollen nach Beschäftigungsverhältnissen gegliedert werden. Diese Abbildung kann durch Angaben in einer Zeitreihe nach § 1 Abs. 3 KomHVO ergänzt werden.)

Teilergebnisplan						
Haushalts-positionen	Vor-vorjahr	Vorjahr	**Haus-halts-jahr**	Plan-Jahr (Hj +1)	Plan-Jahr (Hj +2)	Plan-Jahr (Hj +3)
(Der Teilergebnisplan muss die in § 2 vorgegebene Mindestgliederung enthalten [vgl. Nr. 1.2.7 des Erlasses sowie Anlage 9].)						
Teilfinanzplan						
Haushalts-positionen	Vor-vorjahr	Vorjahr	**Haus-halts-jahr**	Plan-Jahr (Hj +1)	Plan-Jahr (Hj +2)	Plan-Jahr (Hj +3)
(Der Teilfinanzplan muss die in § 3 vorgegebene Mindestgliederung enthalten [vgl. Nr. 1.2.8 des Erlasses sowie Anlagen 10 A und B].)						
Bewirtschaftungsregelungen			**Für den Teilergebnisplan:** **Für den Teilfinanzplan:** Sonstiges:			
Erläuterungen zu den Haushaltspositionen			**Für den Teilergebnisplan:** **Für den Teilfinanzplan:** Sonstiges:			
Sonstige Daten über örtliche Verhältnisse						

Für die Gliederung des Teilergebnisplans und des Teilfinanzplans hat das für Kommunales zuständige Ministerium ebenfalls Muster entwickelt. Die Ertrags- und Aufwandsarten sind die gleichen wie im Gesamtergebnisplan. Die Ein- und Auszahlungsarten des Teilfinanzplans stimmen mit denen des Gesamtfinanzplans überein. Aufgrund dieser Vorgaben ist es auch ohne Einrichtung einer Kosten- und Leistungsrechnung möglich, produktorientierte Kennzahlen zu bilden, wie dies § 4 Abs. 2 KomHVO fordert.

12.8 Ziele und Kennzahlen zur Zielerreichung

Werden Teilpläne nach Produktbereichen aufgestellt, sollen dazu die **Ziele** und soweit möglich die **Kennzahlen** zur **Messung der Zielerreichung** beschrieben werden. Das gilt entsprechend auch, wenn die Teilpläne nach Produktgruppen, Produkten oder Verantwortungsbereichen aufgestellt werden. Diese Formulierung in § 4 Abs. 2 KomHVO stellt eine Abschwächung gegenüber der Regelung des § 12 der alten Gemeindehaushaltsverordnung dar, wonach für die gemeindliche Aufgabenerfüllung produktorientierte Ziele unter Berücksichtigung des einsetzbaren Ressourcenaufkommens und des voraussichtlichen Ressourcenverbrauchs festgelegt sowie **Kennzahlen** zur Zielerreichung bestimmt werden sollten. Diese Ziele und Kennzahlen sollten zur Grundlage der Gestaltung der Planung, Steuerung und Erfolgskontrolle des jährlichen Haushalts gemacht werden. Weil dieser hohe Anspruch praktisch nirgendwo erfüllt worden war, hat man sich zu dieser

Neuregelung entschieden. Sie eröffnet die Möglichkeit, sich auf Produktebene auf die **„wesentlichen Produkte“** zu beschränken. Was unter „wesentlich“ zu verstehen ist, dürfte der politischen Wertung unterliegen.

Sobald der Aufwand für ein Produkt, eine Produktgruppe oder einen Produktbereich zu Leistungsgrößen in Relation gesetzt wird, ermöglicht dies Erkenntnisse über die Wirtschaftlichkeit des Verwaltungshandels. Entsprechende Kennzahlen können z.B. der Aufwand pro Fall, der Aufwand pro Einwohner oder der Aufwandsdeckungsgrad sein. Solche Kennzahlen werden in der Praxis häufig als Standardkennzahlen für alle Produkte gebildet. Will man Ergebnisse und Wirkungen mit Kennzahlen erfassen, ist die Beschreibung der beabsichtigten Ergebnisse und Wirkungen unerlässlich. Dies wird in der Regel nur in einem von der Haushaltsberatung unabhängigen Diskussionsprozess zwischen Politik und Verwaltung geschehen können.

Zur Bewertung der ermittelten Kennzahlenwerte bedarf es Maßstäbe. Diese können sich ergeben aus

- Zielvorgaben,
- Zeitreihenvergleichen,
- interkommunalen Vergleichswerten und
- sonstigen Vergleichswerten.

Es gibt mittlerweile Kennzahlensysteme und -auswertungen, die brauchbare Vergleichswerte liefern (z.B. KGSt, GPA, IKVS, Bertelsmann Stiftung). Von den produktorientierten Kennzahlen sind die Finanzkennzahlen zur Beurteilung des Gesamthaushalts zu unterscheiden. Das seinerzeit zuständige Innenministerium hat durch Erlass vom 1.10.2008 ein Kennzahlenset festgelegt, anhand dessen die Aufsichtsbehörden die Plausibilität der von den Gemeinden vorgelegten Haushaltsunterlagen überprüfen sollen. Da der Erlass immer noch gilt, werden die zu bildenden Kennzahlen nachfolgend abgebildet.

<table>
<tr><th colspan="3">NKF-Kennzahlenset Nordrhein-Westfalen</th></tr>
<tr><th>Nr.</th><th>NKF-Kennzahlenset</th><th>Analysebereich</th></tr>
<tr><td>1.</td><td>Aufwandsdeckungsgrad</td><td rowspan="4">Haushaltswirtschaftliche Gesamtsituation</td></tr>
<tr><td>2.</td><td>Eigenkapitalquote 1</td></tr>
<tr><td>3.</td><td>Eigenkapitalquote 2</td></tr>
<tr><td>4.</td><td>Fehlbetragsquote</td></tr>
<tr><td>5.</td><td>Infrastrukturquote</td><td rowspan="4">Kennzahlen zur Vermögenslage</td></tr>
<tr><td>6.</td><td>Abschreibungsintensität</td></tr>
<tr><td>7.</td><td>Drittfinanzierungsquote</td></tr>
<tr><td>8.</td><td>Investitionsquote</td></tr>
</table>

9.	Anlagendeckungsgrad 2	Kennzahlen zur Finanzlage
10.	Dynamischer Verschuldungsgrad	
11.	Liquidität 2. Grades	
12.	Kurzfristige Verbindlichkeitsquote	
13.	Zinslastquote	
14.	Steuerquote bzw. Allg. Umlagenquote	Kennzahlen zur Ertragslage
15.	Zuwendungsquote	
16.	Personalintensität	
17.	Sach- und Dienstleistungsintensität	
18.	Transferaufwandsquote	

Quelle: Runderlass des Innenministeriums vom 01.10.2008

Will man die Finanzsteuerung des Gesamthaushalts mit der Produktsteuerung verbinden, bietet es sich an, von der Möglichkeit der **Budgetierung** gem. § 21 KomHVO Gebrauch zu machen. Produktorientierte Budgets können sodann über Finanz-, Haushalts und Qualitätskennzahlen von den Budgetverantwortlichen gesteuert werden. Auf politischer Ebene stehen dann die Fachausschüsse für die entsprechenden Budgets mit ihrer Beratungskompetenz und ihrer politischen Verantwortlichkeit zur Verfügung. Ein anderer Ansatz liegt in einer stärkeren Orientierung an **Handlungsfeldern**. Nach § 7 KomHVO NRW soll der **Vorbericht** Aussagen darüber enthalten, welche wesentlichen Ziele und **Strategien** die Kommune verfolgt und welche Änderungen gegenüber dem Vorjahr eintreten werden. In die Analyse des **Lageberichts** gem. § 49 KomHVO NRW sollen produktorientierte Ziele und Kennzahlen, soweit sie bedeutsam für das Bild der Vermögens-, Schulden-, Ertrags- und Finanzlage der Kommune sind, einbezogen und unter Bezugnahme auf die im Jahresabschluss enthaltenen Ergebnisse erläutert werden. Gleiches gilt gem. § 52 KomHVO für den Gesamtlagebericht.

Kommunale Problemstellungen orientieren sich nicht an vorgegebenen Produktkatalogen. Handlungsfelder wie beispielsweise

- demographischer Wandel,
- Wohnraumversorgung,
- Digitalisierung,
- Integration und
- klimafreundliche Mobilität

bedürfen der Planung und Steuerung. Hierfür wären im ersten Schritt strategische Ziele und dazugehörige Kennzahlen zu definieren. Erst im zweiten Schritt ist die Verknüpfung mit dem Produkthaushalt angebracht. Dabei wäre zu fragen, welchen Beitrag ausgewählte Produkte zur Erreichung dieser Ziele leisten und welche Kennzahlen sich dafür definieren lassen. Eine solche Vorgehensweise würde die Chance eröffnen, ergebnis- und wirkungsorientierte Steuerung mit dem Produkthaushalt zu verbinden.

12.9 Jahresabschluss

Die Gemeinde hat gem. § 95 Abs. 1 zum Schluss eines jeden Haushaltsjahres einen Jahresabschluss aufzustellen, in dem das Ergebnis der Haushaltswirtschaft des Haushaltsjahres nachzuweisen ist. Er muss unter Beachtung der Grundsätze ordnungsmäßiger Buchführung ein den tatsächlichen Verhältnissen entsprechendes Bild der Vermögens-, Schulden-, Ertrags- und Finanzlage der Gemeinde vermitteln und ist zu erläutern. Der Jahresabschluss besteht aus der **Ergebnisrechnung**, der **Finanzrechnung**, den **Teilrechnungen**, der **Bilanz** und dem **Anhang**. Gem. § 45 Abs. 1 KomHVO sind im Anhang zu den Posten der Bilanz die verwendeten Bilanzierungs- und Bewertungsmethoden anzugeben. Die Positionen der Ergebnisrechnung und die in der Finanzrechnung nachzuweisenden Einzahlungen und Auszahlungen aus der Investitionstätigkeit und der Finanzierungstätigkeit sind zu erläutern. Das hat so zu geschehen, dass sachverständige Dritte die Sachverhalte beurteilen können. Dem Anhang sind als Anlagen beizufügen

1. ein Anlagenspiegel,
2. ein Forderungsspiegel,
3. ein Eigenkapitalspiegel,
4. ein Verbindlichkeitenspiegel und
5. eine Übersicht über die in das folgende Jahr übertragenen Haushaltsermächtigungen.

Der Jahresabschluss mit seinen Anlagen stellt eine wichtige Informationsquelle für den Rat dar, denn ohne **Standortbestimmung** fehlt die Grundlage für eine strategische Steuerung.

12.9.1 Verfahren

Der Entwurf des Jahresabschlusses wird vom Kämmerer aufgestellt und dem Bürgermeister zur Bestätigung vorgelegt. Der Bürgermeister leitet den von ihm bestätigten Entwurf innerhalb von drei Monaten nach Ablauf des Haushaltsjahres dem Rat zur Feststellung zu. Der Rat stellt bis spätestens 31. Dezember des auf das Haushaltsjahr folgenden Jahres den vom Rechnungsprüfungsausschuss geprüften Jahresabschluss durch Beschluss fest.

Für die am Stärkungspakt Stadtfinanzen teilnehmenden Kommunen ist die Nichteinhaltung der Fristen ein Auszahlungshindernis.

Soweit der Bürgermeister von dem ihm vorgelegten Entwurf abweicht, kann der Kämmerer dazu eine Stellungnahme abgeben. Wird von diesem Recht Gebrauch gemacht, hat der Bürgermeister die Stellungnahme mit dem Entwurf dem Rat vorzulegen. Der Entwurf des Jahresabschlusses wird vom Rat an den Rechnungsprüfungsausschuss überwiesen. Der Jahresabschluss ist vom Rechnungsprüfungsausschuss dahingehend zu prüfen, ob er ein den tatsächlichen Verhältnissen entsprechendes Bild der Vermögens-, Schulden-, Ertrags- und Finanzlage der Gemeinde unter Beachtung der Grundsätze ordnungsmäßiger Buchführung ergibt. Die Prüfung des Jahresabschlusses erstreckt sich darauf, ob die gesetzlichen Vorschriften und die sie ergänzenden Satzungen und sonstigen ortsrechtlichen Bestimmungen beachtet worden sind. Bei der Prüfung bedient sich der Ausschuss der örtlichen Rechnungsprüfung, soweit eine solche besteht. Der Rechnungsprüfungsausschuss hat gem. § 59 Abs. 3 Satz 3 und 4 zu dem Ergebnis der Jahresabschlussprüfung schriftlich gegenüber dem Rat Stellung zu nehmen. Am Schluss dieses Berichts hat der Rechnungsprüfungsausschuss zu erklären, ob nach dem abschließenden Ergebnis seiner Prüfung Einwendungen zu erheben sind und ob er den vom Bürgermeister aufgestellten Jahresabschluss und Lagebericht billigt. **Die Erteilung des Bestätigungsvermerks ist nach der geänderten Systematik des 2. NKFWG Sache der örtlichen Rechnungsprüfung oder der gem. § 102 Abs. 2 mit der Prüfung Beauftragten. Diese sollen auch über wesentliche Schwächen des internen Kontrollsystems bezogen auf den Rechnungslegungsprozess berichten.** Der Bestätigungsvermerk oder der Vermerk über seine Versagung ist in den Prüfungsbericht aufzunehmen.

Die Beurteilung des Prüfungsergebnisses soll allgemeinverständlich und problemorientiert unter Berücksichtigung des Umstandes erfolgen, dass Rat und Verwaltungsvorstand den Abschluss zu verantworten haben. Auf Risiken, die die stetige Aufgabenerfüllung und die Haushaltswirtschaft der Gemeinde gefährden, ist gesondert einzugehen. In einem uneingeschränkten Bestätigungsvermerk ist zu erklären, dass die durchgeführte Prüfung zu keinen Beanstandungen geführt hat, der Jahresabschluss auf Grund der bei der Prüfung gewonnenen Erkenntnisse den gesetzlichen Vorschriften, Satzungen und sonstigen ortsrechtlichen Bestimmungen entspricht und unter Beachtung der Grundsätze ordnungsmäßiger Buchführung ein den tatsächlichen Verhältnissen entsprechendes Bild der Vermögens-, Schulden-, Ertrags- und Finanzlage der Gemeinde vermittelt. Dieser Bestätigungsvermerk kann um Hinweise ergänzt werden, die ihn nicht einschränken. Werden Beanstandungen ausgesprochen, ist der Bestätigungsvermerk einzuschränken oder zu versagen.

Der Rechnungsprüfungsausschuss bedient sich der örtlichen Rechnungsprüfung (Rechnungsprüfungsamt). Kreisfreie Städte, Große und Mittlere kreisangehörige Städte haben gem. § 101 Abs. 1 eine örtliche Rechnungsprüfung einzurichten. Große und Mittlere kreisangehörige Städte können sich durch eine öffentlich-rechtliche Vereinbarung zur Erfüllung dieser Pflicht einer anderen örtlichen Rechnungsprüfung bedienen. Gemeinden ohne örtliche Rechnungsprüfung können einen geeigneten Bediensteten als Rechnungsprüferin oder als Rechnungsprüfer bestellen oder sich eines anderen kommunalen Rechnungsprüfers oder eines Wirtschaftsprüfers oder einer Wirtschaftsprüfungsgesellschaft bedienen.

Die **Beratung im Rechnungsprüfungsausschuss** ist grundsätzlich **nicht öffentlich**; das **Ergebnis** der Beratung ist jedoch **öffentlich** zugänglich. Die frühere Aufteilung in einem allgemeinen und einen nicht-öffentlichen Berichtsband ist entfallen. Im Zuge der Feststellung des Jahresabschlusses durch den Rat, die bis zum 31. Dezember des auf das Haushaltsjahr folgenden Jahres zu erfolgen hat, entscheidet dieser über die **Entlastung des Bürgermeisters**. Der Bürgermeister ist bei dieser Entscheidung nicht stimmberechtigt, wohl aber bei der Feststellung des Jahresabschlusses.

In der Entlastung liegt die Aussage, dass die Haushaltsführung des Bürgermeisters insgesamt das Vertrauen des Rates verdient. Mit der Entlastungsentscheidung verzichtet der Rat auf die Nachholung aller bisher nicht gefassten Mitwirkungshandlungen des Rates, insbesondere solcher außer- und überplanmäßiger Aufwendungen und Auszahlungen, zu denen der Bürgermeister die Zustimmung des Rates nicht eingeholt hat. Verweigern die Ratsmitglieder die Entlastung oder sprechen sie diese nur mit Einschränkungen aus, so haben sie dafür die Gründe anzugeben. Wird die Entlastung verweigert, so hat der Bürgermeister die Möglichkeit, im Rahmen eines Kommunalverfassungsstreitverfahrens auf uneingeschränkte Entlastung vor dem Verwaltungsgericht zu klagen.

12.9.2 Inhalt

Der Jahresabschluss besteht aus der **Ergebnisrechnung**, der **Finanzrechnung**, den **Teilrechnungen**, der **Bilanz** und dem **Anhang**. Dem Jahresabschluss ist ein **Lagebericht** beizufügen, der einen Überblick über die wichtigen Ergebnisse des Jahresabschlusses und Rechenschaft über die Haushaltswirtschaft im abgelaufenen Jahr geben soll. Über Vorgänge von besonderer Bedeutung, auch solcher, die nach Schluss des Haushaltsjahres eingetreten sind, ist zu berichten. Außerdem hat der Lagebericht eine ausgewogene und umfassende, dem Umfang der gemeindlichen Aufgabenerfüllung entsprechende Analyse der Haushaltswirtschaft und der Vermögens-, Schulden-, Ertrags- und Finanzlage der Gemeinde zu enthalten. In die Analyse sollen die produktorientierten Ziele und Kennzahlen, soweit sie bedeutsam für das Bild der Vermögens-, Schulden-, Ertrags- und Finanzlage der Gemeinde sind, einbezogen und unter Bezugnahme auf die im Jahresabschluss enthaltenen Ergebnisse erläutert werden. Auch ist auf die Chancen und Risiken für die künftige Entwicklung der Gemeinde einzugehen; zu Grunde liegende Annahmen sind anzugeben. Wichtiger Bestandteil des Jahresabschlusses ist die Bilanz.

Die Bilanz hat sämtliche Vermögensgegenstände als Anlage- oder Umlaufvermögen, das Eigenkapital und die Schulden sowie die Rechnungsabgrenzungsposten zu enthalten und ist entsprechend den Vorschriften des § 42 der KomHVO zu gliedern. Eine vereinfachte Darstellung enthält die NKF-Handreichung (7. Auflage) des seinerzeitigen Innenministers. Auch bei der Bilanz ergibt sich der Erkenntniswert vor allem aus der vergleichenden Betrachtung. Sobald ein Gesamtabschluss unter Einbeziehung der kommunalen Beteiligungen und Betriebe erstellt ist, dürfte auch ein analytischer Vergleich der beiden Bilanzen im Hinblick auf ausgewählte Bilanzkennzahlen von Interesse sein.

Auf der linken Seite wird das Vermögen (nicht zu verwechseln mit dem Eigenkapital!) der Gemeinde dargestellt. Die bedeutsamsten Positionen sind hier die Sachanlagen und die Finanzanlagen. Zu den **Sachanlagen** gehören u. a. die unbebauten Grundstücke, die bebauten Grundstücke (z. B. Kindertagesstätten, Schulen, Sportgebäude, Verwaltungsgebäude), das Infrastrukturvermögen, das Straßennetz sowie die Entwässerungs- und Abwasserbeseitigungsanlagen.

Zu den **Finanzanlagen** gehören die Anteile an **verbundenen Unternehmen**[14],die **Beteiligungen**[15], das **Sondervermögen**[16] sowie Wertpapiere des Anlagevermögens. Bei interkommunalen Vergleichen muss man also genau darauf achten, wo das Vermögen angesiedelt ist.

Wenn z. B. die Abwasserbeseitigung in einem Eigenbetrieb organisiert ist und die Kanäle und die Kläranlage zum Vermögen des Eigenbetriebs gehören, sind die Sachanlagen der Gemeinde entsprechend niedriger, dafür aber die Finanzanlagen höher. Das wirkt sich auch auf den Ergebnisplan aus, weil dort auch die Finanzerträge (und –aufwendungen) gesondert ausgewiesen werden. Erst das ordentliche und das Finanzergebnis zusammen ergeben das Ergebnis der laufenden Verwaltungstätigkeit.

Auf der rechten Seite der Bilanz finden sich die Verbindlichkeiten und die Rückstellungen (nicht zu verwechseln mit den Rücklagen). Unter den Verbindlichkeiten finden sich sämtliche Schulden der Gemeinde. Die Rückstellungen bestehen im Wesentlichen aus den Rückstellungen für künftige Pensionsverpflichtungen ge-

[14]) Von einem verbundenen Unternehmen spricht man, wenn das Unternehmen unter einheitlicher Leitung der Kommune steht oder die Kommune auf andere Weise einen beherrschenden Einfluss auf das Unternehmen hat.

[15]) Beteiligungen sind sonstige Unternehmensanteile, die die Kommune nicht nur kurzfristig hält.

[16]) Zum Sondervermögen gehören vor allem die rechtlich unselbständigen Unternehmen und Einrichtungen wie z. B. die Eigenbetriebe und die eigenbetriebsähnlichen Einrichtungen.

genüber den Beamtinnen und den Beamten. Rückstellungen wirken sich bilanziell also genauso aus wie Kredite, die die Gemeinde aufnimmt. Das findet seine Rechtfertigung darin, dass auch bei Pensionsrückstellungen der Anspruch bereits dem Grunde nach vorhanden ist, die Fälligkeit jedoch zu einem späteren Zeitpunkt eintritt.

Die Differenz zwischen dem auf der linken Seite (Aktiva) dargestellten Vermögen und den auf der rechten Seite nachgewiesenen Verbindlichkeiten und Rückstellungen (Passiva) ergibt das Eigenkapital, das in der Bilanz ebenfalls rechts ausgewiesen ist. In der Summe muss auf der rechten Seite die gleiche Zahl stehen wie auf der linken Seite. Sind die Verbindlichkeiten zusammen mit den Rückstellungen höher als das Vermögen, ist die Gemeinde gem. § 75 Abs. 7 überschuldet. Der Betrag ist als letzte Position auf der linken Seite unter der Bezeichnung „Nicht durch Eigenkapital gedeckter Fehlbetrag“ auszuweisen. Dadurch wird wiederum erreicht, dass auf der Aktivseite in der Summe der gleiche Betrag steht wie auf der Passivseite. Es ist ratsam, die **Entwicklung des Eigenkapitals** sorgsam im Blick zu behalten, wobei an dieser Stelle daran zu erinnern ist, dass auch der fiktive Haushaltsausgleich durch eine Reduzierung der sog. Ausgleichsrücklage zu einer Verminderung des Eigenkapitals führt.

Gliederungsschema für die Eröffnungsbilanz	
Aktiva	**Passiva**
1. Anlagevermögen 1.1 Immaterielle Vermögensgegenstände 1.2 Sachanlagen 1.3 Finanzanlagen 2. Umlaufvermögen 2.1 Vorräte 2.2 Forderungen und sonstige Vermögensgegenstände 2.3 Wertpapiere des Umlaufvermögens 2.4 Liquide Mittel 3. Aktive Rechnungsabgrenzung	1. Eigenkapital 1.1 Allgemeine Rücklage 1.2 Sonderrücklagen 1.3 Ausgleichsrücklage 1.4 Jahresüberschuss/Jahresfehlbetrag 2. Sonderposten 3. Rückstellungen 4. Verbindlichkeiten 5. Passive Rechnungsabgrenzung

Quelle: NKF-Handreichung des Innenministeriums, 7. Auflage, S. 1169

Dieses Schema gilt natürlich auch für alle späteren kommunalen Bilanzen.

12.10 Gesamtabschluss

Die Gemeinden hatten spätestens zum Stichtag 31.12.2010 den ersten Gesamtabschluss unter Einbeziehung des rechtlich selbständigen Beteiligungsvermögens aufzustellen. Die Pflicht zur Aufstellung eines Gesamtabschlusses knüpfte entsprechend den handelsrechtlichen Regeln an das Bestehen eines „Mutter-Tochter-Verhältnisses“ an. Das wurde gem. § 50 Abs. 2 GemHVO dann angenommen, wenn eine Gemeinde die Beherrschungsmöglichkeit bzw. die einheitliche Leitung über mindestens einen verselbständigten Aufgabenbereich innehat. Auch beim Gesamtabschluss hinken viele Kommunen der gesetzlichen Frist hinterher. Die Verpflichtung zur Aufstellung eines Gesamtabschlusses ist die logische Konsequenz aus der Einführung des NKF, das dem kaufmännischen Rechnungswesen nachgebildet ist. Die Notwendigkeit ergibt sich aus der Tatsache, dass der organisationspolitische Trend der vergangenen Jahre eindeutig von der Zielsetzung geprägt war, viele Dienstleistungen aus der Kernverwaltung auszugliedern. Das Wesen des Gesamtabschlusses liegt wie beim handelsrechtlichen Konzernabschluss in der konsolidierten Darstellung der Vermögens-, Schulden-, Ertrags- und Finanzgesamtlage der Gemeinde unter Einschluss der rechtlich verselbständigten Aufgabenbereiche. Konsolidierung bedeutet, dass die Binnenumsätze herausgerechnet werden, um ein zutreffendes Gesamtbild zu erstellen. So soll vor allem unter den Gesichtspunkten der demokratisch legitimierten Kontrolle und Steuerung ein Höchstmaß an Transparenz hergestellt werden. Neben dem Gesamtabschluss soll dazu auch der Beteiligungsbericht nach § 117 dienen.

Dem Gesamtabschluss steht anders als beim Jahresabschluss kein Planwerk gegenüber. Eine Gesamtplanung jenseits der rechtlichen Vorgaben kann jedoch an die Ergebnisse des Gesamtabschlusses anknüpfen, wenn ein solcher zeitnah erstellt wird. Bei der Analyse der Gesamtbilanz müsste der Fokus vor allem auf Aspekte zu richten sein, die den Einzelabschlüssen direkt nicht zu entnehmen sind. Die Entwicklung spezifischer Kennzahlen sollte dies berücksichtigen.

Mit der Bestätigung des Gesamtabschlusses durch den Rat erfolgt auch die Entscheidung über die Entlastung des Bürgermeisters. Diese bezieht sich nicht auf den Kernhaushalt der Gemeinde. Vielmehr geht es bei dieser Entlastung ausschließlich um das Verhältnis der Kernverwaltung zu den gemeindlichen Betrieben und Beteiligungen. In Analogie zum Konzernbilanzrecht des HGB gibt es seit dem 1. Januar 2019 die **Möglichkeit größenabhängiger Befreiungen.** Die Inanspruchnahme der Möglichkeit der größenabhängigen Befreiung setzt einen Beschluss des Rates voraus. Eine Gemeinde ist von der Pflicht einen Gesamtabschluss und einen Gesamtlagebericht aufzustellen, befreit, wenn am Abschlussstichtag ihres Jahresabschlusses und am vorhergehenden Abschlussstichtag mindestens zwei von drei im Gesetzestext aufgeführten Tatbestände zutreffen. Wenn eine Gemeinde von der größenabhängigen Befreiung. Gebrauch macht, ist ein Beteiligungsbericht gem. § 117 GO zu erstellen.

12.11 Stärkungspakt Stadtfinanzen

Mit dem am 1. Dezember 2011 in Kraft getretenen nordrhein-westfälischen Gesetz zur Unterstützung der kommunalen Haushaltskonsolidierung im Rahmen des Stärkungspakts Stadtfinanzen (Stärkungspaktgesetz) verfolgt der Gesetzgeber das Ziel, den Gemeinden in einer besonders schwierigen Haushaltssituation den nachhaltigen Haushaltsausgleich zu ermöglichen, wie es in § 1 des Gesetzes heißt. Nach dem Gesetz das Land NRW in den Jahren 2011 bis 2020 zusätzlich jeweils 350.000.000 EUR pro Jahr bereit, um den Gemeinden in einer besonders schwierigen Haushaltssituation den nachhaltigen Haushaltsausgleich zu ermöglichen. Für überschuldete oder von Überschuldung bedrohte Kommunen stehen unter Einbeziehung von sog. Komplementärmitteln die von den Kommunen aufgebracht werden, deren Finanzkraft größer als der rechnerische Bedarf ist (Solidaritätsumlage), insgesamt Konsolidierungshilfen in einem Gesamtumfang von 5,85 Milliarden EUR in dem Zeitraum von 2011 bis 2020 zur Verfügung. Insgesamt erhalten 61 Kommunen zusätzliche Finanzmittel. Im Gegenzug müssen die teilnehmenden Kommunen einen Haushaltssanierungsplan aufstellen, in dem schrittweise der Haushaltsausgleich bis zum Jahr 2021 nachgewiesen wird. Der Kreis der am Stärkungspakt teilnehmenden Kommunen wurde ab 2017 um drei Kommunen auf deren Antrag hin erweitert. Spätestens ab 2023 müssen diese Kommunen einen Haushaltsausgleich ohne die Konsolidierungshilfe des Landes erzielen. Es ist zu erwarten, dass hier wegen der Haushaltsbelastungen durch die Corona-Pandemie neue Regelungen greifen werden .

Der Haushaltssanierungsplan ist jährlich fortzuschreiben und der Bezirksregierung spätestens am 1. Dezember vor Beginn des Haushaltsjahres zur Genehmigung vorzulegen. Der genehmigte Haushaltssanierungsplan tritt an die Stelle Haushaltssicherungskonzepts. Die Einhaltung des Haushaltssanierungsplans wird von der Bezirksregierung überwacht. Die Bürgermeister der teilnehmenden Gemeinden sind verpflichtet, der örtlich zuständigen Bezirksregierung jährlich mit der Haushaltssatzung mit ihren Anlagen spätestens einen Monat vor Beginn des Haushaltsjahres, im laufenden Haushaltsjahr zum 30. Juni und zum 15. April des Folgejahres mit dem bestätigten Jahresabschluss jeweils einen Bericht zum Stand der Umsetzung des Haushaltssanierungsplans vorzulegen. Auch nach Auslaufen der Hilfen des Stärkungspaktgesetzes bleibt für viele Kommunen das Problem angehäufter Kassenkredite. Ob es hier zu einer **Schuldenhilfe des Bundes** kommen wird, ist noch ungewiss. Wegen der Corona-Pandemie ist eine Schutzschirm für die Kommunen im Gespräch, die besonders von Altschulden belastet sind.

13. Kommunalaufsicht

Artikel 78 Abs. 4 Landesverfassung NW räumt dem Land das Recht ein, die Gemeinden zu überwachen. Darüber hinaus hat die Kommunalaufsicht gem. § 11 die Gemeinden in ihren Rechten zu schützen und die Erfüllung ihrer Pflichten zu sichern. Beide Regelungen sind Folge der Stellung der Gemeinden im Staatsaufbau. Sie sollen sicherstellen, dass die Gemeinden im Interesse des öffentlichen Wohls handeln und andererseits der verfassungsrechtlichen Gewährleistung der kommunalen Selbstverwaltung Rechnung tragen. Primäre Zielrichtung der Kommunalaufsicht dürfte dabei der Schutz der Gemeinde in ihren Rechten sein, was auch heißt, dass Kommunalaufsicht nicht zur Bevormundung ausarten darf. Die Kommunalaufsicht ist insofern zum gemeindefreundlichen Verhalten verpflichtet. Im Rahmen der Kommunalaufsicht ist zwischen der **allgemeinen Aufsicht** und der Aufsicht in Angelegenheiten des Staates, die den Gemeinden lediglich zur Erfüllung nach Weisung übertragen werden, zu unterscheiden. Man spricht insofern von allgemeiner Aufsicht und Sonderaufsicht. Die allgemeine Aufsicht (§ 119 Abs. 1) ist eine reine **Rechtsaufsicht**. Die Aufsichtsbehörden haben nur darüber zu wachen, dass die Gemeinden ihre Aufgaben rechtmäßig erfüllen. Diese Aufsicht gilt gegenüber allen Aufgabenarten; umgekehrt unterliegt die Gemeinde bei Selbstverwaltungsaufgaben nur der allgemeinen Aufsicht. Die **Sonderaufsicht** (§ 119 Abs. 2) geht bei **Pflichtaufgaben zur Erfüllung nach Weisung** über die reine Rechtsaufsicht hinaus. Die Aufsicht ist nicht nur auf eine reine Rechtmäßigkeitskontrolle beschränkt, sondern kann auch Weisungen zur zweckmäßigen Erfüllung der übertragenen Aufgabe erteilen. Der Umfang der Weisung richtet sich bei dieser Sonderaufsicht nach dem Gesetz, welches den Gemeinden die Aufgabenerfüllung überträgt.

Als Beispiel können § 9 Abs. 2 und 3 OBG gelten. Danach ist zum Beispiel die Sonderaufsicht befugt, eine allgemeine Weisung zur gleichmäßigen Erfüllung einer ordnungsbehördlichen Aufgabe zu erteilen. Zu den Aufgaben der Ordnungsbehörden gehören sowohl die Abwehr von Gefahren, durch die die öffentliche Sicherheit oder Ordnung bedroht wird (Gefahrenabwehr), als auch andere Aufgaben, die ihnen durch Gesetz oder Verordnung übertragen sind. Beide Aufgabenbereiche werden zusammenfassend ordnungsbehördliche Aufgaben genannt. Nicht mehr von der Sonderaufsicht gedeckt wäre aber das Ersuchen z. B. eines Kreises gegenüber einer kreisangehörigen Gemeinde, alle Vorgänge des Ordnungsamtes inhaltlich zu prüfen.

Ein umfassendes staatliches Weisungsrecht besteht bei Auftragsangelegenheiten. Bei diesen Aufgaben überwacht der Staat ohne Einschränkung die Recht- und Zweckmäßigkeit des kommunalen Handelns. Man spricht in diesem Zusammenhang auch von **Fachaufsicht**, weil die Gemeinden hier staatliche Aufgaben wahrnehmen. Sie unterliegen in fachlicher Hinsicht den gleichen Beschränkungen ihrer Handlungsfreiheit wie nachgeordnete Landesbehörden. Aufsichtsbehörden der allgemeinen Kommunalaufsicht sind für die kreisangehörigen Gemeinden der Landrat als untere staatliche Verwaltungsbehörde, bei kreisfreien Städten und Kreisen die Bezirksregierung. Die Bezirksregierung ist darüber hinaus obere Aufsichtsbehörde bei kreisangehörigen Gemeinden. Das für Kommunales zuständige Ministerium ist Aufsichtsbehörde für die Landschaftsverbände, den Regionalverband Ruhr und den Landesverband Lippe. Es ist obere Aufsichtsbehörde für die kreisfreien Städte und Kreise/die Städteregion Aachen sowie oberste Aufsichtsbehörde über die kreisangehörigen Gemeinden.

Die obere oder die oberste Aufsichtsbehörde ist nicht berechtigt, deren Aufgabe zu übernehmen oder gegenüber der Gemeinde an deren Stelle zu handeln. Das ist z. B. für Fraktionen von Bedeutung, die ein Einschreiten der Kommunalaufsicht erwirken wollen.

Die obere Aufsichtsbehörde hat aber das Recht, sich umfassend über das Handeln der nachgeordneten Aufsichtsbehörde zu informieren. Maßnahmen der Rechtsaufsicht können von der betroffenen Gemeinde unmittelbar mit einer Klage im Verwaltungsstreitverfahren angefochten werden. Das Urteil des Gerichts ist für die Rechtsaufsichtsbehörde verbindlich. Der Bürger hat keinen Anspruch auf ein entsprechendes Einschreiten der Kommunalaufsichtsbehörden. Die §§ 121 ff. dienen ausschließlich dem öffentlichen Interesse und verfolgen keinen Individualschutz.

Notwendiger Bestandteil des gegliederten Aufsichtssystems ist die Verpflichtung, den Dienstweg einzuhalten. Die Einhaltung des Dienstweges ist dabei keine Einbahnstraße, sondern auch von den Aufsichtsbehörden zu beachten. Die Einhaltung des Dienstweges beinhaltet auch, dass z.B. die Bezirksregierung nicht den Landrat aufgrund entsprechender Initiative von Ratsmitgliedern anweisen kann, ein bestimmtes Verhalten der Gemeinde zu beanstanden. Diese Entscheidung obliegt vielmehr zunächst dem Landrat als zuständige Aufsichtsbehörde.

13.1 Allgemeine Kommunalaufsicht

Bei den Maßnahmen der allgemeinen Kommunalaufsicht wird zwischen **präventiver** (vorbeugender) und **repressiver** (nachträglicher) Kontrolle durch die Aufsichtsbehörden unterschieden. Unter die präventive Aufsicht fallen **Genehmigungsvorbehalte**, **Beratung** und das **Unterrichtungsrecht**, wobei letzteres auch der nachträglichen Kontrolle dient. Zur **repressiven Kontrolle** gehören das **Beanstandungs- und Aufhebungsrecht**, das **Anordnungsrecht** und die **Ersatzvornahme**, die **Bestellung eines Beauftragten** (Staatskommissars) sowie die **Auflösung des Rates**. Maßnahmen der allgemeinen Kommunalaufsicht nach

§§ 119-125 kann die Gemeinde unmittelbar, d. h. ohne Vorverfahren (vgl. § 126) vor den Verwaltungsgerichten anfechten. Aufsichtsmaßnahmen der allgemeinen Kommunalaufsicht sind Verwaltungsakte nach § 35 VwVfG NW. Soweit die Aufsichtsmaßnahmen rechtswidrig sind, verletzten sie die Gemeinde in ihrem grundgesetzlich geschützten Selbstverwaltungsrecht. Die Klagebefugnis liegt (ausschließlich) bei der Gemeinde, da nur diese Trägerin des Selbstverwaltungsrechtes ist. Klägerin im Streitverfahren ist damit grundsätzlich die Gemeinde, vertreten durch den Bürgermeister. Gem. § 125 können Maßnahmen der Aufsichtsbehörden unmittelbar, d. h. ohne eine ein vorgeschaltetes Widerspruchsverfahren, mit einer Klage beim Verwaltungsgericht angefochten werden.

Für die allgemeine Kommunalaufsicht gelten allgemeine Grundsätze, die unbeschadet der unterschiedlichen Handlungsmöglichkeiten von der Aufsichtsbehörde zu beachten sind. So darf die Kommunalaufsicht nur im öffentlichen Interesse, nicht jedoch zur Durchsetzung privater Interessen tätig werden. Wendet sich z.B. ein Bürger an die Kommunalaufsicht, um ein bestimmtes Verwaltungshandeln zu erzwingen, so darf diese grundsätzlich nicht tätig werden. Sie hat den Bürger auf den Rechtsweg zu verweisen. Allerdings wird die Aufsichtsbehörde regelmäßig den Antrag zum Anlass nehmen, eine Rechtsprüfung der beantragten Angelegenheit vorzunehmen und bei Feststellung der Rechtswidrigkeit von den Aufsichtsmaßnahmen Gebrauch machen. Die kommunalaufsichtliche Maßnahme ist dabei nicht dadurch ausgeschlossen, dass auch private Belange eine Rolle spielen. Es gibt keine Subsidiarität der Kommunalaufsicht gegenüber Privatklagen eines Dritten. Von daher kann sich das Einschreiten der Kommunalaufsicht de facto zugunsten eines privaten Dritten auswirken. Allerdings besteht kein Rechtsanspruch dieses Dritten auf die Durchführung einer bestimmten kommunalaufsichtlichen Maßnahme. Das Einschreiten der allgemeinen Aufsicht unterliegt dem Opportunitätsprinzip. Die Aufsichtsbehörde entscheidet demnach nach pflichtgemäßem Ermessen, ob sie tätig wird und welches der ihr zur Verfügung stehenden Aufsichtsmittel sie ergreift. Die Ausübung des pflichtgemäßen **Ermessens** hat sich dabei am allgemeinen **Übermaßverbot** zu orientieren, d.h. jede Maßnahme muss geeignet, erforderlich und verhältnismäßig sein. Geeignet ist sie nur dann, wenn der beabsichtigte Erfolg wahrscheinlich ist. Erforderlich ist die Maßnahme dann, wenn im Hinblick auf den Grundrechtseingriff kein milderes Mittel zur Verfügung steht (nicht mit Kanonen auf Spatzen schießen). Verhältnismäßig ist die Maßnahme, wenn sie in einem angemessenen Verhältnis zum beabsichtigten Erfolg steht. Kein Maßstab der Kommunalaufsicht dürfen politische Erwägungen sein. Auf diese Frage wird bei den einzelnen Maßnahmen noch weiter eingegangen. Im Folgenden werden die verschiedenen Aufsichtsmittel näher erläutert.

13.1.1 Genehmigungsvorbehalt

Die Gemeindeordnung und andere Gesetze sehen für bestimmte gemeindliche Tätigkeiten ein Mitwirkungsrecht der Kommunalaufsicht vor. Diese Mitwirkungsrechte sind die Befreiung von gesetzlichen Verboten (z.B. § 87 Abs. 1 Sicherheitsgewährung zugunsten Dritter; § 85 Abs. 3 Kredite, deren Aufnahme nach § 19 des Gesetzes zur Förderung der Stabilität und des Wachstums beschränkt worden ist), Anzeige, Berichts- und Vorlagepflicht (§ 115 Abs. 1 Anzeige bei Wirtschaftsunternehmen), Widerspruchsrecht und Genehmigungsvorbehalt (§ 2 Abs. 2 KAG). Ein relativ neues Beispiel ist die **Genehmigungspflicht des Haushaltssanierungsplans** nach § 6 Abs. 2 Stärkungspaktgesetz. Auch das Haushaltsicherungskonzept ist gem. § 76 Abs. 2 genehmigungspflichtig, während die Haushaltssatzung gem. § 80 Abs. 5 lediglich der Anzeigepflicht unterliegt. Der Genehmigungsvorbehalt als stärkster Eingriff in die Selbstverwaltung besteht nur dann, wenn eine Rechtsnorm bestimmt, dass eine Entscheidung der Gemeinde als Wirksamkeitsvoraussetzung der Genehmigung der Kommunalaufsicht bedarf. Soweit eine ausdrückliche gesetzliche Bestimmung fehlt, kann die Aufsichtsbehörde ein solches Recht nicht für sich reklamieren, da ansonsten das Selbstverwaltungsrecht negiert würde.

13.1.2 Beratung

Obwohl in der Gemeindeordnung nicht ausdrücklich vorgesehen, trifft die Kommunalaufsicht eine **Beratungspflicht** gegenüber den Gemeinden. Diese lässt sich aus der Schutzfunktion (§ 11) der Aufsicht ableiten. Die Gemeinden haben dadurch die Möglichkeit, Rechtsfehler im Vorfeld zu vermeiden. Insofern kann die Beratung zu Recht als das Kernstück der Kommunalaufsicht bezeichnet werden. Andererseits kann eine starke Bindung an die Aufsichtsbehörde zu einem „Hineinregieren" in gemeindliche Selbstverwaltungsentscheidungen durch die Aufsichtsbehörde führen. Von daher ist nicht bei jeder „Kleinigkeit" die Aufsichtsbehörde einzuschalten. Dies sollte auch die Kommunalpolitik beachten, wenn bei einem Konflikt mit der Verwaltung der Ruf nach der Kommunalaufsicht laut wird. Es kann nicht jedes Problem auf die Aufsichtsbehörde verlagert werden, da von gemeindlicher Selbstverwaltung ansonsten nur noch schwerlich geredet werden kann. Die Verlagerung von an sich vor Ort zu treffenden Entscheidungen auf die Kommunalaufsicht stellt in der Regel keine Lösung dar. Es sollte daher darauf geachtet werden, dass die Beratung nicht durch die Aufsichtsbehörde aufgedrängt wird, sondern die Initiative von der Gemeinde ausgeht. Ziel der Beratung sollte immer die Vermeidung von förmlichen Mitteln der Kommunalaufsicht sein. Dies bedeutet selbstverständlich nicht, dass die Gemeinde dem Rat der Kommunalaufsicht in jedem Fall folgen muss. Ist man von der Richtigkeit der eigenen Rechtsauffassung überzeugt, sollte diese auch durchgesetzt werden. Eine Form der Beratung ist z. B. die Hauptverwaltungsbeamtenkonferenz beim Kreis. Es besteht allerdings keine Pflicht zur Teilnahme. Der Landrat kann keinen Hauptverwaltungsbeamten zur Teilnahme

„zitieren". Aufgrund der starken parteipolitischen Polarisierung bietet sich die Beratung insbesondere als Schlichtungs- und Schiedsrichterfunktion bei kommunalverfassungsrechtlichen Auseinandersetzungen zwischen Rat und Bürgermeister, Fraktion und Rat, oder Fraktion und Bürgermeister etc. über Verfahrens- und Geschäftsordnungsfragen bzw. Kompetenzabgrenzungen. Es ist dabei zu beachten, dass Ansprechpartner der Kommunalaufsicht grundsätzlich der Hauptverwaltungsbeamte ist, also **keine Fraktionsberatung durch die Kommunalaufsicht** erfolgt. Auf den Dienstweg ist zu achten. D. h., auch Mitarbeiterinnen oder Mitarbeiter der Gemeindeverwaltung können sich in der Regel nicht direkt an die Kommunalaufsicht wenden. Bedenken gegen die Rechtmäßigkeit dienstlicher Anordnungen sind unverzüglich bei dem oder der unmittelbaren Vorgesetzten geltend zu machen. Das beamtenrechtliche Remonstrationsrecht setzt hier enge Grenzen.

13.1.3 Unterrichtung

Gemäß § 121 kann sich die Aufsichtsbehörde über Angelegenheiten der Gemeinde unterrichten. Dieses Unterrichtungsrecht ist von den besonders geregelten Anzeige- oder Vorlagepflichten zu unterscheiden (z.B. Anzeigepflicht der Haushaltssatzung gem. § 80 Abs. 5). Das Unterrichtungsrecht dient sowohl der vorbeugenden wie der nachträglichen Kontrolle. Das **Informationsrecht ist umfassend**. Die Aufsichtsbehörde ist jederzeit befugt z.B. Aktenvorlage, schriftliche und mündliche Berichte oder die Übersendung von Beschlüssen und Niederschriften zu verlangen. Adressat ist der Bürgermeister. Das Informationsrecht beinhaltet auch das **Teilnahmerecht an Rats- und Ausschusssitzungen** einschließlich des nichtöffentlichen Teils. Vom Informationsrecht ist jedoch nur die Teilnahme als Zuhörer gedeckt. Ein Befragungsrecht steht der Kommunalaufsicht nicht zu. Das Unterrichtungsrecht darf nicht in eine generelle Vorlagepflicht ausgedehnt werden. Dies hätte etwa zur Folge, dass die Gemeinde aufgefordert wird, alle Beschlüsse, Rats- und Ausschussvorlagen etc. vorab der Aufsichtsbehörde vorzulegen. Eine solche Vorgehensweise wäre unzulässig. Vielmehr hat die Aufsichtsbehörde Zurückhaltung zu üben und den **Verhältnismäßigkeitsgrundsatz** zu wahren. Ein Tätigwerden ist erst bei Anhaltspunkten für eine bevorstehende oder erfolgte Rechtsverletzung im Einzelfall gerechtfertigt. Als Folge der Unterrichtung kann die Aufsichtsbehörde Empfehlungen aussprechen, darf jedoch keine Weisungen erteilen. Dazu bedarf es eines förmlichen Aufsichtsmittels mit einer ausdrücklichen gesetzlichen Ermächtigungsgrundlage. Hieraus folgt, dass z. B. der Rat bereits vor einer Prüfung durch die Aufsichtsbehörde Beschlüsse fassen darf.

13.1.4 Beanstandungs- und Aufhebungsrecht

Gemäß § 54 Abs. 2 und 3 ist der Bürgermeister verpflichtet, **rechtswidrige** Rats- und Ausschussbeschlüsse zu beanstanden. Ihm steht insoweit **kein Ermessen** zu. Im Unterschied dazu **kann** die Aufsichtsbehörde rechtswidrige Beschlüsse beanstanden und aufheben. Ihr steht ein Ermessensspielraum nach den Grundsätzen des Opportunitätsprinzips zu. Dieses Ermessen hat sich in der Art und Weise der Anwendung an der Schwere und den Auswirkungen des Rechtsverstoßes zu orientieren. Politische Erwägungen dürfen keine Rolle spielen.

§ 122 Abs. 1 räumt der Aufsichtsbehörde das Recht ein, den Bürgermeister anzuweisen, Beschlüsse des Rates und der Ausschüsse, die das geltende Recht verletzen, zu beanstanden. Hiermit sind die Fälle gemeint, in denen eine Beanstandung durch den Bürgermeister unterblieben ist. Zu den Beschlüssen i. S. d. § 122 gehören auch Losentscheidungen und Wahlen. Wird der Bürgermeister von der Aufsichtsbehörde angewiesen, so ist er verpflichtet, der Anweisung nachzukommen. Ihm steht **kein Klagerecht gegen die Weisung** zu. Der Rat hat dann die Möglichkeit, den beanstandeten Beschluss aufzuheben oder zu bestätigen. Im Fall der Bestätigung kann die Aufsichtsbehörde nach pflichtgemäßem Ermessen entscheiden, ob sie den Ratsbeschluss aufheben will. Danach steht es ihr auch frei, den beanstandeten Ratsbeschluss aufgrund neuer Erkenntnisse nicht aufzuheben. Ein bestätigender Ratsbeschluss kann aufgehoben werden. Adressat der Aufhebungsverfügung eines erfolglos beanstandeten Ratsbeschlusses ist die Gemeinde. Nur diese ist nunmehr klagebefugt. Die Aufsichtsbehörde kann auch solche Beschlüsse aufheben, die dem beanstandeten Ratsbeschluss vom Inhalt her gleichen. Einer vorherigen Beanstandung bedarf es in diesen Fällen nicht. Kommt der Bürgermeister der Beanstandungsverfügung nicht nach, z. B. dadurch, dass er die Angelegenheit nicht auf die Tagesordnung setzt, kann die Aufsichtsbehörde nach § 123 vorgehen und die Einberufung des Rates mit dem entsprechenden Tagesordnungspunkt verlangen.

§ 122 Abs. 2 regelt den Fall, dass Anordnungen des Bürgermeisters das geltende Recht verletzen. Für das Verfahren kann auf das oben Gesagte verwiesen werden.

13.1.5 Anordnung und Ersatzvornahme

Das in § 123 geregelte **Anordnungsrecht** ist das Mittel zur **Reaktion auf pflichtwidriges kommunales Unterlassen**. Hierzu zählt zum einen die nicht rechtmäßige Wahrnehmung von gemeindlichen Aufgaben, zum anderen aber auch innerorganisatorische Pflichtverstöße, wie etwa die Nichtbildung von Pflichtausschüssen. Zivilrechtliche Verpflichtungen der Gemeinde sind allerdings nicht mit den Mitteln der Kommunalaufsicht, sondern auf dem ordentlichen Rechtsweg durchzusetzen. Soweit eine Konkurrenz zwischen den §§ 122 und 123 auftritt, ist vorrangig vom § 122 Gebrauch zu machen. Dies gilt etwa für die Fälle, in denen die Gemeinde einer gesetzlichen Pflicht zwar grundsätzlich, im Detail jedoch nicht ordnungsgemäß nachgekommen ist. Die Aufsichtsbehörde hat in diesen Fällen zunächst eine Beanstandung auszusprechen. Nur für den Fall, dass die Gemeinde weiterhin bei der rechtswidrigen Maßnahme verbleibt, kommt ein Anordnungsrecht ggf. die Ersatzvornahme in Betracht. Ersatzvornahme bedeutet, dass die Aufsichtsbehörde an Stelle der Gemeinde rechtsverbindlich tätig wird, allerdings immer nur für eine bestimmte Maßnahme. Im Falle der fortlaufenden pflichtwidrigen Untätigkeit, insbesondere, wenn die Gemeinde innerhalb der gesetzten Frist einer Anordnung nach Abs. 1 nicht nachkommt, kann die Aufsichtsbehörde nach § 123 Abs. 2 das Notwendige selbst auf Kosten der Gemeinde veranlassen oder auf andere übertragen. Die Aufsichtsbehörde ist hierdurch befugt, jede erforderliche rechtserhebliche Erklärung für die Gemeinde abzugeben, sowie jedes Recht der Gemeinde auf dem Gebiet des öffentlichen wie des privaten Rechts mit voller Rechtswirksamkeit für die Gemeinde und für Dritte auszuüben. Gesetzlich erforderliche Genehmigungen durch die Aufsichtsbehörde gelten in diesen Fällen als erteilt. Die Ersatzvornahme ersetzt das Handeln der Gemeinde als Ganzes, nicht das eines Organs.

13.1.6 Kommissarbestellung (Bestellung eines Beauftragten)

Einen gravierenden Eingriff in das Selbstverwaltungsrecht enthält § 124. Das für Kommunales zuständige Ministerium ist danach berechtigt, einen Beauftragten **(Staatskommissar)** zu bestellen, der einzelne oder alle Aufgaben der Gemeinde auf ihre Kosten wahrnimmt. Dieses Aufsichtsmittel ist nachrangig im Verhältnis zu den §§ 121 bis 123. Die Bestellung kommt also nur in Betracht, wenn andere Aufsichtsmittel nicht zum Ziel führen. Allerdings brauchen die Mittel der §§ 122 und 123 nicht zuvor auch wirklich angewandt worden zu sein. Entscheidend ist die abwägende Prüfung der Erfolgsaussichten der Anwendung der Mittel. Sie kann nur in Ausnahmefällen Anwendung finden und nur so lange, bis die Aufgabe erledigt oder der Notstand beseitigt ist. Der Beauftragte ist während seiner Tätigkeit Gemeindeorgan. Der Beauftragte kann immer nur die Aufgabe eines der Gemeindeorgane wahrnehmen. Eine Spezialregelung enthält § 8 des Stärkungspaktgesetzes. Kommt danach die Gemeinde ihrer Pflicht zur Vorlage des Haushaltssanierungsplans nicht nach, weicht sie vom Haushaltssanierungsplan ab oder werden dessen Ziele aus anderen Gründen nicht erreicht, muss die Bezirksregierung der Gemeinde eine angemessene Frist setzen, innerhalb derer die Maßnahmen zu treffen sind, die notwendig sind, um die Vorgaben dieses Gesetzes und die Ziele des Haushaltssanierungsplans einzuhalten. Wenn die Gemeinde diese Maßnahmen innerhalb der gesetzten Frist nicht ergreift, ist durch das für Kommunales zuständige Ministerium ein Beauftragter zu bestellen. Das Besondere an dieser Vorschrift ist die Anwendung des Legalitätsprinzips. D. h., dem für Kommunales zuständige Ministerium steht im Falle dieser Spezialregelung im Unterschied zu der allgemeinen Regelung des § 124 kein Ermessen zu.

13.1.7 Auflösung des Rates

Schwerstes und letztes Mittel der allgemeinen Kommunalaufsicht ist die Auflösung des Rates nach § 125. Die Auflösung des Rates kann vom für Kommunales zuständigen Ministerium nach Beschluss der Landesregierung angeordnet werden, wenn der Rat dauernd beschlussunfähig ist oder wenn aus anderen Gründen die Gemeindeaufgaben von ihm nicht mehr ordnungsgemäß erledigt werden. Die Auflösung ist die rechtsaufsichtliche Ultima Ratio. Innerhalb von drei Monaten nach Bekanntgabe der Auflösung sind Neuwahlen durchzuführen.

13.2 Verbot von Eingriffen anderer Behörden und Stellen

Andere Behörden und Stellen als die allgemeinen Aufsichtsbehörden sind zu Eingriffen in die Gemeindeverwaltung nach den §§ 121 ff. nicht befugt. Das gilt auch für die Gemeindeprüfungsanstalt. Diese Schutzvorschrift bedeutet, dass sich alle Sonder- und Fachaufsichtsbehörden an die örtlich zuständige Kommunalaufsicht wenden müssen, wenn sie sich gegen eine widerstrebende Gemeinde durchsetzen wollen.

13.3 Zwangsvollstreckung

Zur Einleitung der Zwangsvollstreckung gegen eine Gemeinde wegen einer Geldforderung bedarf der Gläubiger gem. § 128 einer Genehmigung der Aufsichtsbehörde. In der Genehmigung hat die Aufsichtsbehörde die Vermögensgegenstände zu bestimmen, in welche die Zwangsvollstreckung zugelassen wird, und über den Zeitpunkt zu befinden, in dem sie stattfinden soll. Es handelt sich um eine Schutzvorschrift für die Gemeinden, die dem Funktionieren der ordnungsgemäßen Kommunalverwaltung vor Ort dienen soll. Dieselbe Vorschrift schließt aus dem gleichen Grund ein Insolvenzverfahren über das Vermögen der Gemeinde aus. Da hier der Landesgesetzgeber seine schützende Hand über die Kommunen hält, wird daraus auch geschlossen, dass das Land letztlich für die Schulden der Kommunen einsteht.

Stichwortverzeichnis

A

B

D

E

F

G

H

I

J

K

L

M

N

S

T

Z